中 国 社 会 调 查 报 告

CHINA SOCIAL RESEARCH REPORT

中国卡车司机调查报告 No.1

卡车司机的群体特征与劳动过程

Group Characteristics and Labor Process of the Truck Drivers

传化公益慈善研究院“中国卡车司机调研课题组” 著

社会科学文献出版社
SOCIAL SCIENCES ACADEMIC PRESS (CHINA)

出版者的话

> 调查研究是谋事之基、成事之道。没有调查，就没有发言权，更没有决策权。研究、思考、确定全面深化改革的思路和重大举措，刻舟求剑不行，闭门造车不行，异想天开更不行，必须进行全面深入的调查研究。
>
> 习近平，2013 年 7 月 23 日

改革开放四十年来，我们对于中国历史和现状的研究都取得了重大进步，获得了丰硕成果，对于民众、决策层、学者从多个角度了解国情、制定政策、发展学术发挥了实实在在的作用。但必须看到，当代中国发生的巨变是结构性、整体性、全方位、多层面、多纵深的，再加上国际形势和全球化趋势的深刻影响，数字化和新技术的迅猛发展，中国的经济发展、社会结构、产业运行、组织机制、日常生活、群体身份、文化认同等方面都正在发生巨大变迁，这增加了认知的难度。

在这一背景下，重拾调查研究，对于我们深刻准确地了解国情无疑是一条重要的渠道。在诸种调查研究中，基于学术和学科的专题调查研究具有特别重要的意义。它能够提供对某个问题较为透彻、深入的理解，是把握国情的重要保障。有鉴于此，从 2018 年起，我们开始推出“中国社会调查报告”系列。

“中国社会调查报告”是面向整个社会科学界征稿的开放性系列图书，分主题定期或不定期连续出版。每部报告的出版都需经过严格的专家评审、专业的编辑审稿，并辅以定制式的学术传播，其目标是促进调查报告的社会影响、学术影响和市场影响的最大化。

报告的生产应立基专业学术，强调学理性，源于专业群体的专门调研，是学界同人合作研创成果。

报告应拥有明确的问题意识、科学严谨的方法、专业深度的分析、完善的内容体系，遵循严格的学术规范。

每部报告均面向边界清晰的调研对象，全面深入展现该对象的整体特征和局部特征。

报告的写作应基于来源统一的数据，数据的收集、分析、呈现遵循相应规范。数据既可以是定量的，也可以是定性的，可以通过问卷、参与观察、访谈等方式获得。

报告应提供相应结论，结论既可以呈现事实，也可以提供理解框架，还可以提供相应建议。

报告应按照章节式体例编排。内容应包括三部分，一是交代调查问题、调查对象和调查背景，二是交代调查方法、调查过程、数据获得方式、调查资助来源，三是分主题呈现调查结果。

报告应具有充分的证据性和清晰性，提供充足的证据证明结果和结论的正确性，报告的写作应清晰、一目了然，前后具有明确一致的逻辑。

报告应提供一个内容摘要，便于读者在不阅读整个报告的情况下掌握其主要内容。

“中国社会调查报告”将按照每部报告的篇幅分为两个系列，一为小报告系列，二为常规报告系列。前者为 10 万字以下的报告，后者为 10 万字以上甚至三五十万字的报告。

希望“中国社会调查报告”能为理解变动的世界提供另一扇窗口，打开另一个视界。借着这些调研成果，我们可以建设更美好的社会。

社会科学文献出版社社会学出版中心

2018 年 1 月 29 日

内容提要

“中国卡车司机调查”是传化公益慈善研究院（筹）于2017年度开始立项的自主课题，旨在对中国3000万卡车司机开展系统、全面的研究。第一期调查至2017年12月底结束。课题采用定量和定性方法相结合的方式开展调查。截至2017年11月，共获得有效电子问卷1779份；座谈、访谈130位各类人员，获得60条目访谈记录资料，访谈录音时长4308分钟。基于对这些调查资料和搜寻所得各类其他资料的分析，完成本调查报告的撰写。

本调查报告的主题为“卡车司机的群体特征和劳动过程”。围绕这一主题，共分五章进行描述和分析。第一章“调查概况”，对公路货运业生产的组织机制和卡车司机的职业状况进行了理论分类，前者从理论上区分为“市场调节”和“厂商调节”两种理想类型，后者从经验上概括为“自雇司机”与“他雇司机”，并且指出本研究的重点是“自雇司机”，兼顾“他雇司机”。这一章还探讨了调查研究的方法论，比较详细地分析了本调查样本分布的结构和代表性问题。

第二章“卡车司机的人口社会学特征”，从“性别、年龄、婚姻与家庭背景状况”、“从业特征”、“车辆归属与车辆类型”、“卡车的排放标准与车辆类型”、“工作时间、工作强度与工作时的陪伴”、“家庭生活”、“收入、年行驶里程与损耗”、“事故与保险”、“健康状况与面临问题”、“社会地位认知与未来的打算”十个方面，详细描述了卡车司机个人、家庭和工作的基本状况。依据所得数据绘制的79幅图表与相关文字表明，样本中卡车司机的男性比例高达95.8%，平均年龄为36.6岁，以青壮年为主。他们多半为农村户口（占比

79.1%），受教育水平不高，初中教育程度及以下占62.4%。这个群体的已婚比例为89.4%，近一半的家庭育有两个孩子，绝大多数家庭中最大（或唯一）孩子的年龄不超过15岁。这表明他们均有较为沉重的养家负担。

样本数据表明，这些卡车司机开卡车的平均驾龄为9.5年，其中驾龄为10年的司机最多。近10年为入行人数最多的时期。总体来说卡车司机工作强度较大，每日驾车平均时间在8～12小时的占42.1%，12小时以上的占9.2%。此外，他们的最长持续开车时间的平均值为10.8小时，很多卡车司机为了行车方便常常在夜间上路工作。长期、繁重的劳动，加上不规则的饮食和休息，使得卡车司机的身体堪忧，往往罹患多种疾病。样本数据表明，32.77%的卡车司机患有颈椎病；23.5%的卡车司机患有胃病；22.71%的卡车司机患有腰痛。

辛勤的劳动换来的收入却并不能令人满意。虽然卡车司机的收入很难确定，但样本数据还是表明，2016年，驾驶牵引车的卡车司机平均年收入在12万元以上，驾驶其他车辆类型的卡车司机一部分平均年收入为10万元左右，还有相当一部分不足10万元。超过一半的卡车司机对自己的收入情况表示不满意。对卡车司机的自我社会地位认知的测量表明，65.6%的卡车司机认为自己处于社会下层。因此高达95.8%的卡车司机不愿意让子女从事这一职业。

第三章"卡车司机劳动过程的基本特点"，以卡车司机的劳动过程为核心，从五个方面描述了其基本特点。第一个方面揭示了"自雇体制"造成的卡车司机的基本身份特点。样本中71.2%的卡车司机开自己的车，表明他们大多数具有既作为小私有者，又作为劳动者的二重身份。自雇卡车司机构成当代最大的一个债务工作群体，举债购车是卡车司机成为车主的主要手段，借贷也成为自雇车主不得不"挂靠公司"的主要动因之一。购车债务对自雇卡车司机群体构成沉重压力，驱使他们为了还贷不得不拼命工作，由此造成“疲劳驾驶”、货运市场恶性竞争等多方面的问题。

第二个方面以“在路上”为题，揭示卡车司机的流动性和原子化的劳动形态。对夜半时分启程上路、高速与下道的交替运行、经受和规避交警路政的检查、超时工作和被迫疲劳驾驶、应付偷油偷货和“碰瓷”、发生事故后的“公了”与“私了”、遭遇堵车和限行时的焦虑和无奈等工作关节点的细致刻画，描绘出卡车司机整个劳动过程的系列图像。这些图像展示出卡车司机劳动的四个基本特征：第一是原子化，卡车司机单独、分散的工作与车间工人的集体化工作形成对比；第二是流动性，卡车司机的工作就是“在路上”；第三是不确定性，高度的不确定性体现在寻找货源、运输路线、雇用帮手、收入与支出等各个层面；第四是复合性，体力与脑力劳动、情绪与情感劳动，都贯穿在卡车司机的劳动过程之中。

第三个方面在“四海为家”的标题下，探讨了卡车司机生产与再生产、工作与生活彼此融合的特征。由于上述卡车司机劳动过程的特殊性，他们一般都不得不吃住皆在车上，在车上从事劳动生产的同时完成自身的再生产。此外，由于雇用司机价格昂贵，于是出现了“卡嫂跟车”的现象。可见卡车司机的再生产被深深地卷入他们的劳动过程。在这里，可以看到的是“以车为家”表征的工作空间与私人空间的融合，以及围绕工作时间而被组织起来的私人时间。

第四个方面讲述卡车司机的“男性气质”。卡车司机是一个以男性为主的职业。在这个男人的世界中滋长出一种特殊的“男性气质”，作为文化符码伴随劳动过程始终。这种气质包括：基于高技术、强体力、应对风险与处理事故能力而建构起来的“支配型”男性气质；基于妥善、圆润地处理劳动过程中复杂人际关系而建构起来的“共谋型”男性气质；基于养家糊口、成为家庭经济主要支柱而建构起来的“家长型”男性气质。这三种男性气质构成划界标志，将卡车司机这个职业牢固地界定为男性专属的职业。

第五个方面是“虚拟团结”，揭示出卡车司机特有的团结机制。卡车司机在工作和生活中都高度依赖智能手机和互联网。找寻货源、定位导航、呼叫救援、朋友互动、消磨时间和联系亲友，是卡车司机使用智能手机与互联网的六个主要事项。但是在这些基本功能之上，还有两个事项值得特别关注。一个是卡车司机利用智能手机实现公路救援，卡车司机的民间互助使得他们以“卡友”的名义建构和巩固了群体认同；另一个是利用互联网设立的各种论坛而相互关联、彼此互动，在他们自己的议论、批评、表达和诉求中，建构起群体团结。这种借助于互联网的团结可称为“虚拟团结”，是卡车司机特有的、最主要的团结形式。

第四章“影响卡车司机的主要制度与政策”，旨在探讨宏观的制度安排和国家政策对卡车司机工作与生活的影响。毫无疑问，当下对卡车司机影响最大的主要有三方面的制度和政策，它们是道路交通管理制度、行业制度/政策和环保政策。虽然许多制度的制定和执行为营造良性有序的工作环境所必需，但也必须看到，它们带来的一些非意向性后果会严重影响到卡车司机的工作和生计。

第一，就道路交通管理制度而言，车辆通行费高、各地限行/禁行规定繁多、现行“治超”法规和政策执行不力，以及罚款、扣分和驾驶证降级制度等方面存在的问题，较为严重地影响到卡车司机的工作和生活。第二，在行业制度/政策领域中，在市场准入、挂靠、行政管理、车型标准化、汽车贷款、税收六个方面存在的多种问题，对卡车司机的工作造成不同困扰。第三，环保政策对卡车司机的影响更为突出。政府强力推出的各种大气污染治理措施，在卓有成效地改善京津冀等地区空气质量的同时，也对卡车司机的工作和生计产生了极其深远的影响，应当引起充分重视。

总之，在第四章中，强调了既要保证各项旨在改善工作环境的管理制度和相关政策的严格执行，又要考虑到这些制度和政策的非意向性后果给卡车司机带来的影响，避免卡车司机的利益受到过度损害。寻求均衡是本章强调的核心原则。

第五章“问题与对策”转入对九个相关具体问题的对策建议，可操作性是本章强调的重点。具体来说，一是建议逐步有序地推进非标车型淘汰，对厂家生产和个人私自改装的非标车辆在政策上应予以区别对待；二是稳步推进车辆环保升级，在财力允许的情况下，根据实际情况，对进行报废的国Ⅲ、国Ⅳ车辆给予合理的补偿，避免激化社会矛盾；三是继续整治公路“三乱”，规范路检执法，清理不合理收费；四是简化办证、审验程序，早日实现相关证照在全国范围的异地办理；五是加强社会治安综合治理，严厉打击偷油、偷货、“碰瓷”行为，保障良好的工作秩序；六是提升高速公路休息区、物流港的服务质量，在国道沿线增设标准服务站，使卡车司机能够享受优质服务；七是严防疲劳驾驶，关注卡车司机健康；八是谨慎实施“无车承运人”制度，防止其负面效应扰乱货运市场秩序；九是加强对卡车司机的去除“污名”的行动。近年来，由于关于货运卡车的负面报道过多，卡车司机业已被严重地“污名化”。为迅速扭转此种状况，卡车司机应通过各种方式逐步提升自己的文化素质和公民素质，媒体则应多宣传卡车司机吃苦耐劳、辛勤工作的形象，从正面引导公众舆论。

综上所述，“中国卡车司机调查”基于调查问卷和个案访谈所得到的数据和材料，较全面地勾勒出我国卡车司机群体基本的人口社会学特征，详细描述并分析了他们的劳动过程的基本特点，总结了影响和制约卡车司机群体工作的制度背景，并且针对卡车司机群体所面临的若干主要问题，进一步提出了九个比较具体的对策建议。真诚地希望这些建议能够引起有关部门的重视，促成有利于化解卡车司机群体困境的政策出台；同时也真诚地希望通过这份研究报告的讲述，能够使社会公众更加了解和关爱卡车司机群体，理解并尊重他们的劳动。

前　言

“中国卡车司机调查报告”是传化慈善基金会所属“传化公益慈善研究院”（筹）的首个自主课题。该课题的主旨是描述和理解全国公路货运业卡车司机工作和生活的基本状况。通过该课题，课题组不仅希望为传化慈善基金会推展的“传化安心驿站”公益项目提供认知基础，而且还希望为社会公众理解卡车司机的工作和生存现状做出贡献。

“中国卡车司机调查”课题于2017年10月中旬正式立项，并成立课题组。课题组的主要成员有：清华大学社会学系教授沈原博士、首都经济贸易大学社会工作系教授亓昕博士、清华大学教育基金会游睿山博士、传化公益慈善研究院（筹）专职研究员周潇博士、北京市社会科学院社会学所助理研究员马丹博士。

课题组成立后旋即进入调查过程。在问卷调查方面，考虑到卡车司机工作的分散性和流动性特点，课题组采用了电子问卷方式进行调查。2017年10月24日，课题组在“问卷星”网站正式上载问卷，至2017年11月21日13时关闭问卷，共回收问卷2200份。经过清洗，获得有效问卷1779份。在个案访谈方面，自2017年10月底起，课题组先后至河北省石家庄市、山东省淄博市、四川省成都市、辽宁省沈阳市、河南省南阳市和焦作市对卡车司机和其他相关人员进行了深度访谈，至2017年12月2日完成全部访谈工作，共计座谈、访谈130人，获得个案资料60条目，访谈录音时长4308分钟。清华大学社会学系硕士研究生王凡、本科生喻加耀，首都经济贸易大学社会工作系硕士研究生白宗艺、刘倩、王可举、王骊嫒、袁艺菲参加了不同阶段的调研工作，清华大学社会学系博士研究生王海宇协助了部分地点的访谈工作。

传化慈善基金会秘书长涂猛、副秘书长张炳钩、项目官员柏喆对调查工作给予了大力支持，遍布全国 27 个省区市的“传化安心驿站”的 183 位驿站长承担了电子问卷发放和协助回收的工作，“传化安心驿站”石家庄大驿站的卡友们为课题组前期调研提供了帮助，成都传化物流港、淄博传化物流港和沈阳传化物流港的工作人员帮助安排了个案访谈，河南南阳和焦作相关部门的若干管理人员、货代人员和卡车司机对访谈提供了帮助，在此一并致谢。最后，要感谢接受问卷调查与个案访谈的所有卡车司机，如果没有这 2000 余位卡友的支持，本调查的完成断无可能，在此诚表本课题组的感激之情。

本报告于 2018 年 1 月 28 日完成写作并定稿。报告分为五章，写作分工情况如下：第一章“调查概况”的第一、二节由沈原撰写，第三节由亓昕撰写；第二章“卡车司机的人口社会学特征”由亓昕撰写；第三章“卡车司机劳动过程的基本特点”的第一、二、三节由马丹撰写，第四、五节由沈原撰写；第四章“影响卡车司机的主要制度与政策”由周潇撰写；第五章“问题与对策”由游睿山撰写，周潇参与修订了第五章；马丹统编全稿并参与修订了全书诸多章节，最后由沈原定稿。

中国卡车司机调研课题组

2018 年 1 月 28 日

目　录

第一章 调查概况

一 公路货运业的劳动主体：卡车司机

在现代社会中，物流业已成为最重要的服务部门之一。有论者甚至为物流业冠以“利润的第三源泉”的美名。[①] 随着我国经济快速走向现代化和国际化，物流业在我国国民经济中的地位日渐凸显。根据中国物流与采购联合会和中国物流信息中心发布的《2016 年物流运行情况分析与 2017 年展望》，2016 年全国社会物流总额已达 229.7 万亿元，按可比价格计算，比上年增长 6.1%；物流业总收入 7.9 万亿元，比上年增长 4.6%（见图 1－1）。与此同时，2016 年物流业总成本的 GDP 占比为 15%，比 2015 年的 18% 下降了 3 个百分点。

物流业是一个复杂的综合系统，包括运输、仓储、包装、装卸、流通加工、配送和物流信息处理等众多部门。就运输部门而言，公路货运业又占据重要地位。近年来，相比铁路运输业等其他运输业，我国的公路运输业得到了长足发展。2016 年中国铁路货运量为 33.3 亿吨，同比下降 0.8%；公路货运量则呈上升态势，同年货运量为 336.3 亿吨，同比增长 6.8%。图 1－2 表明 2006 年到 2016 年的 10 年内，我国货运量的增长状况；图 1－3 表明了在这个 10 年内公路货运量的增长状况。[②]

---

① 把物流业当成“利润的第三源泉”，是日本早稻田大学西泽修教授在其《物流——降低成本的关键》一书中提出的著名观点。

② 转引自智研咨询集团发布的《2017－2022 年中国货物运输行业深度调研及投资战略研究报告》，2017 年 3 月。

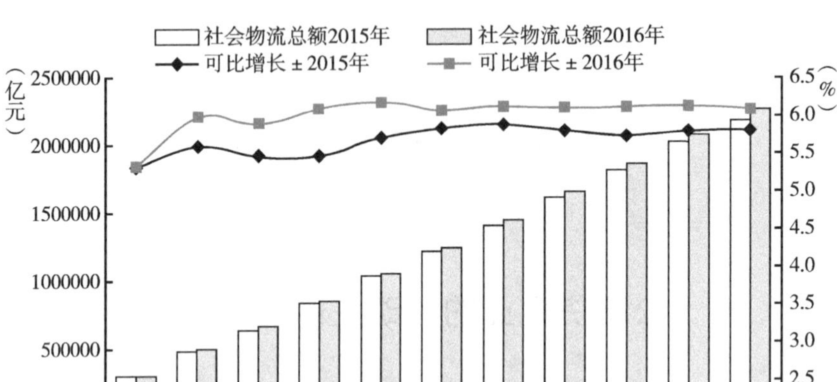

图 1－1　2016 年社会物流总额及增长变化情况

资料来源：中国物流与采购联合会、中国物流信息中心《2016 年物流运行情况分析与 2017 年展望》。

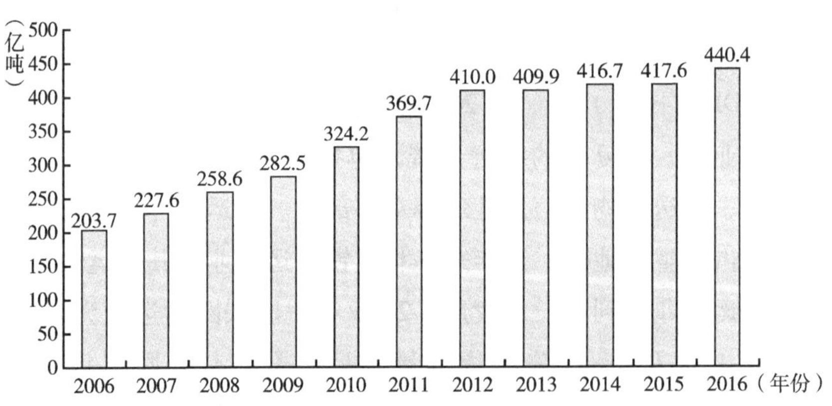

图 1－2　2006～2016 年我国货物运输量增长态势

资料来源：智研咨询集团《2017－2022 年中国货物运输行业深度调研及投资战略研究报告》。

公路货运业的劳动主体是货运卡车司机，这是一个数量庞大的工作群体。交通运输部公布的数据显示，2014 年，公路货运业 1453 万辆货车共完成了全社会 76% 的货运量和 33% 的货物周转量，全行业

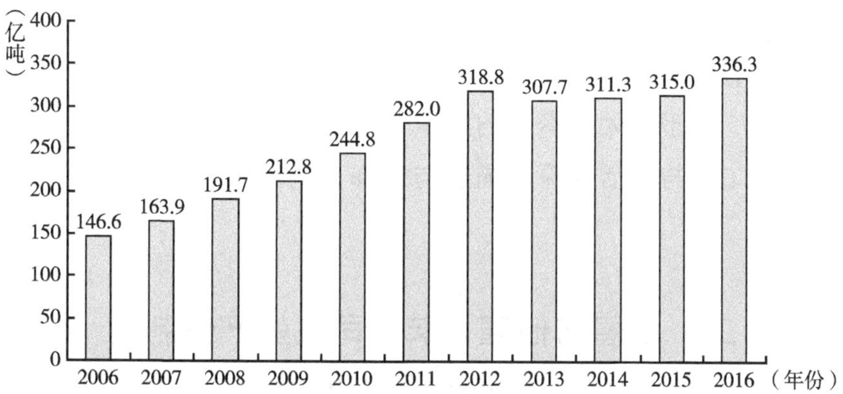

图 1-3　2006～2016 年我国公路货运量增长态势

资料来源：智研咨询集团《2017－2022 年中国货物运输行业深度调研及投资战略研究报告》。

有 745 万家运输业户。统计显示，公路货运业平均每天在途货运量 8400 余万吨，平均每吨货物运输 180 公里，服务 4.3 亿个家庭，平均每年为每人运输和接收 22 吨货物。2016 年，公路货运业全年完成总产值 3 万亿元，占全社会 GDP 的 5%。[①] 到 2016 年为止，我国的公路货运卡车已达 1500 万辆，卡车司机达到 3000 万人。[②]

近年来，公路货运业的发展状况业已引起广泛关注，出现了大量的相关研究成果。但是，若对现存的相关研究成果做一检视，就不难发现具有如下特点：研究产业的较多，研究卡车司机的较少；在为数寥寥的关涉卡车司机的作品中，媒体报道居多，学术报告较少；由作品的媒体报道特点所决定，在上述对卡车司机的作品中，又是描述的较多，概括和分析的较少，特别是对卡车司机的劳动过程，鲜有全面的说明和系统的解释。

① 转引自交通运输部 2017 年第九次例行新闻发布会。

② 转引自中国道路运输协会发布的《绿色驾驶报告之“卡车司机生存状况”》，2016 年 4 月。另据交通运输部 2017 年第九次例行新闻发布会，发言人称公路货运业全行业从业人员超过 2100 万人。

显然，对于卡车司机这样一个于国计民生皆有重要贡献的工作群体，现有的研究状况不能令人满意。因此，在一定学科理论视角的导引下，基于较大样本量的定量分析和个案研究，完成对于卡车司机群体工作与生活的深度描述与解释，也就成为本报告的基本任务。

二　自雇与他雇：卡车司机生产体制的两种基本形态

如前所述，认识、描述和解释公路货运业卡车司机的工作与生活，构成本报告的基本内容。有论者认为，分类乃是认识的基本前提条件之一。为了完成上述任务，对卡车司机群体的现有生产体制做一个基本分类，无疑是必要的，而对卡车司机生产体制的分类，又以对公路货运业的生产组织机制的分类为前提。

制度经济学对于经济生活的组织机制的基本分类，是将之分为“厂商组织”和“市场组织”两者：“厂商组织”体现经济的垂直整合，“市场组织”体现水平整合。节省交易成本的考虑推动着整个经济生活的组织机制在“厂商组织”和“市场组织”两者之间推移和转换，寻求最佳的整合模式。①

从这个观点出发，公路货运业大体上也可以按照这两种组织机制的视角加以分类。在这里，“厂商组织”是指那些规模工厂和物流企业专属车队组织的货运生产。在这种机制调节下，运输任务由厂商直接下达，生产过程由厂商自己组织并推动运转。相形之下，“市场组织”主要是指由市场信息直接进行组织和调配，而无须经由规模厂商组织。在这里，货运信息是由那些小型货运代理（简称

① 威廉姆森：《市场与层级制》，蔡晓月、孟俭译，上海财经大学出版社，2011。

“货代”）等发布的，货运司机需要根据这些信息自行找货，开展运输生产。也就是说，货运生产是根据市场价格信号的指示直接组织起来的。显然，“厂商组织”和“市场组织”是两种在逻辑上不同的生产组织机制，公路货运业的这两种组织机制构成理解卡车司机生产体制的前提。

卡车司机的生产体制也可以分为两种基本类型。[①] 一种类型是“自雇体制”：卡车产权属于司机个人所有，司机既是车主即小私有者，又大多亲自从事驾驶工作，因而又是劳动者。小私有者和劳动者的二重身份制约着他们的思维逻辑和整个劳动过程。另一种类型是“他雇体制”：卡车产权不属于司机个人所有，司机不过是单纯的雇佣劳动者而已。“他雇”司机为公司或者车主从事驾驶工作，从公司或车主那里支领工资，工资的发放一般分为月薪制和包件制[②]两种。

需要说明的是，第一，上述对货运生产组织机制的分类其实是社会学的“理想类型”——这个来自古典社会学的概念说明，分类是高度理想化和纯净化的，撇去了经验内容，只是为了明确主旨而做出的理论划分。在现实的货运生产过程中，类型的划分绝非如此清晰：厂商组织往往要借助于按照市场机制组织起来的自雇司机和私人车队来工作，企业运输项目的“外包”就是一种典型做法，表明市场组织机制会渗透到厂商组织之中。反过来说也是一样，市场中也会容纳厂商组织的成分。现实经济生活往往会使两者的边界模糊不清。第二，上述对卡车司机生产体制的分类虽说是基于经验观察产生的，但二者也不是截然两立的：“自雇”车主破产，向下流动就会变成“他

① “生产体制”，又称“工厂体制”，是劳工社会学的一个基本范畴，强调具体劳动活动的制度性组织条件和组织机制。

② 月薪制是按月取酬，又可分两种：固定月薪制与底薪加提成组成的浮动月薪制；包件制则是以计趟来计算工资。

雇”的受薪司机；而“他雇”司机一旦购置车辆，也会向上流动成为车主。在整个卡车司机群体中，两者之间的流动、转换可以说是生生不息，日日发生的。第三，与以往的研究不同，本报告的研究重点在于卡车司机本身，特别是他们的劳动过程，而不论他们是在何种组织机制下运作的。但受样本所限，本研究报告主要聚焦于“自雇体制”的卡车司机，“他雇体制”的卡车司机不是本研究报告的重点，只是偶有涉及。

三　研究设计与调查方法

本报告的研究对象是我国 3000 万卡车司机群体。卡车司机奔走于全国各地，劳动强度大、工作风险高，常年以车为家，工作条件十分艰苦。有媒体以视频与文字结合的方式，报道过一些卡车司机在路途上的生活状况与他们工作的艰辛和困境，以唤起社会各界对这个群体的关注和帮助。也有相关部门进行了卡车司机从业状况的问卷调查，对卡车司机群体的现状与问题做出描述与分析，为对于卡车司机的深入研究奠定了基础。这类调查问卷的数量都具有一定的规模，但其局限性是在报告中大多未交代样本框的基本情况。从这类报告的研究内容可以推知，问卷的发放是通过物流企业完成的，但是报告中并没有交代问卷来源的地域特点，以及卡车司机与物流公司的关系特征。这些局限性的存在必定会影响到研究结论的可靠性。总体来说，迄今为止我国卡车司机的研究尚缺乏系统性，主要表现在：第一，缺少构建卡车司机总体抽样框的意识；第二，现有的调查仅局限在某个侧面，缺少对卡车司机群体全面、深入的了解，特别是缺少对该群体劳动过程、日常生活、家庭状况以及工作中所面临困境等方面的细致和深入的研究；第三，现有的关于卡车司机的问卷调查缺乏持续性，鲜有纵贯性的视角。本研究希望在上述各方面有所改进和拓展，以推进对卡车司机的深入了解；同时试图将公益活动与学术研究有机结合起来，借助学术视野拓展研究报告的深刻性和广袤性，为针对卡车司机的各种公益活动奠定切实有益的认知基础。

以下介绍课题组的研究设计和主要研究内容。

（一）研究设计

“中国卡车司机调查”是传化公益慈善研究院（筹）于2017年开始立项的自主课题，旨在全面和深入了解卡车司机的工作状况、生活状况和他们面临的主要问题，并寻求有效的解决途径。为了达到这一目标，必须仔细规划整个研究设计。

研究设计包括本调研关注的主题、形成的研究思路、使用的研究方法和操作化过程等内容。本研究的主题一如前述，即卡车司机群体的工作与生活；研究思路关涉开展研究工作的基本原则；研究方法指根据所关注主题而确定采用的定量或定性的方法；操作化过程则体现为研究对象相关问题在各个维度上的进一步展开，在本报告各部分中对相关问题均有专门陈述。操作化过程的复杂之处在于，它涉及概念的操作化、调查样本选择过程、问卷设计等方面，以及对样本选择方式的评价与比较等。

1. 基本思路和研究方法

在调查设计思路上，本研究秉持如下三个原则：第一，坚持理论与经验的结合。常有论者认为，调查工作是一项经验性的工作，无须进行理论思考。这种看法忽略了科学哲学早已发现的真理：观察渗透理论。实际上，没有任何一项经验研究不是浸透着理论的影响。因此，研究者若不是自觉地将整个研究置于一定的理论框架之下，就会不自觉地被头脑中积淀的各种理论残片所左右。有鉴于此，本研究自着手之初就自觉地以理论为指导——以劳工社会学为整个调查研究和报告写作的理论框架，而以卡车司机的“劳动过程”为观察的重点。第二，坚持问卷调查与个案调查相结合。问卷调查所提供的量化数据和个案调查提供的经验数据，构成大型调查研究的两翼，两者不可偏废。问卷调查提供的量化数据为理解对象提供基础，个案访谈提供的定性资料使得深入理解成为可能。由此就自然而然地引向了第三点，即描述与解释的结合。一个高质量的调查报告，不应当仅限于对研究对象的“纯然客观的描述”，而是应当包括对其行为逻辑的理解和解释。把握研究对象行为的深层逻辑才是真正的理解，才能对其表层行为做出合理解释。本调查研究基于上述三条原则，希望提供一份既包括丰富经验内容，又包括一定深度的理解和解释的调查报告。

为满足上述要求，在策略上就需要将所提出的问题与所欲了解的事项分为两大类：一类涉及研究对象群体即卡车司机之代表性的特征，如他们的平均年龄、婚姻状况、日平均工作强度、运输中的各种消耗和支出等，关于这类问题和事项需要运用大规模的问卷调查，才能获得翔实的数据信息。另一类则涉及卡车司机个人的内心感受和行为动机等。广义地说，即他们的行为逻辑。例如他们为何进入这个行业，在做卡车司机的过程中面临何种问题甚至困境，他们如何应对等。这些“为何”、“如何”和“情绪反应”类的问题和事项，用问卷方法难以测量，因此需要采用定性的方法，通过参与观察与深度访谈获得资料。总之，为了全面把握卡车司机的群体特征和行为逻辑，本报告采用了定量和定性相结合的方法。

2. 如何选择卡车司机并获得样本

按照研究方法的一般要求，当研究总体确定之后，应该首先编制抽样框。编制抽样框应依照对象群体的特征和分布，确定分层变量和各阶段抽取的抽样单位，接下来再从确定的抽样框中按分层、多阶段和整群的方式随机抽取样本，完成整个抽样过程并获得对研究总体有代表性的样本。抽样框一般是根据各类人口普查、劳动力调查等提供的数据建立的。

但在本次调查中，课题组面对的首要困难是，现有数据不能提供建立抽样框的基本信息。首先，从已公布的我国职业分类标准可知，卡车司机归属第六职业大类，即“生产、运输设备操作人员及有关人员”。再进一步的分类显示，卡车司机归属在司机这个职业中，但这个司机类职业过于宽泛，包含了驾驶各种车辆的司机。[①] 因此，在现有统计的职业分类中，没有针对卡车司机的专门统计，也没有针对该群体统计的上报口径。也就是说，现有的统计资料不能提供建立抽样框的信息。其次，已有的卡车司机调查大部分采取“偶遇取样”的方式，至少在抽取样本时，对抽样框、样本选择过程和问卷发放过程未给予交代，也就是未考虑样本的代表性问题。因此，已有调查也无法提供建立抽样框的信息。

除了现有数据不能提供建立抽样框的信息之外，课题组在定量研究的操作化上面临的另一个巨大困难是：卡车司机遍布全国各地，身处五湖四海，他们往往是人在路途运送货物，经常处于流动之中。通过什么渠道才能将问卷发放到卡车司机手中？即使能够建立起有效的抽样框并按照程序规则抽出了合理样本，如何将问卷送达卡车司机手中仍然是一个巨大的难题。

“传化安心驿站”为课题组提供了卡车司机的分布信息，并解决了发放的渠道问题，同时为了适应卡车司机流动性的特点，课题组决定采取电子问卷的方式采集定量数据。“传化安心驿站”是传化慈善基金会携手卡车司机共创的公益社群，是社会公益领域第一个面向全国卡车司机的公益组织。“传化安心驿站”自 2017 年 7 月开始建立，目前在全国 27 个省区市建立了 216 个驿站，加入的卡车司机近 7000

① 转引自人力资源和社会保障部“国家职业资格管理：职业分类目录”。

名。在本次调查中，课题组以“传化安心驿站”为基本依托，通过遍布全国各地的站点，先将电子问卷发给驿站长，再通过驿站长将问卷发给卡车司机。

具体来说，本次调查于2017年10月24日在“问卷星”网站正式上载问卷，10月25日开始在“传化安心驿站”站长官方工作微信群内宣传课题组的调研目的和相关事宜。当时在群的驿站长总数为183人，分布在新疆、安徽、山东、广西、甘肃、江西、山西、内蒙古、吉林、湖北、河南、河北、四川、广东、宁夏、上海、陕西、云南、浙江、湖南、北京、重庆、天津、辽宁、黑龙江、福建、江苏、贵州共28个省区市。为了保证调查秩序，课题组采用了每天增加30个相邻地区驿站长的方式梯度推进，用一周时间将183名驿站长逐次“加为好友”。在“加为好友”的当天，课题组即向驿站长推送问卷，并对问卷的相关情况进行讲解和答疑，同时每天在大群进行推广和答疑。2017年10月30日，完成了对所有驿站长的问卷推送。截至2017年11月21日13时，课题组共回收问卷2200份。经过清洗，获得有效问卷1779份。

3. 问卷来源、代表性及与“传化安心驿站”分布之间的关系

从回收的有效问卷可以发现，问卷来自全国29个省区市，比“传化安心驿站”站点分布的28个省区市多了1个。尽管这个省回收的问卷数量不多，但能说明，接受调研的司机并不局限于站点所在省份的当地司机，而是有其他省份的司机进入样本。从代表性来看，卡车司机的来源分布从东到西、从北到南，覆盖面广。来源地广泛是课题组所得样本的一个显著特点，样本可以代表全国各地区的卡车司机。从结构上看，在所得问卷中，河北的卡车司机比例最高，占24.3%；其次是河南，占17%；再次是黑龙江，占10.7%；辽宁和山东的卡车司机占比也较高，分别占7.7%和6.4%（见图1-4）。那么这样一个地理位置的分布与“传化安心驿站”的卡车司机分布

之间的关系如何呢？将“传化安心驿站”的数据与卡车司机来源地分布的数据，按照规范的省区市顺序排列后发现，问卷数据的卡车司机分布与“传化安心驿站”的卡车司机分布极为相似。河北、河南、山东、黑龙江和辽宁的卡车司机所占比例都很高，两条分布曲线的变化显示出课题组样本数据与驿站数据一致的波动与分布。

对此可能的解释是，这些驿站长基本上是由卡车司机自己担任，尤其当驿站是由卡车司机自己组建的时候。这类驿站内部活跃，站长与成员之间交流互动频繁，问卷能很快经驿站长传递到卡车司机手中。例如，课题组在河北、河南、山东、黑龙江和辽宁等地的驿站回收问卷较快，数量也较多。总体上看，课题组的样本来源与“传化安心驿站”分布相近，在这个意义上，课题组所得样本可以被称为“传化样本”。但必须说明的是，“传化样本”仅仅是指经由“传化安心驿站”所得的样本，但样本的实际来源范围比“传化安心驿站”的站点分布更为广泛，遍及全国，所以课题组问卷的地域代表性特征明显，基本可以代表全国范围的卡车司机。

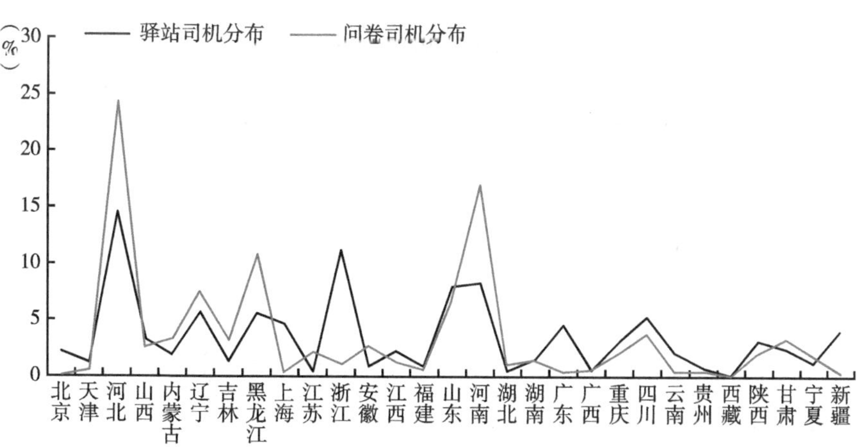

图 1-4　驿站司机分布与问卷司机分布

资料来源：2017 中国卡车司机调查。

4. 个案访谈

对于卡车司机的工作和生活状况、面临的困惑和内心感受等问题，课题组通过焦点小组和深度访谈的定性研究方式收集资料。2017 年 10 月中旬，在拟定问卷初稿和访谈提纲后，课题组抵达河北省石家庄市进行了试调查，力图通过试探性研究以调整问卷和访谈提纲。在那里，课题组采取焦点小组的形式与 40 多名卡车司机进行了座谈，并对多名卡车司机进行了深入细致的个案访谈，回京后修改了问卷和访谈提纲。从 2017 年 10 月底开始，课题组先后前往山东省淄博传化公路港、四川省成都传化公路港和辽宁省沈阳传化公路港进行调查，在公路港的物流大厅、休息区和卡车司机旅馆中，对卡车司机进行了一对一或一对二（“一对二”一般是访谈卡车司机夫妇）的深度访谈。此外，课题组还前往河南南阳与焦作两市，对地县两级的相关部门如交通局、交警大队、路政执法机关以及小型物流公司人员、卡车司机等分别进行了深度访谈。2017 年 12 月 2 日，课题组完成全部访谈工作，共计获得访谈个案条目 60 个，参加座谈与访谈的各类人等 130 人，访谈录音时长 4308 分钟（见表 1 -1）。

表 1 -1　深度访谈地域分布与数量

单位：个

地　点	访谈个案条目
石家庄	7
淄　博	13
成　都	15
沈　阳	15
南　阳	4
焦　作	6
合　计	60

资料来源：2017 中国卡车司机调查。

具体来说，课题组在成都传化公路港访谈了来自全国各地的卡车司机，包括来自甘肃、四川、重庆、河北、安徽、河南、陕西等省市的司机，还有两名四川籍的卡嫂；在沈阳传化公路港，课题组访谈的卡车司机基本来自黑龙江、吉林和辽宁等省份，也有少数来自河南省等；课题组在淄博访谈的山东省卡车司机比较多，也有来自黑龙江、吉林和辽宁等省的司机；在南阳与焦作，课题组主要访谈的是河南省本地的卡车司机。可以说，课题组访谈的卡车司机来自全国各地，年龄和经历各不相同，具有较为广泛的代表性。

（二）调研内容

本次调查分为“固定框架”和“重点问题”两个部分。通过“固定框架”的调查，主要收集卡车司机工作和生活的基本信息，以求形成积累；在“重点问题”部分，则主要针对劳动过程的问题进行调查。问卷主要侧重“固定框架”的问题，访谈主要侧重“重点问题”。

具体来说，为把握卡车司机工作与生活方面的客观特征，课题组通过问卷调查获得数据，即运用操作化过程，把有关社会结构、制度、行为和个体特征的客观事实，用变量和量表的形式呈现出来，转化为可观察、可测量的指标，便于对该群体做概括性的统计描述和分析。在问卷中，从“个人与家庭的基本情况”“工作条件与劳动过程”“劳资关系及调适”“日常生活”“收入与消费”“人际交往”“福利与保障状况”“问题需求与展望”八个维度展开调查，获得客观具体的事实数据。

关于“卡车司机的劳动过程”的重点问题，课题组特别关注经济转型的基本态势、市场环境的改变和国家宏观政策的规定，例如环保政策等对物流业和卡车司机工作与生活的影响。除了在问卷中收集有关信息外，课题组还关注各种政策的调整和变化对卡车司机的货源、运输成本、线路和车辆折旧等产生的限制和影响，特别关注在这些不断变化的条件下，卡车司机面临哪些生存困境、对他们的生活和劳动会产生哪些压力，他们的感受是什么以及他们如何去调适，还有他们对自己职业前景的看法和出路的选择等。在定量研究之外，也需要通过定性的方法，通过参与观察和深度访谈去了解深层次的原因。

定量研究与定性研究方法的整合，有助于加深对卡车司机群体劳动与生活状况的了解、分析和解释。

为了更全面地理解卡车司机群体的劳动与生活状况，课题组还到相关部门进行了访问，了解当下道路运输状况、市场准入规则的变化，以及互联网环境下各种货代、“无车承运人”出现后如何规范市场等问题。这使得课题组对该行业的生态、公路货运业发展态势和当下的管理现状都有了更为深入的了解，为进一步的研究提供了丰富的背景知识。

在本章“调查概况”中，课题组强调了本次调研的主体对象是公路货运业的卡车司机群体，确立了基本的理论框架，阐述了研究设计的基本思路和定量、定性方法的使用策略，说明了获取样本的基本方法。在交代完所有的理论和方法问题之后，从下章起将转入具体研究。第二章探讨卡车司机群体的人口社会学特征；第三章阐述卡车司机劳动过程的基本特点；第四章梳理影响卡车司机工作与生活的制度和政策；第五章总结卡车司机面临的主要问题，提出对策。

第二章　卡车司机的人口社会学特征

卡车司机的人口社会学特征，首先指该群体的人口学特征，即他们的性别、年龄、受教育程度、婚姻状况、家庭结构等；其次指该群体的社会学特征，即他们与各种制度和社会结构相关联的特征，例如政治面貌、职业特点、经济收入、社会保障、社会地位等。这两方面密不可分：卡车司机群体在社会中的户籍、保障、地位等直接影响他们的教育、婚姻与家庭结构；反过来说，他们的受教育程度与家庭背景也在某种程度上决定了他们所能从事的职业与社会地位。所有上述这些方面，都可以归入卡车司机的人口社会学特征的范畴。

为了获取卡车司机群体具有代表性的人口社会学特征，课题组采取定量研究的方法进行了问卷调查。根据调查数据，从十个不同层面揭示卡车司机群体的人口社会学特征，涵盖卡车司机群体的个人状况、家庭状况、从业特征、工作与日常生活状况、社会保障、社会地位、代际流动等内容。

一　卡车司机的个人、家庭与父代的状况

首先需要把握的基本信息是，卡车司机的性别、年龄、户口、受教育程度、政治面貌、婚姻状况、家庭规模及父代的职业和户口特征等。对这些涉及卡车司机个人和家庭之稳定特征的信息加以收集、归纳和整理，既是进一步研究的基础，也是解释该群体如何工作和如何生活的基础。

（一）性别、年龄与婚姻状况

所得样本表明，卡车司机是以男性为主的职业，男性占 95.8%（见图2－1），因此本报告在行文中将卡车司机群体称为“他们”。这些卡车司机的平均年龄为 36.6 岁，52% 的司机年龄在 31～40 岁，29～44 岁的青壮年司机占总数的 77.4%（见图 2－2）。他们的已婚比例很高，未婚者仅占 5.7%。从婚姻状况来看，初婚和再婚共占 89.4%，另有 4.6% 的离婚者和 0.3% 的丧偶者（见图 2－3）。

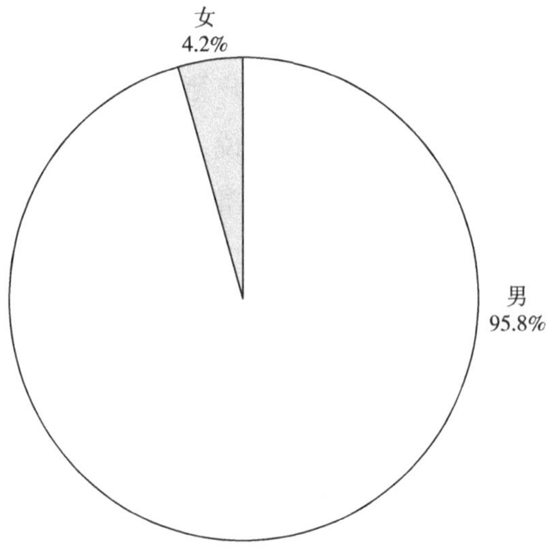

图 2－1　卡车司机的性别构成

资料来源：2017 中国卡车司机调查

（二）政治面貌、受教育程度、户口类型与户口所在地

政治面貌被视为社会－政治资本；受教育程度被视为人力资本；户口类型与基本的社会保障紧密关联；户口所在地的经济状况，决定了一个群体的就业市场和就业空间。这些都是决定个人生存机会和生存成本的重要变量，制约和影响卡车司机的工作与生活。

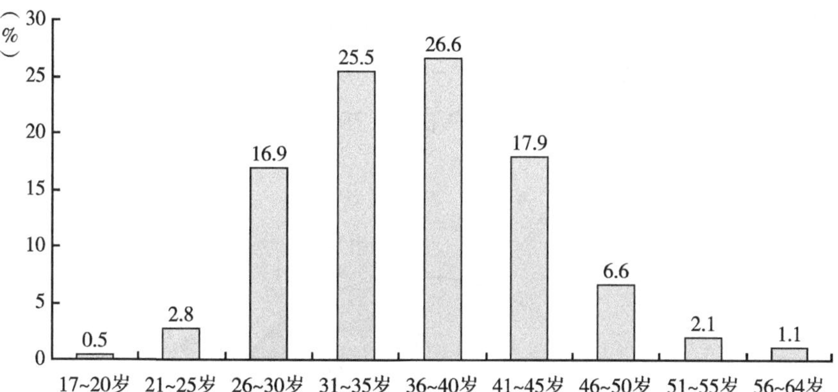

图 2－2　卡车司机的年龄分布

资料来源：2017 中国卡车司机调查。

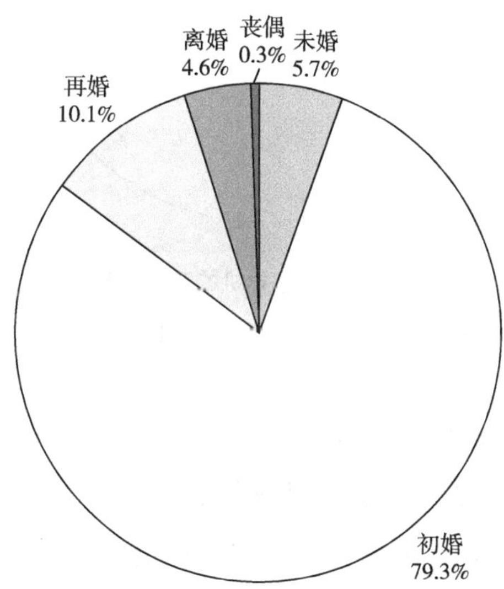

图 2－3　卡车司机的婚姻状况

资料来源：2017 中国卡车司机调查。

按政治面貌划分，81.3%的卡车司机为普通群众，8.5%是中共党员，10.2%为共青团员（见图 2－4）。这就是说，大多数卡车司机的政治面貌是“群众”。这个群体的受教育程度较低，初中文化程度占57.7%，高中、职高或技校占32.6%，另有4.7%为小学及以下文化程度（见图2-5）。从户口类型看，大多数的卡车司机属于农民身份，农村户口占79.1%，城市户口占20.9%（见图2-6）。

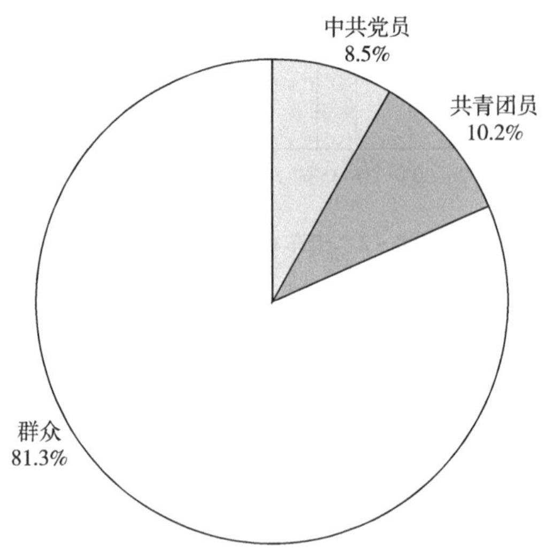

图2-4　卡车司机的政治面貌

资料来源：2017中国卡车司机调查。

从卡车司机的户口所在地分布来看，他们来自全国29个省区市，位居前5位的是河北、河南、黑龙江、辽宁和山东等省（见图2-7）。此外，来自四川、甘肃、内蒙古和吉林等省区的卡车司机数量也比较多。上述9省区的共同特点是：第一，均为农业大省，其中有些省区如辽宁等，还是老工业基地；第二，除了山东和辽宁两省以外，其他各省区都存在大量国家级贫困县和连片贫困地区；第三，远离珠三角、长三角等工商业经济发达地区，工业化水平低，缺少大规模的制造业；第四，均为人口净流出省区，外出打工谋生往往是这些省区农村户口人口的主要出路，开卡车是其中的一种。

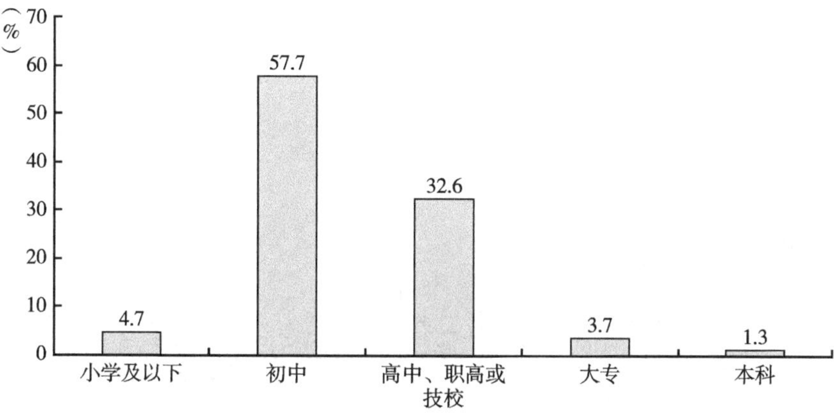

图 2－5　卡车司机的受教育程度分布

资料来源：2017 中国卡车司机调查。

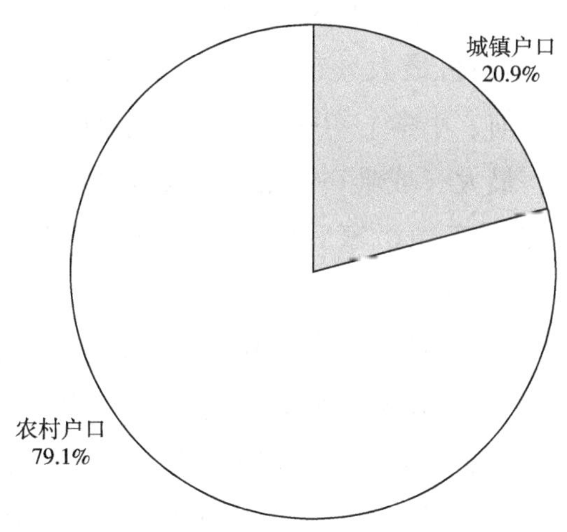

图 2－6　卡车司机的户口类型

资料来源：2017 中国卡车司机调查。

（三）家庭规模与配偶状况

在样本中，近一半的卡车司机家庭有两个孩子，有一个孩子的卡

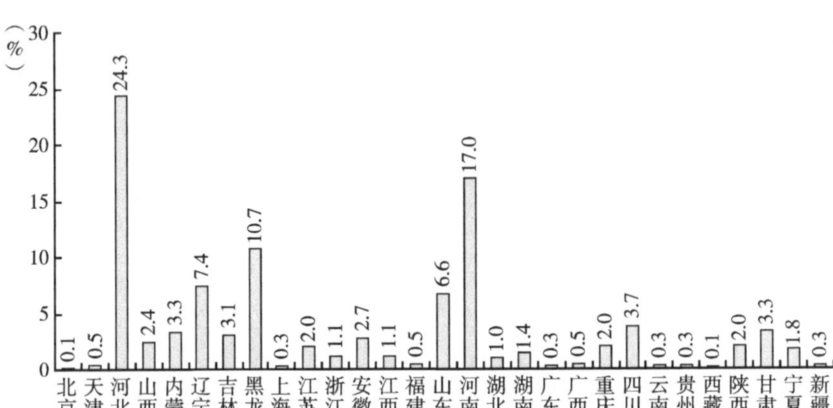

图 2－7　卡车司机户口所在地分布

资料来源：2017 中国卡车司机调查。

车司机家庭占 37.5%，有三个或更多孩子的家庭很少，仅占 5.8%（见图 2－8）。卡车司机最大（或唯一）孩子的平均年龄为 13～14 岁。如果按照学龄前、小学、初中、高中和成年后五个年龄组来划分的话，可以看到，最大（或唯一）孩子已经成年的卡车司机家庭仅占 19.2%，大多数卡车司机家庭的孩子都在 15 岁以下：其中最大（或唯一）孩子为 6～12 岁孩子的家庭比例最高，占 37.5%；其次是 13～15 岁的家庭，占 18.42%；再次是 0～5 岁的家庭，占 9.9%（见图 2－9）。对于大多数卡车司机来说，他们的家庭要抚养一个或两个未成年的孩子，而且大多数的孩子正处在上学的年龄。

已婚有配偶的卡车司机中，他们的配偶大多数也是农村户口，占比为 80.1%（见图 2－10）。关于卡车司机配偶的具体情况，将在第三章详细叙述。可以说，卡车司机是家庭经济的顶梁柱。家庭日常生活费用和子女的上学费用，构成卡车司机家庭的主要支出。

（四）家庭背景与父代职业

父代的社会地位会向子代传递，父代的职业与子代的受教育程

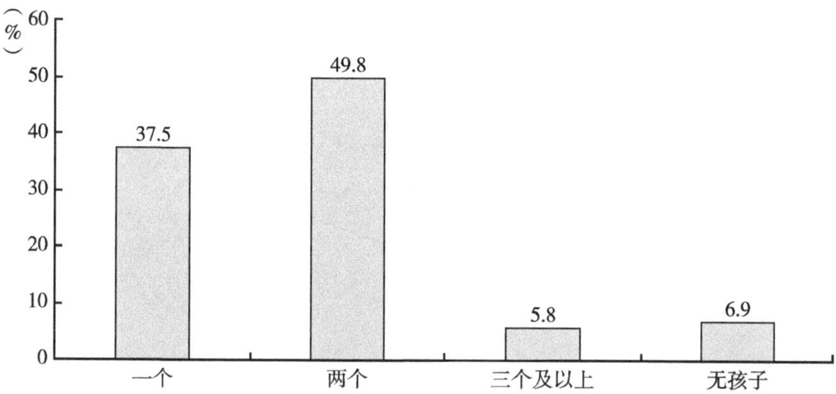

图 2 -8　卡车司机的家庭规模分布

资料来源：2017 中国卡车司机调查。

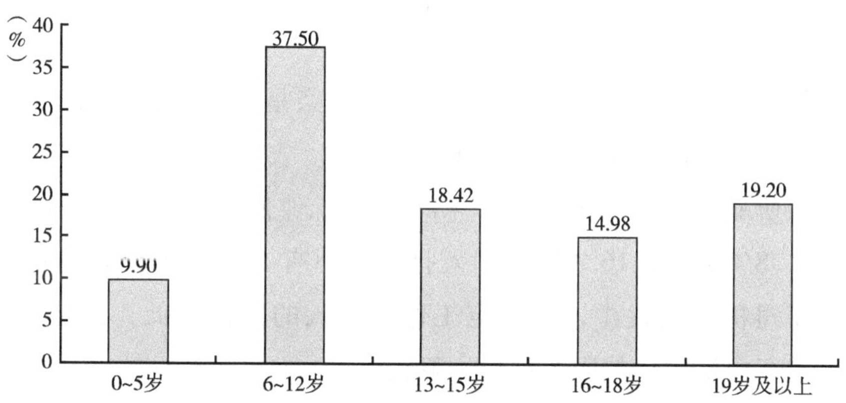

图 2 -9　卡车司机最大（或唯一）孩子的年龄分布

资料来源：2017 中国卡车司机调查。

度和职业选择有密切关系。卡车司机的家庭背景如何？他们的父代从事什么工作？课题组由问卷得到了卡车司机父亲的户口类型、曾经或正在从事的工作，还获得了卡车司机的父亲也曾经从事过卡车司机职业的比例，这些数据对于研究卡车司机的代际流动具有重要意义。

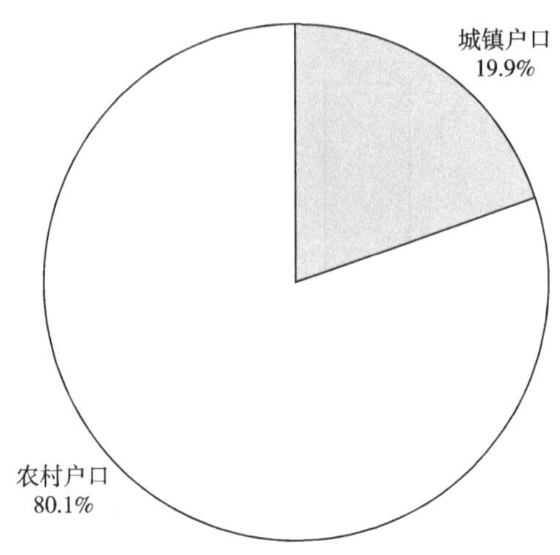

图 2－10　卡车司机配偶的户口类型

资料来源：2017 中国卡车司机调查。

根据调查数据，大多数卡车司机的父亲是农民身份，属于农村户口，这一比例为 81.7%（见图 2－11）。农民身份决定了卡车司机父亲所能从事的职业。图 2－12 表明，他们的父代有 43.4% 种地，21.8% 无业，16.4% 给别人打工，还有 5.2% 也正在开卡车。在卡车司机的父代中，有稳定工作和收入的比例很低，因此可以说，卡车司机父代的职业地位一般较低。

在所得样本中，有 17.2% 的卡车司机的父亲曾经做过卡车司机，但大多数卡车司机的父亲都未曾从事过卡车司机职业，占比为 82.8%（见图 2－13）。

农村户口、工作和收入不稳定，是大多数卡车司机父代的状况，这决定了大多数卡车司机自幼年起的生活条件较为艰苦，父代家庭的保障水平不高。当他们成年后进入卡车司机行业的时候，不仅要供养自己的家庭，而且还肩负着供养父母和兄弟姐妹的重任。因此很多卡车司机是自己家庭的顶梁柱，也是原生家庭的顶梁柱。

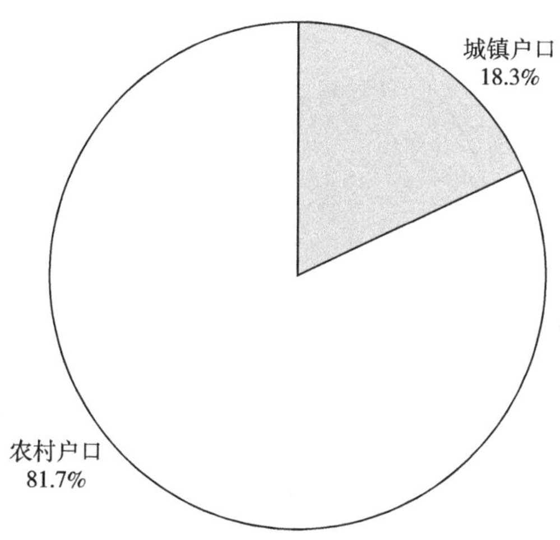

图 2-11　卡车司机父亲的户口类型

资料来源：2017 中国卡车司机调查。

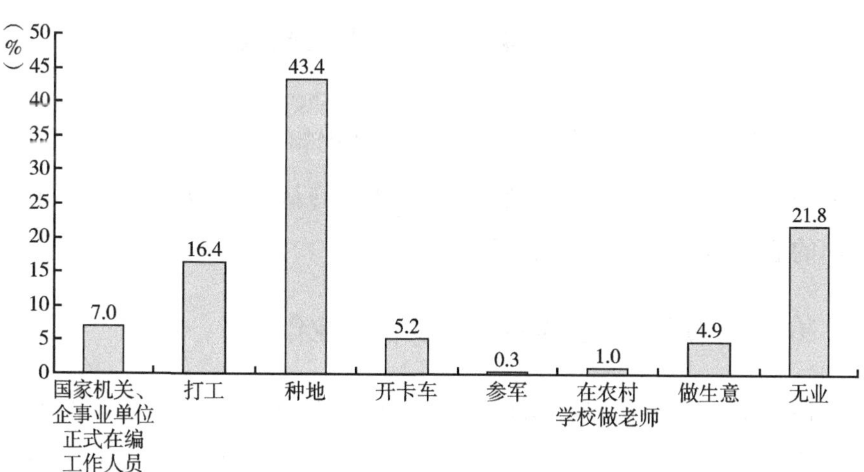

图 2-12　卡车司机父亲的职业分布

资料来源：2017 中国卡车司机调查。

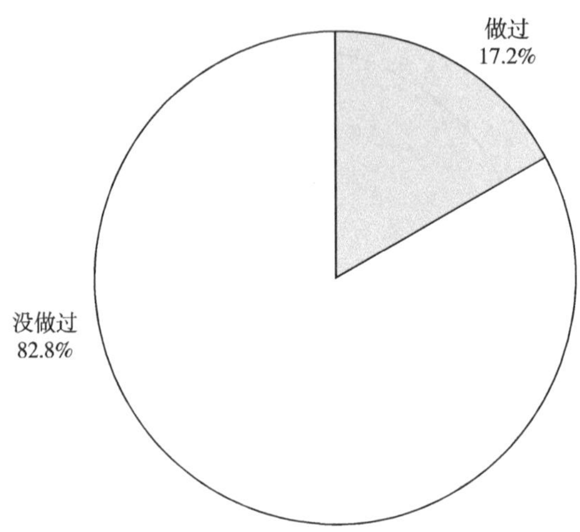

图 2－13　卡车司机的父亲做过卡车司机的情况

资料来源：2017 中国卡车司机调查。

二　卡车司机的从业特征

从业经历是个体获得职业经验、积累财富、从一个社会位置流动到另一个社会位置的过程。卡车司机群体的从业经历具有哪些特征？他们的职业地位是否发生了变化？

（一）资质、获取驾照的年限和从业年限

样本中，卡车司机已获得驾照的平均年限为 11.4 年。从年限的分布看，取得驾照 10～12 年的司机比例最高，占 19.0%；其次是 4～6 年与 7～9 年，各占 17.5% 和 17.1%；再次是 13～15 年，占 14.2%；取得驾照 3 年以下的卡车司机占 9.6%。总体来说，大多数卡车司机取得驾照的年限在 15 年及以内，这一比例为 77.4%；取得驾照年限在 20 年及以上的较少，占 14.1%。卡车司机获得驾照的年

限相对比较集中，近 6 年取得驾照的人数较多，6 年及以下的占 27.1%（见图 2-14）。

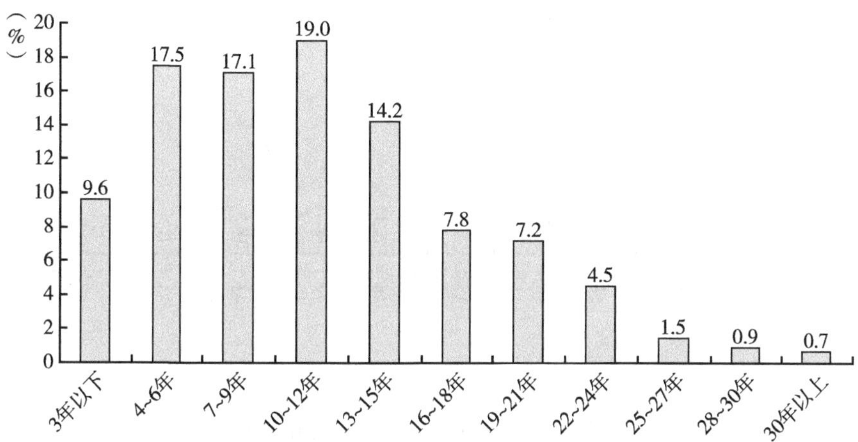

图 2-14 卡车司机取得驾照的年限分布

资料来源：2017 中国卡车司机调查。

从开卡车的年限分布来看，卡车司机的平均驾龄为 9.5 年。其中驾龄为 10 年的司机最多，占 13.1%；其次是 5 年、6 年和 8 年的司机，分别占 10.1%、8.2% 和 7.8%。总体来说，驾龄在 10 年及以下的占 67.2%；15 年及以下的占 85.5%；20 年及以下的占 95.3%；30 年及以上的司机为数不多，仅占 0.8%。从分布上看，近 10 年加入卡车司机行列的人数增长迅速（见图 2-15）。

从驾照类型上看，卡车司机拥有 A2 和 B2 驾照的比例最高，分别是 48.5% 和 37.4%（见图 2-16）。这两类驾照的准驾车型分别是牵引车和大型货车，因此样本中大部分卡车司机都符合资质要求。

按照不同的驾照类型排序，持 A2 驾照的卡车司机驾驶卡车的平均年限最长，为 12.27 年；其次是持 A1 驾照的司机，驾车平均年限为 9.27 年；再次是持 B2 驾照的司机，驾车平均年限为 6.58 年；A3

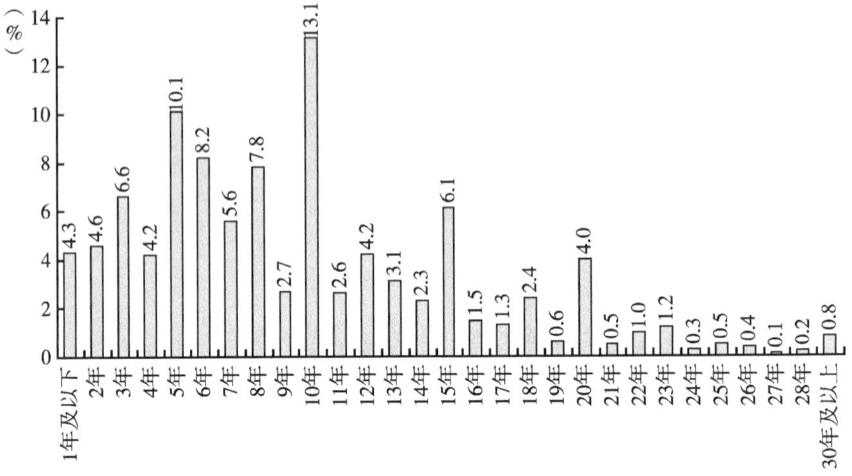

图 2-15　卡车司机开卡车的年限分布

资料来源：2017 中国卡车司机调查。

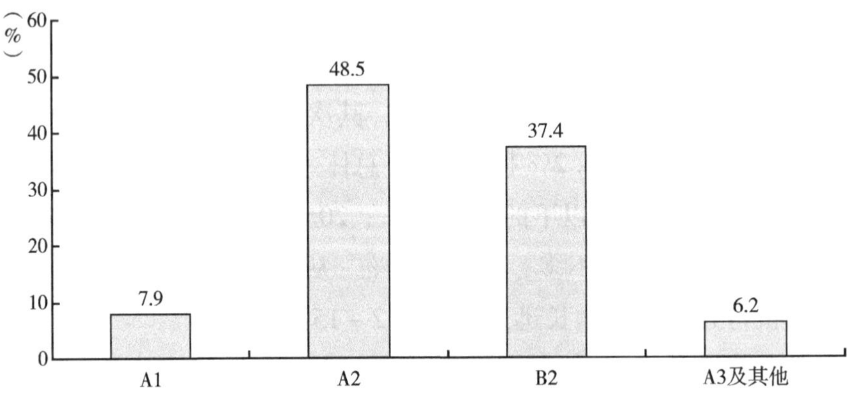

图 2-16　卡车司机的驾照类型

资料来源：2017 中国卡车司机调查。

及其他几个类型驾照的司机驾驶卡车的平均年限都超过 5 年，但都少于持 A1 与 A2 驾照司机的平均驾龄。

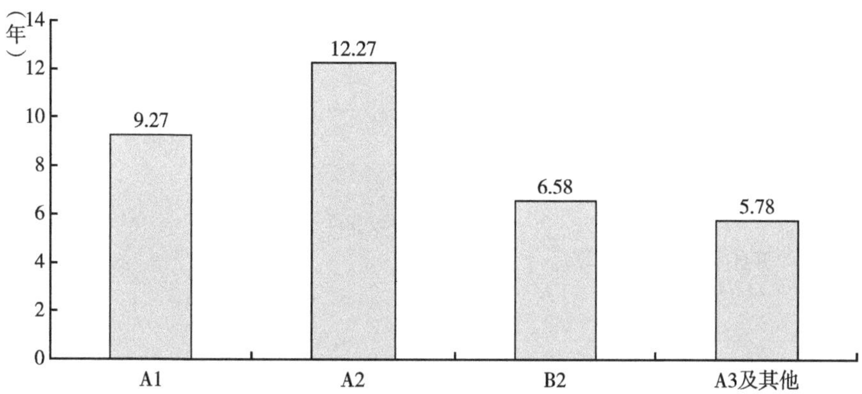

图 2－17　驾照类型与开卡车的平均时间

资料来源：2017 中国卡车司机调查。

（二）为谁开车与从业经历

根据问卷数据，71.2%的卡车司机开自己的车，属于自雇司机；28.8%的司机为别人开车，属于他雇司机（见图 2－18）。

在28.8%的他雇司机中，为别人开车的平均年限为5.8年。其中，为别人开车为3～5年的司机占33.7%；2年及以下的占24.8%；6～8年的占19.3%。总体来说，为别人开车5年及以下的占58.5%，10年及以下的占89.2%，大多数卡车司机为别人开车的时间不超过10年（见图 2－19）。

自雇司机与他雇司机的驾照类型有何特点？由驾照类型与为谁开车的交叉表可以看到，在各种类型驾照中，持有A3及其他驾照的卡车司机的他雇身份比例较高，为45.5%；在持有其余各类驾照的卡车司机中，自雇司机占绝大多数，特别是持A2与B2驾照的卡车司机中，自雇比例分别为72.7%和74.0%（见表 2－1）。

在他雇卡车司机中，为别人开车之前有70.9%的人没有自己的车，

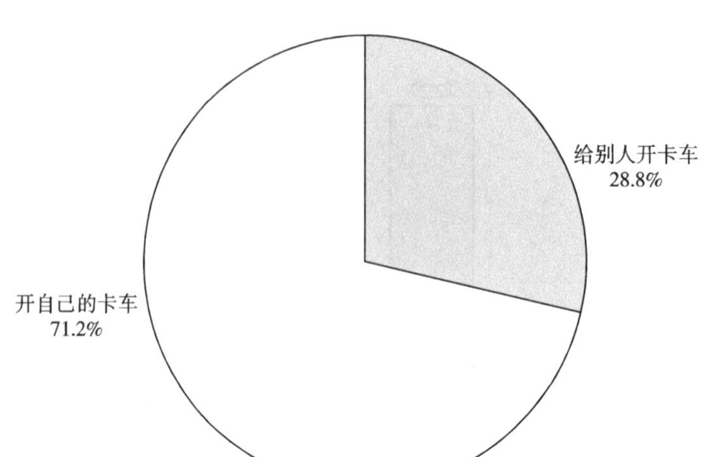

图 2－18　卡车司机为谁开车

资料来源：2017 中国卡车司机调查。

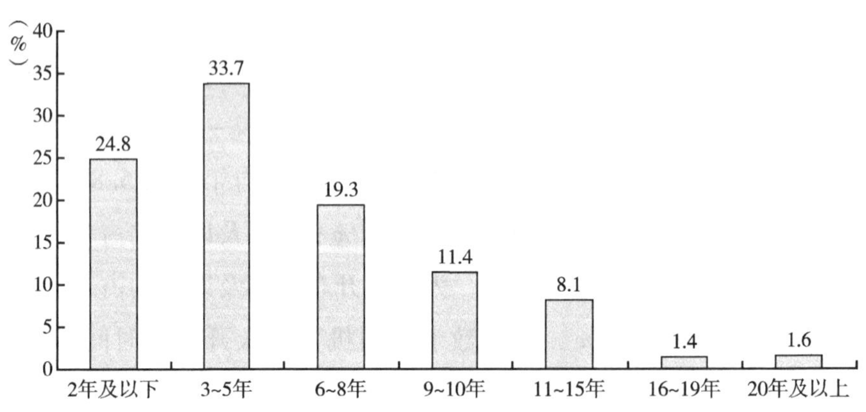

图 2－19　为别人开车的年限分布

资料来源：2017 中国卡车司机调查。

但有 29.1% 的人曾经拥有过自己的卡车、做过车主，说明他们经历了从自雇到他雇的转变（见图 2－20）。他们为何舍弃自己的卡车而为别人开车？这种流动的含义是什么？这个问题需要进一步研究。

表 2－1　驾照类型与为谁开车交叉表

单位：%

驾照类型	为谁开车		总计
	给别人开卡车	开自己的卡车	
A1	37.6	62.4	100.0
A2	27.3	72.7	100.0
B2	26.0	74.0	100.0
A3 及其他	45.5	54.5	100.0
总计	28.8	71.2	100.0

资料来源：2017 中国卡车司机调查。

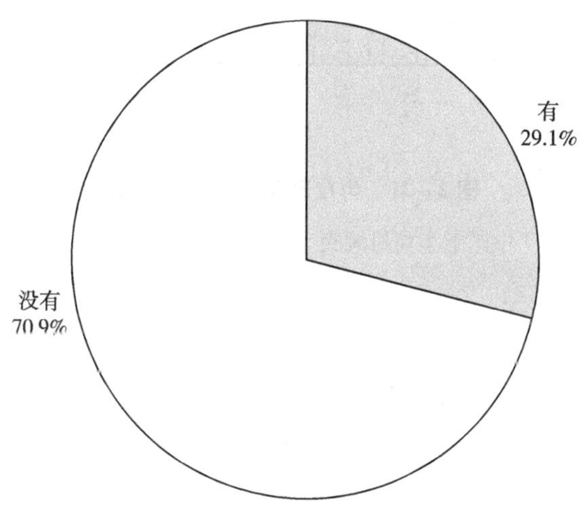

图 2－20　卡车司机给别人开车之前拥有自己的卡车的情况

资料来源：2017 中国卡车司机调查。

在 71.2% 为自己开车的自雇卡车司机中，他们为自己开车的平均时间是 5 年。图 2－21 表明，大部分卡车司机为自己开车的时间都在 10 年及以下，这一比例为 91.4%；为自己开车在 5 年及以下的卡车司机占 63.7%。可见，超过半数的卡车司机成为自雇司机的时间并不长。那么他们之前从事什么工作？图 2－22 表明，在这些自雇司机中，大多数人曾经是他雇司机，占 69. 4%，只有 30. 6% 的人没有当过他雇司机。可见大多数的卡车司机是在经历他雇阶段之后，才拥有自己的卡车，成为自雇司机即车主的。

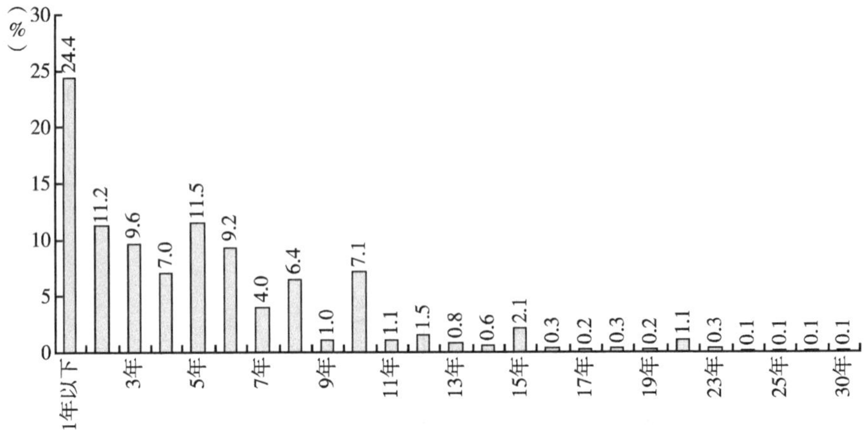

图 2 - 21　为自己开车的年限分布

资料来源：2017 中国卡车司机调查。

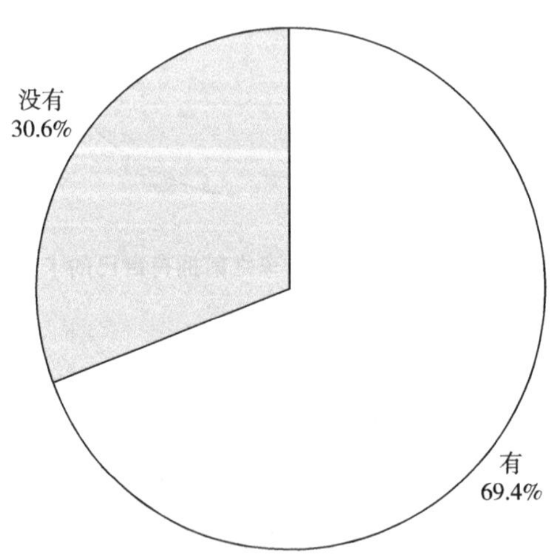

图 2 - 22　卡车司机开自己的车之前给别人开卡车的情况

资料来源：2017 中国卡车司机调查。

除此之外，接受调查的所有卡车司机在开卡车之前从事过哪些工作呢？图 2 – 23 表明，打工的占 46%，种地的占 16.6%，还有 12.4% 的人做过其他车辆的驾驶员，如出租车司机。此外，还有做过生意的占 7.4%，读书的占 5.2%，参军的占 4.8%，无业的占 4.2%。大多数卡车司机曾从事与驾驶车辆无关的工作，占比达 87.6%。这表明卡车司机中的大多数人可能是在这 10 年中，从其他职业转入卡车司机行业的。而转入的司机大多数先成为他雇司机，之后才自己买车成为自雇司机，这种情况占比 69.4%；当然，也有 30.6% 的卡车司机入行伊始就是自雇司机；还有少数司机自始至终都是他雇司机，一直为别人开车；也有少数人开始时是自雇司机，之后转为他雇司机。综上所述，卡车司机职业内部的流动也是较为复杂多样的，值得关注与探究。

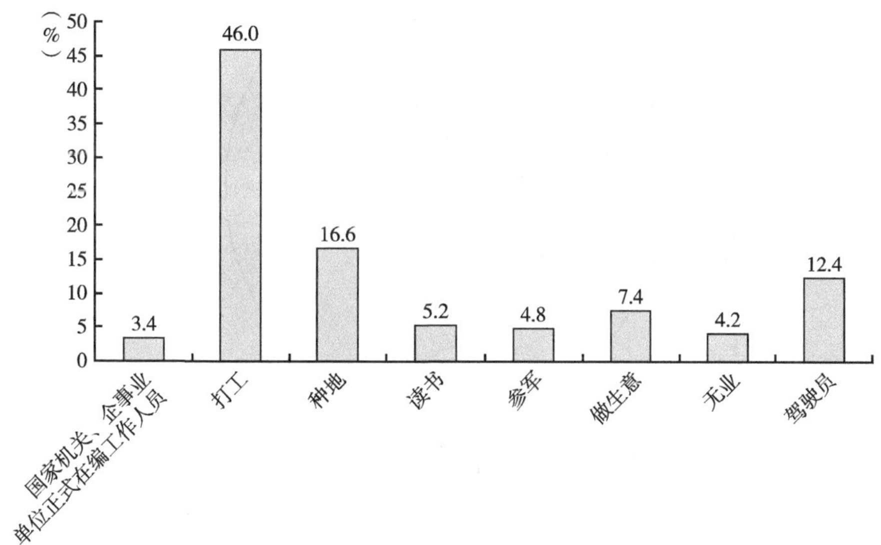

图 2 – 23　开卡车之前司机从事过的工作

资料来源：2017 中国卡车司机调查。

三　卡车司机的车辆归属与车辆类型

车辆是老板所有还是自己所有？卡车运营是否挂靠企业？这些问题与卡车司机的收入与工作压力极为相关。

（一）车辆归属与是否挂靠

根据数据，有 64. 2% 的卡车司机开的是自己的车，12. 8% 的卡车司机开的是与别人合伙买的车，还有 23. 0% 的卡车司机开的是老板的车（见图2 -24）。图 2 -25 表明，有 55. 1% 的卡车挂靠了公司，44. 9% 的卡车没有挂靠公司，挂靠的车辆超过半数。

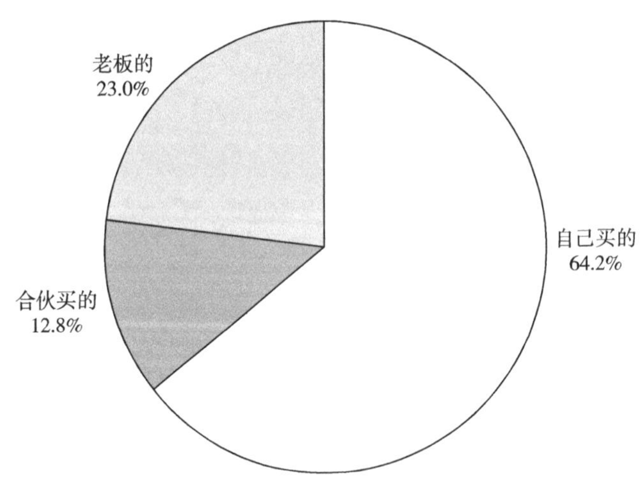

图 2 -24　卡车司机现在开的车的所属情况

资料来源：2017 中国卡车司机调查。

从挂靠与车辆归属类型来看，自己买车的司机中，有 59. 3% 的人挂靠公司，40. 7% 的人没有挂靠；在合伙买车的司机中，挂靠比例最高，达到 72. 7%，而没有挂靠的仅占 27. 3%；在卡车产权属于老

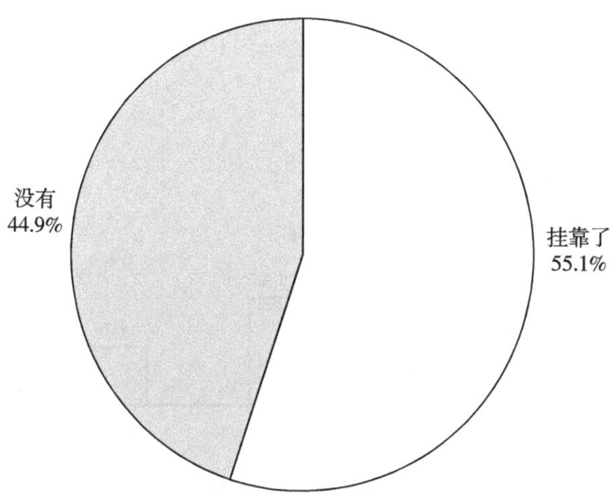

图 2-25　卡车司机的车辆挂靠情况

资料来源：2017 中国卡车司机调查。

板的他雇司机中，所驾驶车辆的挂靠比例最低，仅占 33.7%，说明大部分老板的车都没有挂靠公司（见表 2-2）。

表 2-2　是否挂靠与车辆归属类型的关系

单位：%

是否挂靠	车辆归属类型			总计
	自己买的	合伙买的	老板的	
挂靠了	59.3	72.7	33.7	55.1
没有	40.7	27.3	66.3	44.9
总计	100.0	100.0	100.0	100.0

资料来源：2017 中国卡车司机调查。

（二）车辆类型与归属状况

从卡车司机驾驶的车辆类型可以看到，牵引车和重型卡车分别占 42.9% 和 32.6%，说明大部分的司机在做长途货运（见图 2-26）。

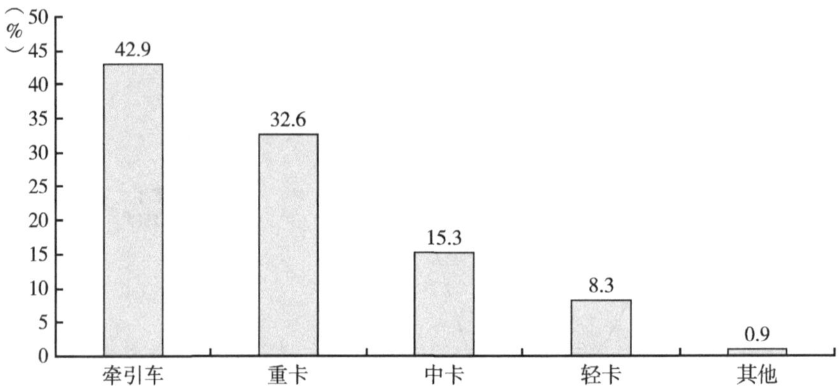

图 2-26　卡车司机的车辆类型分布

资料来源：2017 中国卡车司机调查。

从车辆类型与车辆归属来看，在自己买车的司机中，购置牵引车的比例为 41.5%；购置重卡的比例为 35.1%。在合伙买车的司机中，购置牵引车的比例超过一半，在车辆归属的三类中是最高的，为 52.4%；购置重卡的比例为 25.1%。车为老板所有的卡车司机中，车型也是牵引车比例最高，占 41.6%；购置重卡的比例为 29.8%；购置中卡的比例在三类车辆归属类型中相当，均为 15% 左右（见表 2-3）。可见车辆归属与车辆类型之间的相关性不大，公路货运业以牵引车、重卡为主要运输工具，同时这些车型也是购车首选。

表 2-3　车辆类型与车辆归属之间的关系

单位：%

车辆归属	牵引车	重卡	中卡	轻卡	其他	总计
自己买的	41.5	35.1	15.0	7.7	0.7	100.0
合伙买的	52.4	25.1	15.9	4.8	1.8	100.0
老板的	41.6	29.8	15.6	12.0	1.0	100.0
总计	42.9	32.6	15.3	8.3	0.9	100.0

资料来源：2017 中国卡车司机调查。

四　卡车的排放标准与车辆类型

车辆的排放标准决定卡车的使用寿命。随着环保标准不断提高，卡车正常的使用寿命已经不可能是 15 年，而是被缩短了 7～8 年。这就意味着卡车的折旧率被提高，无形中增加了自雇卡车司机的购车成本与还贷压力，加重了他们的生活负担，往往使得他们不得不延长劳动时间，因而造成普遍的疲劳驾驶。

从车辆的排放标准看，样本中除了少量（5.2%）国Ⅱ排放标准的卡车外，国Ⅲ排放标准的卡车所占比例最高，占 39%；其次是国Ⅳ排放标准的卡车，占 34.8%；国Ⅴ排放标准的卡车占 20.9%（见图 2－27）。

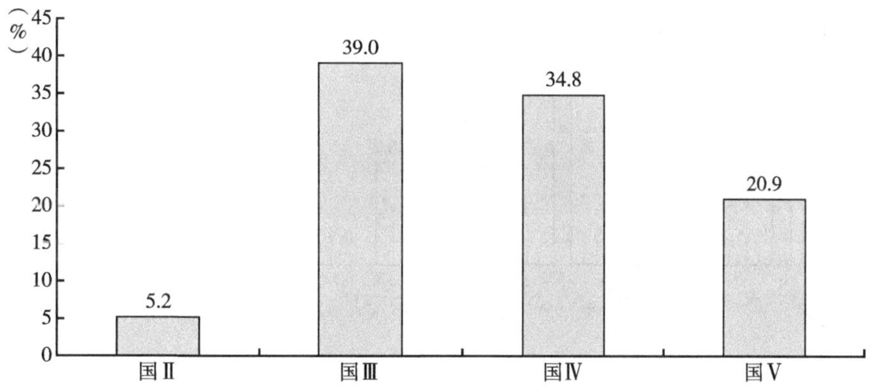

图 2－27　车辆排放标准分布

资料来源：2017 中国卡车司机调查。

五　卡车司机的工作时间、工作强度与工作时的陪伴

（一）工作时间与工作强度

为了探究卡车司机的工作时间与工作强度，课题组设计了三组问

题：每天单次驾车的平均时间、驾车历史上最长持续开车时间、每晚8点后的开车时间。

根据数据，卡车司机每天单次驾车的平均时间为7.8小时。从分布来看，每天平均驾车8小时的最多，占18.9%；其次是平均驾车4小时，占18.4%；再次是平均驾车6小时和10小时，分别占14.2%和13.9%。总体来说，卡车司机每天驾车平均时间在5~7小时的占24.9%，驾车平均时间在8~12小时的占42.1%，驾车平均时间在12小时以上的占9.2%。可见卡车司机工作强度非常大，多数人每天开车时间超过8小时（见图2-28）。

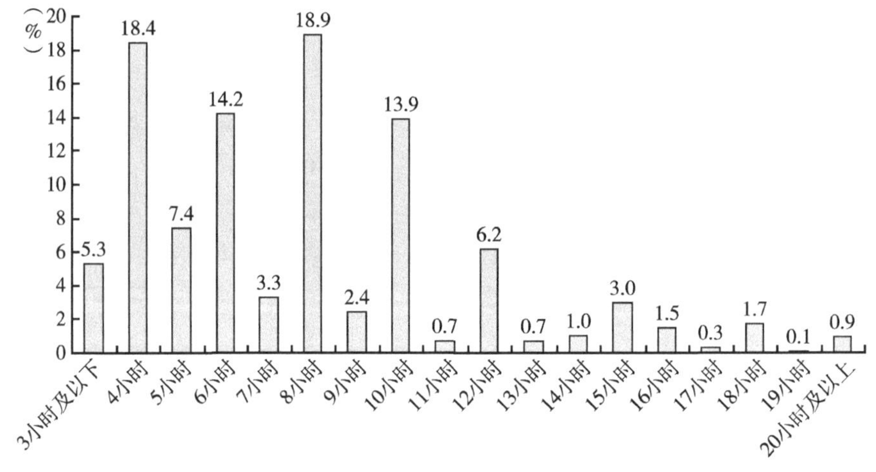

图2-28　每天单次驾车的平均时间

资料来源：2017中国卡车司机调查。

从最长持续开车时间分布来看，卡车司机最长持续开车时间的平均值为10.8小时。其中持续开车12小时的占比最高，为13.4%；其次是8小时，占12.3%；再次是10小时，占10.7%。总体来说，持续开车在12小时及以上的占45.1%，16小时及以上的占20%（见图2-29）。除此之外，很多卡车司机在晚上8点之后继续开车赶路，晚上 8 点后开车 3 小时及以上的占 74.9%（见图 2－30）。

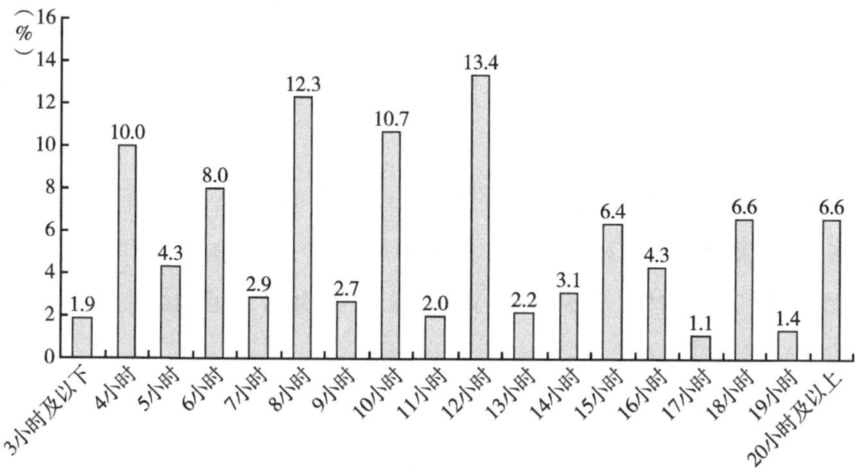

图 2－29　最长持续开车时间分布

资料来源：2017 中国卡车司机调查。

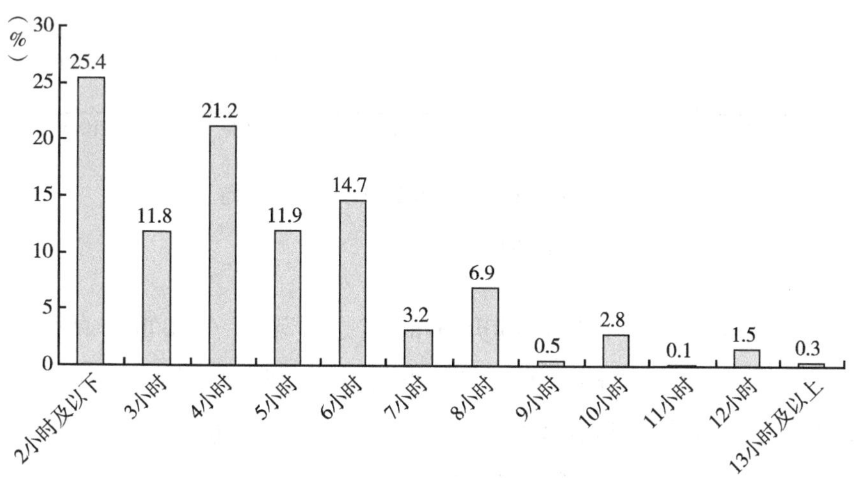

图 2－30　晚上 8 点后的开车时间

资料来源：2017 中国卡车司机调查。

卡车司机工作时间长，工作强度大。课题组在访谈中遇到过很多卡车司机，他们经常是凌晨启程，夜以继日地工作。为规避拥堵和限行，很多卡车司机选择在夜间开车。特别是开长途的卡车司机，为了赶活，有时一天要开 17～18 个小时。当把车辆类型与工作强度结合的时候，发现驾驶不同车型的卡车司机每天的工作时间是不一样的，而且差距很大。

从车辆类型与每天驾车的平均时间来看，开牵引车和重卡的司机每天平均驾车 7.86 小时和 8.01 小时；开中卡的司机每天平均驾车 7.72 小时；开轻卡的司机每天平均驾车 6.44 小时（见图 2－31）。

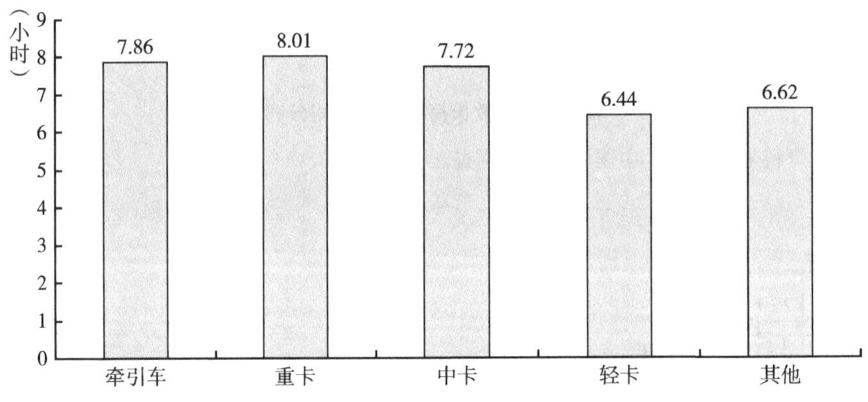

图 2－31　车辆类型与每天平均驾车时间

资料来源：2017 中国卡车司机调查。

比较明显的是最长持续开车时间是开牵引车和重卡的司机，最长持续开车时间分别为 11.38 小时和 10.67 小时；开中卡的司机最长持续开车时间为 10.45 小时；开轻卡的司机最长持续开车时间为 9.17 小时，与牵引车司机的最长工作时间相差约 2 个小时（见图 2－32）。

从晚上 8 点后的平均开车时间来看，开牵引车和重卡的司机都

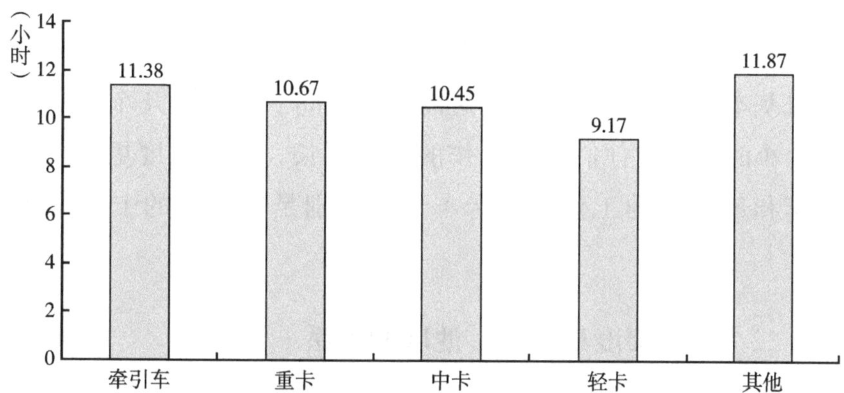

图 2－32　车辆类型与最长持续开车时间

资料来源：2017 中国卡车司机调查。

超过 4 个小时，分别为 4.65 小时和 4.47 小时，即这些卡车司机子夜过后仍然继续开车；开中卡的司机为 3.61 小时；开轻卡的司机为 2.18 小时，说明在午夜之前轻卡司机大多进入休息状态（见图 2－33）。

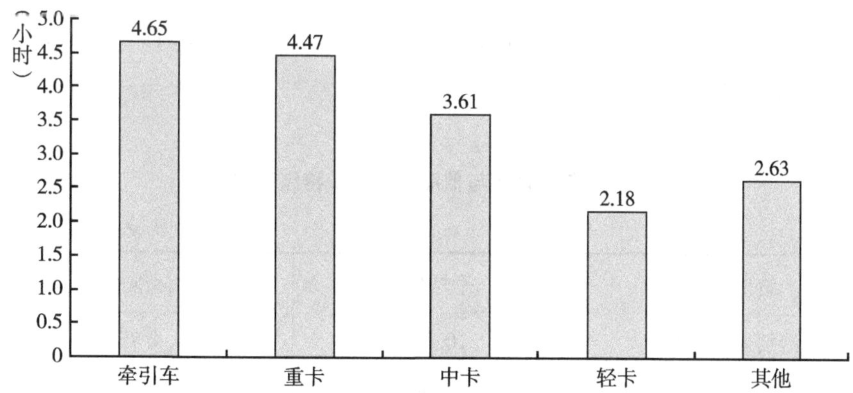

图 2－33　晚上 8 点后的平均开车时间

资料来源：2017 中国卡车司机调查。

由此可见，由于车辆类型不同，卡车司机的工作时间和工作强度也有所不同。轻卡司机基本是跑短途和市内运货，而重卡和牵引车司机基本是跑长途，货物运送需要的时间一般在十几个小时甚至几十个小时以上：他们持续工作的时间更长，工作强度更大。长时间开车和超强度的工作，是卡车司机特别是跑长途的卡车司机的常态。

（二）工作强度与自雇、他雇的关系

如前所述，课题组将为自己开车的司机界定为“自雇司机”，将为别人开车的司机界定为“他雇司机”。一般认为，自雇司机工作比较灵活，工作强度可能低于他雇司机。对比两类司机最长持续开车时间发现，自雇司机的最长持续开车时间为 11.05 小时，他雇司机的最长持续开车时间为 10.31 小时，自雇司机还略高于他雇司机，两者的标准差也没有明显差别（见表 2－4）；晚上 8 点以后的开车时间的平均值表明，自雇司机的开车时间为 4.39 小时，他雇司机的开车时间为 3.75 小时，自雇司机仍然多于他雇司机（见表 2－5）。由此可见，自雇司机的工作时间并不比他雇司机少，反而更多；工作强度也并不低于他雇司机，甚至更大。

表 2－4　自雇司机与他雇司机最长持续开车时间

单位：小时

给谁开车	平均值	标准差
给别人开卡车	10.31	4.78
开自己的卡车	11.05	4.95
总计	10.82	4.91

资料来源：2017 中国卡车司机调查。

表2－5　自雇司机与他雇司机晚上8点后的开车时间

单位：小时

给谁开车	平均值	标准差
给别人开卡车	3.75	2.79
开自己的卡车	4.39	2.65
总计	4.21	2.71

资料来源：2017中国卡车司机调查。

（三）工作时的陪伴

从开车时有无陪伴来看，在1779个样本中，有976名卡车司机选择自己单独驾驶，比例超过一半；选择与其他卡车司机一起驾驶的为510人次；与合伙人一起驾驶的有300人次；与配偶一起驾驶的有266人次；与父母和子女一起驾驶的人次较少，分别为29人次和37人次。将卡车司机选择的所有人次相加，得到按人次的分布情况，可以看到卡车司机自己单独驾驶的比例为44.26%；与其他卡车司机一起驾驶的比例为23.13%；有家人（包括子女、父母与配偶）陪伴一起驾驶的比例较低，一共占15.06%，数据表明大多数卡车司机在行车时是没有家人陪伴的（见图2－34）。

（四）手机的意义

卡车司机普遍使用智能手机。在调查中发现，很多卡车司机甚至同时使用两部手机。图2－35表明卡车司机使用智能手机的年限分布状况，其中使用智能手机在3至5年的占到56%以上。

由于普遍使用智能手机，话费与流量费就构成必不可少的开支。为了节省花费，卡车司机一般使用包流量的套餐。套餐形式多种多样，卡车司机的手机花费一般集中在每月200～300元。图2－36表

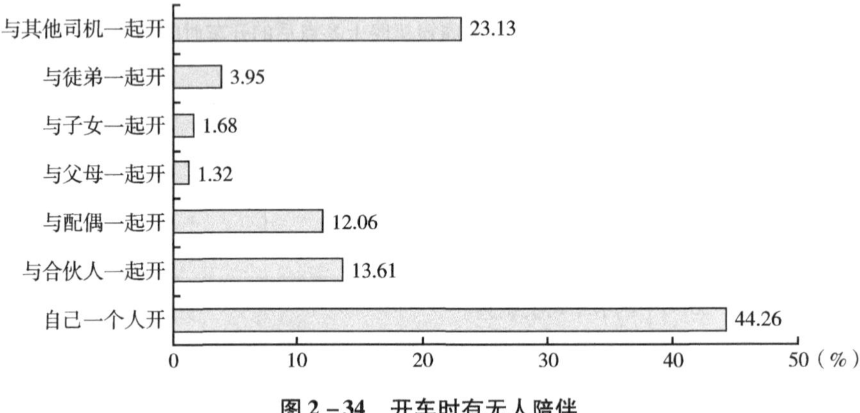

图 2-34　开车时有无人陪伴

资料来源：2017 中国卡车司机调查。

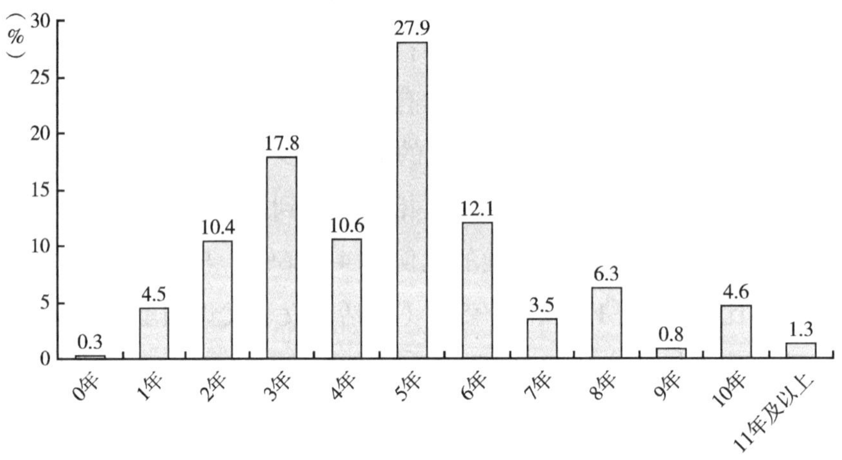

图 2-35　智能手机使用的年限分布

资料来源：2017 中国卡车司机调查。

明了卡车司机月均手机费用状况，其中每月手机费用为 150 元至 300 元的占到 60%，均值为 193.26 元。这是一个不菲的花费，表明大多数卡车司机的智能手机使用的高频度及对手机的依赖性。

手机对于卡车司机具有多种用途。在 1779 个卡车司机样本中，每位卡车司机平均选择了 3 项手机的用途，其中最重要的用途是工

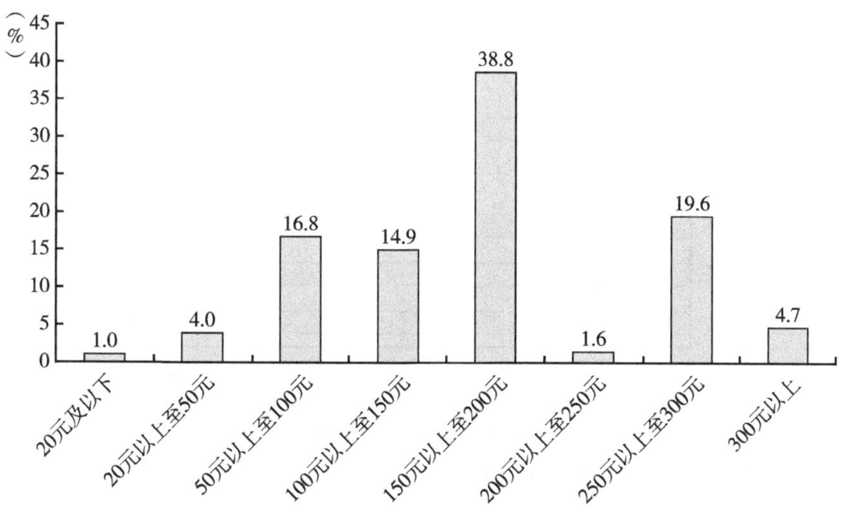

图 2-36 每月手机费用分布

资料来源：2017 中国卡车司机调查。

作联系，占 29.52%；其次是与家人、朋友联系，分别占 25.18%、20.58%，这两项选择人次的占比均超过 20%，加总后为 45.76%；再次是获取新闻和知识，占 11.52%（见图 2-37）。由此可见，手机不仅在工作中对卡车司机有很大的帮助，还能够使卡车司机时常听到家人的声音、看到家人，维持远距离的亲密关系；同时也与朋友保持联系，维持社会交往。可以说，手机与互联网技术在一定程度上减轻了卡车司机远离家乡独自驾车的孤单与寂寞。关于手机和互联网对卡车司机工作与生活的意义，在后文亦有论述。

六 卡车司机的家庭生活

根据样本提供的数据，卡车司机平均间隔 20 天才能与家人见面。回家后，他们在家休息的时间很短，一旦有了货源就立即出发投入运营。图2-38表明，超过一半的卡车司机与家人见面的间隔时间在 8

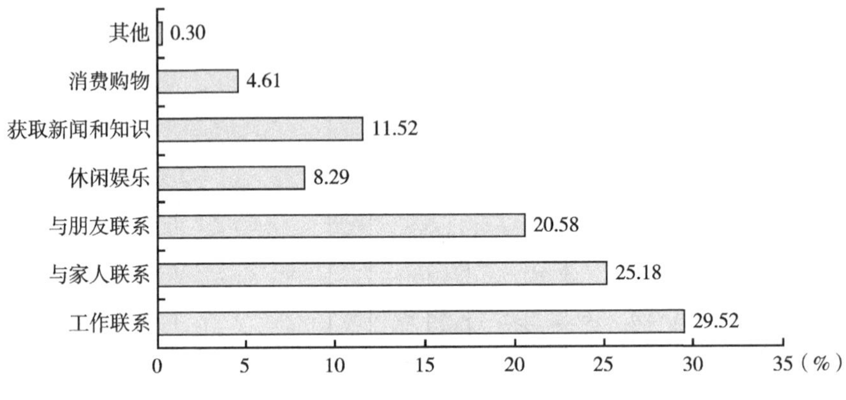

图 2－37　手机的主要用途

资料来源：2017 中国卡车司机调查。

天以上，占 56.5%。卡车司机只有在春节时能多休息几天，春节休息的平均天数为 13.6 天。能在家休息 15 天以上的卡车司机数量不超过一半，为 47.4%（见图 2－39）。

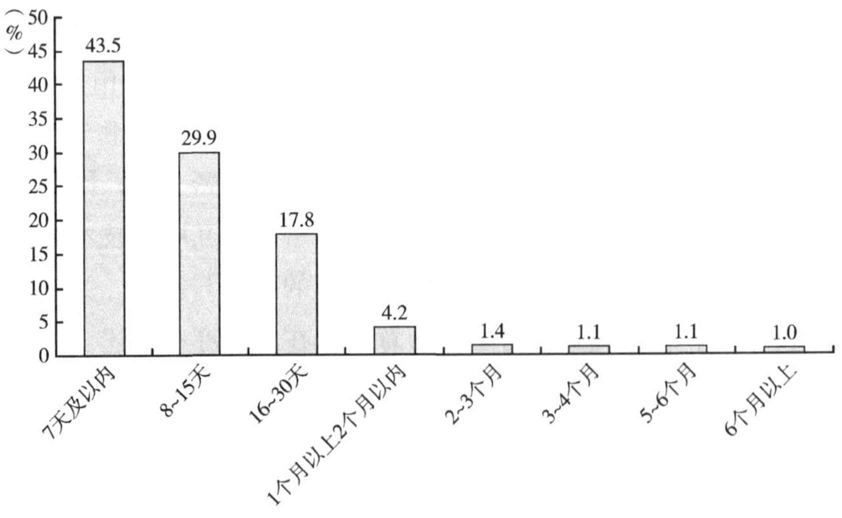

图 2－38　与家人见面间隔时间分布

资料来源：2017 中国卡车司机调查。

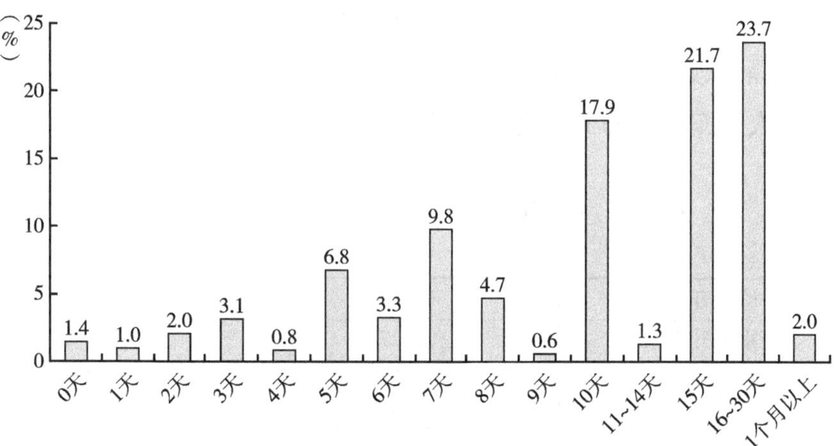

图 2－39　春节休息天数分布

资料来源：2017 中国卡车司机调查。

如果按车辆类型划分，可以发现，相比于其他车型的卡车司机，牵引车司机与家人团聚的间隔时间最长，为 22.48 天；其次是中卡司机，为 21.79 天；再次是重卡司机，为 18.96 天。牵引车、重卡与中卡司机与家人团聚的间隔天数均超过半个月（见图 2－40）。

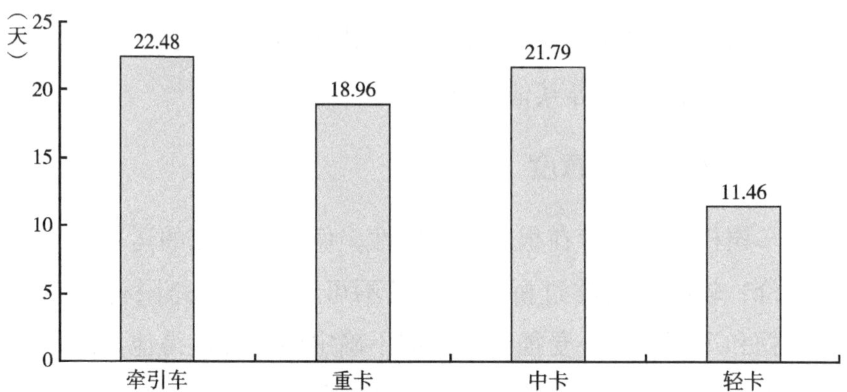

图 2－40　不同车辆类型与家人见面的平均间隔天数

资料来源：2017 中国卡车司机调查。

如果按自雇司机、他雇司机划分，可以发现，他雇司机与家人团聚的间隔天数平均为22. 27 天，明显多于自雇司机的19. 54 天，这说明给别人开车的卡车司机更少与家人团聚（见表2 －6）。

表2 －6　自雇司机、他雇司机与家人团聚的间隔天数

单位：天

给谁开车	平均值	标准差
给别人开卡车	22. 27	46. 55
开自己的卡车	19. 54	37. 44
总计	20. 32	40. 28

资料来源：2017 中国卡车司机调查。

七　卡车司机的收入、年行驶里程与损耗

（一）货单来源

根据调查数据，卡车司机的货单主要来自物流公司（下称“物流”）或货代，占54. 8%；其次来自手机App，占22. 2%；再次来自固定的厂家，占11. 2%；来自家人、老乡、朋友的占7. 8%（见图2 －41）。前两项之和为77%，表明绝大多数货源来自市场配置，而非人际关系等其他方面。

（二）收入与满意度

卡车司机的收入存在很多不确定性，例如不稳定的运费、不断提升的油价、较高的过路过桥费，以及不可预期的道路限行、违章罚款、货物和车辆的意外受损等，这些不确定因素都使得他们的预期收入大打折扣。根据调查数据，卡车司机2016 年[①]全年的平均收入为

① 课题组的问卷于2017 年10 月下发，问卷内关于“去年一年的状况”指的是2016 年。为了表达清晰，图题与行文都标注为2016 年。

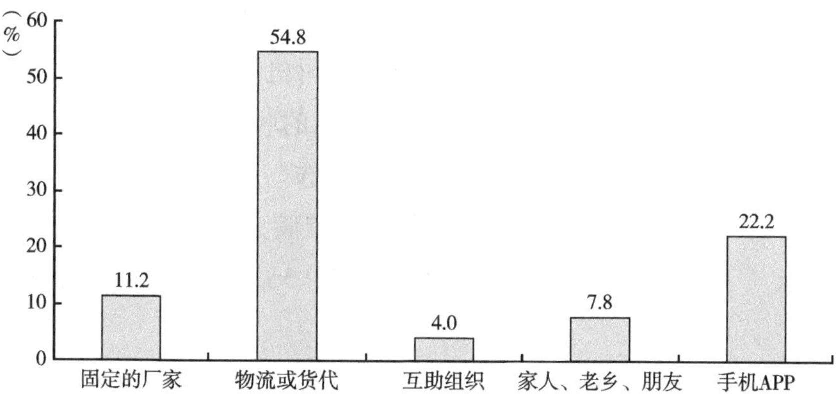

图 2－41　货单的提供者

资料来源：2017 中国卡车司机调查。

10.7 万元，但收入在 10 万元以上的卡车司机仅占 28.8%，收入为 10 万元的卡车司机占 20.6%，收入在 10 万元以下的卡车司机占 50.4%（见图 2－42）。

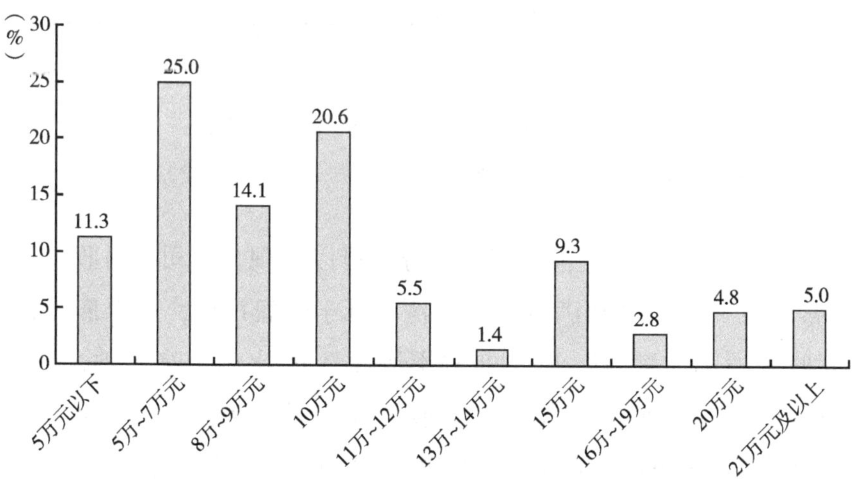

图 2－42　卡车司机 2016 年的收入分布

资料来源：2017 中国卡车司机调查。

如果按车辆类型划分，可以发现开牵引车的卡车司机平均年收入在12万元以上，其他车辆类型的卡车司机平均年收入都不足10万元（见图2-43）。那么卡车司机对自己的收入满意吗？课题组将满意度设定为五度量表，请卡车司机勾选。图2-44表明，仅有10.6%的卡车司机表示“满意”或“比较满意”，53.5%的卡车司机表示“不太满意”或“非常不满意”，35.8%的司机觉得收入“一般”。

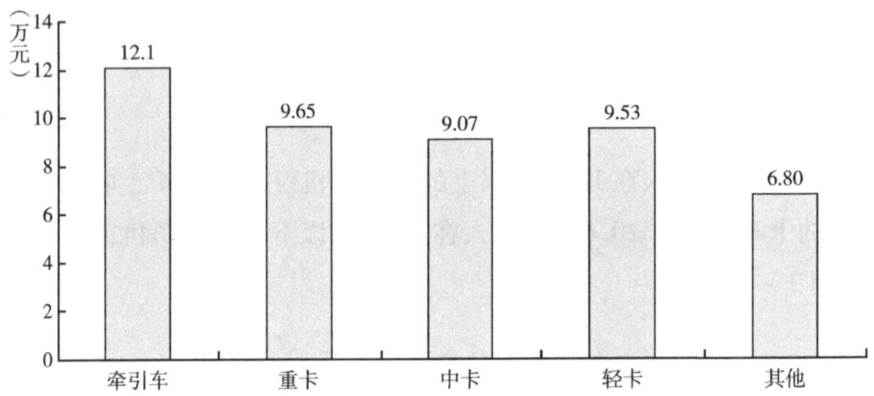

图2-43 不同车辆类型的2016年的平均收入

资料来源：2017中国卡车司机调查

如果按自雇司机、他雇司机划分，可以发现自雇司机对收入表示“非常满意”与“比较满意”的比例均低于他雇司机，而自雇司机表示对收入“不太满意”与“非常不满意”的比例均高于他雇司机。特别是对收入“非常不满意”一项，自雇司机选择“非常不满意”的比例占到20.9%，而他雇司机仅占11.9%，可见自雇司机对收入的不满意程度远远高于他雇司机（见表2-7）。

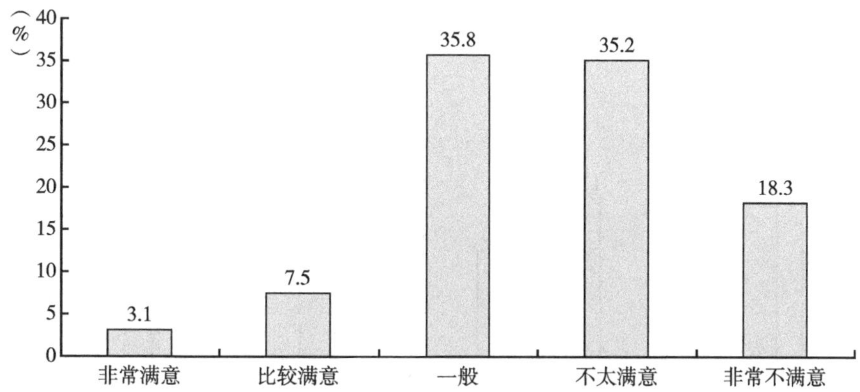

图 2－44　卡车司机对自己收入的满意程度

资料来源：2017 中国卡车司机调查。

表 2－7　自雇司机他雇司机对收入满意程度的分布

单位：%

为谁开车	非常满意	比较满意	一般	不太满意	非常不满意	总计
给别人开卡车	4.5	9.0	42.0	32.6	11.9	100.0
开自己的卡车	2.6	6.9	33.3	36.3	20.9	100.0
总计	3.1	7.5	35.8	35.2	18.3	100.0

资料来源：2017 中国卡车司机调查。

（三）卡车的年行驶里程状况与车辆类型的关系

根据调查数据，卡车司机 2016 年全年平均行驶里程是 10.4 万公里，众数是 10 万公里。按里程的分布图来看，年均行驶里程为 11 万到 15 万公里的卡车司机比例最高，占 22.6%；其次是年均行驶里程为 10 万公里的卡车司机，占 13.9%；再次是年均行驶里程在 16 万至 20 万公里的卡车司机，占 13.7%；年均行驶 20 万公里以上的卡车司机比较少，仅占 6.8%。可以看出，大多数卡车司机 2016 年每月平均行驶约 1 万公里（见图 2－45）。

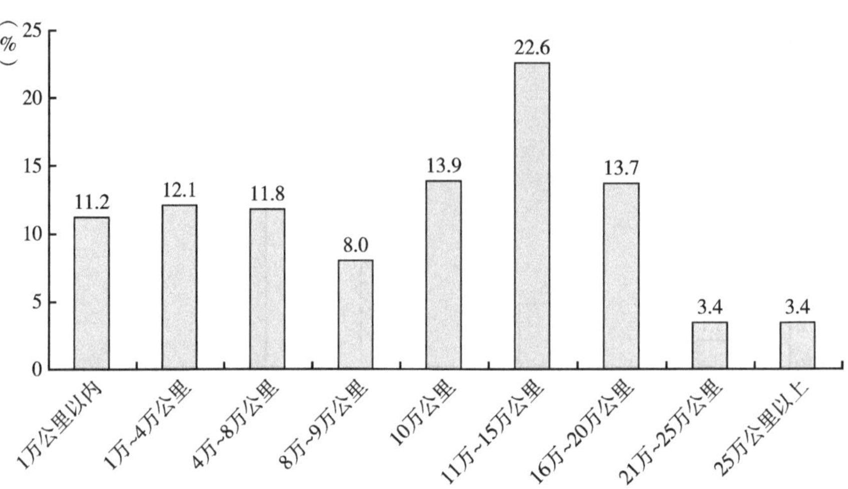

图 2-45　2016 年行驶的公里数

资料来源：2017 中国卡车司机调查。

如果加入车辆类型因素，可以看出开牵引车的卡车司机 2016 年平均行驶里程为 13.42 万公里，开重卡的卡车司机年均行驶里程为 9.50 万公里，开中卡的卡车司机年均行驶里程为 6.66 万公里，开轻卡的卡车司机年均行驶里程为 5.12 万公里（见图 2-46）。由此可以看出，开牵引车与重卡的卡车司机的工作强度最大，中卡次之，轻卡最小。

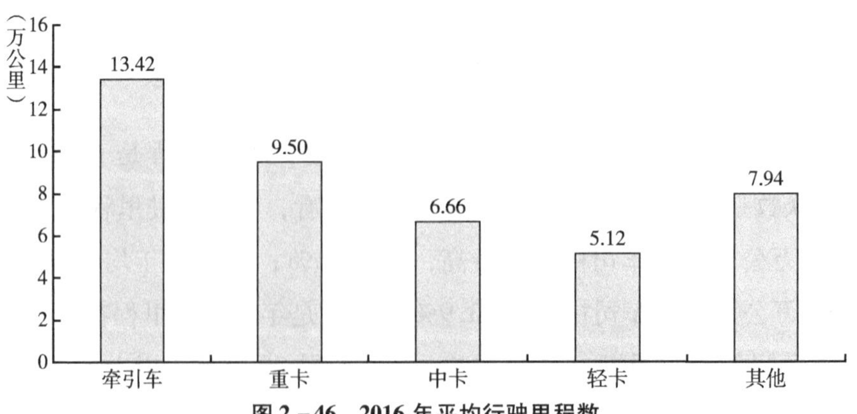

图 2-46　2016 年平均行驶里程数

资料来源：2017 中国卡车司机调查。

（四）驾车中的损耗

无论哪种类型的卡车，每年车辆折损和消耗的费用都很高，例如油费、过路过桥费、维修费、保养费、保险费等，项目繁多，支出巨大。

1. 过路过桥费

根据调查数据，2016 年卡车司机支出的过路过桥费年平均值为 5.36 万元。按卡车类型划分来看，牵引车的过路过桥费最高，平均为 9.13 万元；重卡的过路过桥费平均为 3.44 万元；中卡的过路过桥费平均为 2.13 万元；轻卡的过路过桥费最低，平均为 1.13 万元，可见牵引车的过路过桥费远高于重卡、中卡、轻卡和其他车辆（见图 2 -47）。

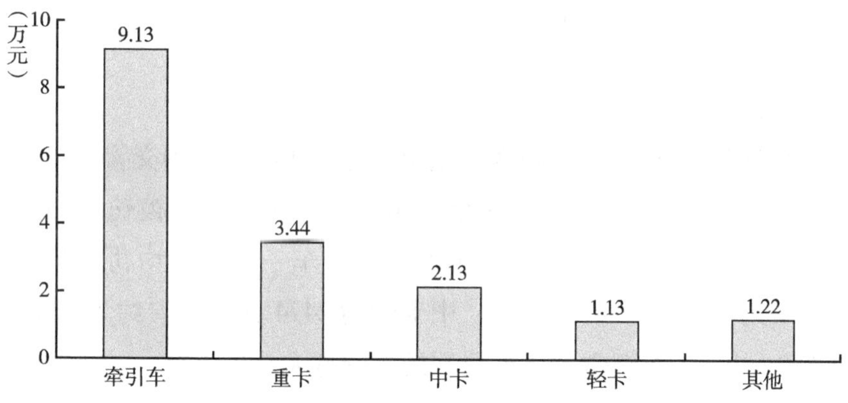

图 2 -47　2016 年的平均过路过桥费

资料来源：2017 中国卡车司机调查。

2. 油费

调查数据显示，2016 年卡车司机支出的油费均值是 11.99 万元，众数是 20 万元。如果按车辆类型划分，牵引车一年的平均油费为 19.2 万元，重卡为 8.37 万元，中卡和轻卡是 3 万 ~5 万元（见图 2 -48）。油费是卡车司机又一笔巨大的支出，不断上涨的油价令卡车司机不堪重负。

因为油费太贵，很多卡车司机不去“中石油”和“中石化”这种正规的加油站加油，而是选择去油价较为便宜的私人加油站加油。

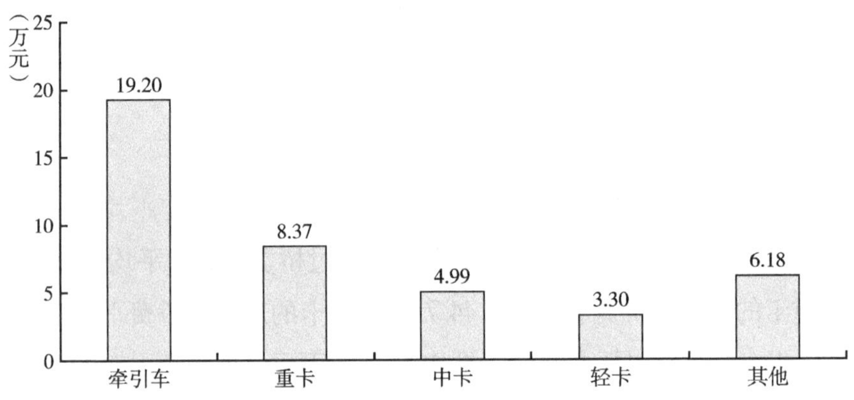

图 2－48　2016 年的平均油费

资料来源：2017 中国卡车司机调查。

3. 罚款

闯红灯、违章停车、超速、超限、超载等都会受到交警、路政或城管的处罚。数据显示，2016 年卡车司机一年的平均被罚款额度为 2974 元。如果按车辆类型划分来看，牵引车一年的平均罚款额度约为 3596 元，重卡约为 2806 元，中卡约为 2474 元，轻卡约为 1842 元（见图 2－49）。车型越大，被罚款的数额越大。

4. 保养费与维修费

车辆的保养与维修对于安全行驶非常重要，但这两笔费用会因车辆的新旧程度、运营里程不同而存在巨大差异。数据显示，2016 年卡车司机支付的保养费均值为 9162 元，众数为 1 万元，但最高保养费超过 3 万元。根据课题组的访谈，一般情况下，大车一年的保养费是 2 万元左右，小车是 1 万元左右（ZB－LJ 访谈录）。有些车主不保养卡车，他们一般使用 3 年就卖车，之后再换新车，但这种情况是少数。

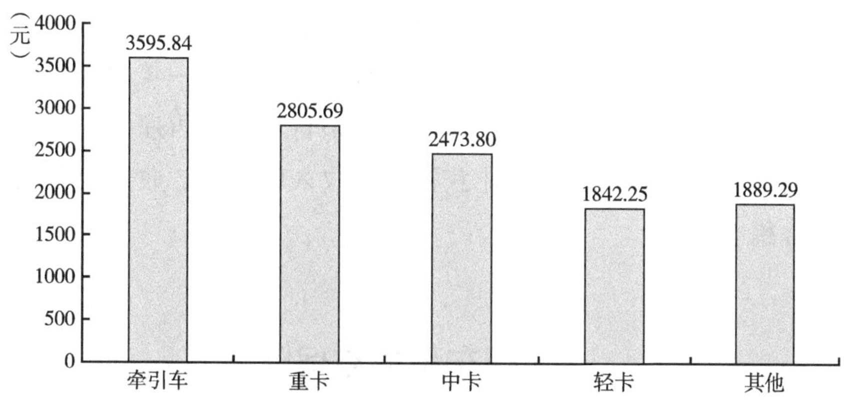

图 2－49 2016 年被罚款额度

资料来源：2017 中国卡车司机调查。

根据调查数据，2016 年卡车司机支付的维修费均值为 1.3 万元，众数是 1 万元，但最大值是 8 万元。维修费的高低与车辆新旧、车型关系密切。如果按车辆类型划分来看，牵引车的维修费最高，一年约需要 1.91 万元；重卡一年的平均维修费约为 9652 元；中卡约为 6672 元；轻卡约为 5621 元（见图 2－50）。从车型对比来看，车型越小的车，年均维修费就越低，而牵引车和重卡的年均维修费都较高。

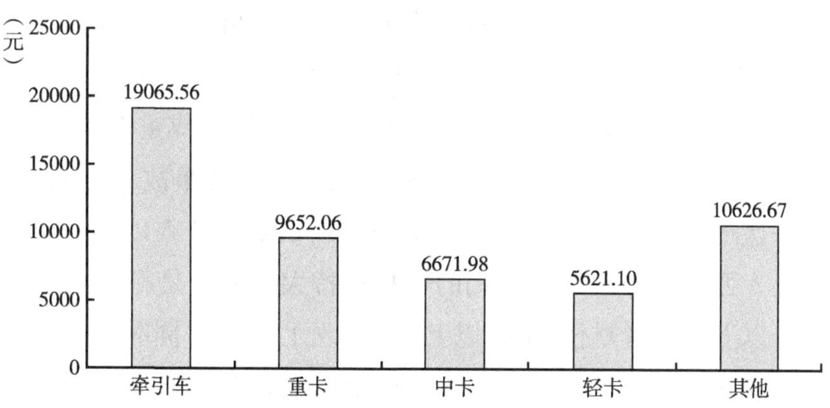

图 2－50 2016 年平均维修费用

资料来源：2017 中国卡车司机调查。

卡车司机是一个高风险、高投入、高损耗的职业，运营一辆卡车每年需要支出大笔费用，而这还没有将卡车司机一年内在路途上吃饭、抽烟和住宿等支出计入在内。如果自雇司机再雇一个司机与自己轮流驾驶的话，他本人能获得的纯收入就更低，收入上升的空间非常狭小。

八　行车事故与保险

（一）发生交通事故的状况

“交通事故”是指车辆在道路上的行驶途中因过错或意外造成的人身伤亡或者财产损失的事件。根据调查数据，2016 年有 85.7% 的卡车司机没有发生过交通事故，9.4% 的卡车司机发生过 1 次交通事故，3.3% 的卡车司机发生过 2 次交通事故，1.6% 的卡车司机发生过 3 次及以上交通事故，发生 1 次及以上交通事故的比例为 14.3%（见图 2 - 51）。交通事故一般与道路状况、天气状况、载货吨数、卡车司机驾驶技能、是否疲劳驾驶等有关。按照有关部门的规定，交通事故分为四个级别：轻微事故，是指一次造成轻伤 1 至 2 人，或者财产损失的数额中机动车事故损失不足 1000 元，非机动车事故不足 200 元的事故；一般事故，是指一次造成重伤 1 至 2 人，或者轻伤 3 人以上，或者财产损失不足 3 万元的事故；重大事故，是指一次造成死亡 1 至 2 人，或者重伤 3 人以上 10 人以下，或者财产损失 3 万元以上不足 6 万元的事故；特大事故，是指一次造成死亡 3 人以上，或者重伤 11 人以上，或者死亡 1 人，同时重伤 8 人以上，或者死亡 2 人，同时重伤 5 人以上，或者财产损失 6 万元以上的事故。关于卡车司机遭遇交通事故的处理方式，课题组将在后文详细说明。

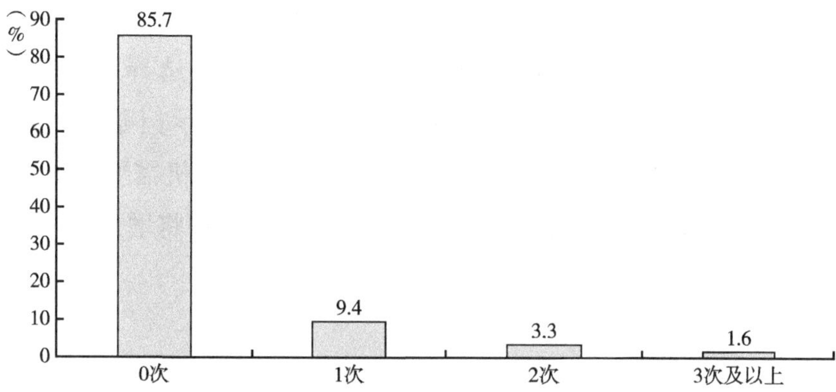

图2－51　2016年发生交通事故的次数分布

资料来源：2017中国卡车司机调查。

（二）车辆受损与货物受损

当车辆受损和货物受损时，卡车司机的第一选择是什么？图2－52表明，当车辆受损时，83.9%的卡车司机选择去修理厂或厂家指定维修点修理，11.9%的卡车司机选择自己修理，2.8%的卡车司机选择去品牌店修理，0.9%的卡车司机依靠互助组织修理。

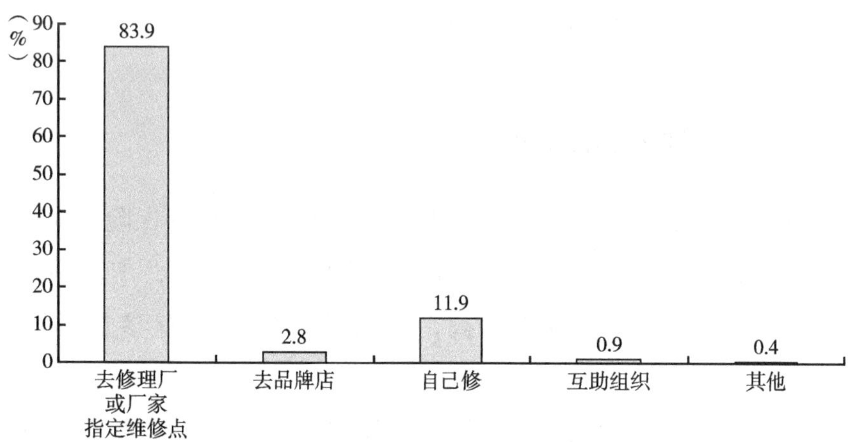

图2－52　车辆受损时卡车司机的第一选择

资料来源：2017中国卡车司机调查。

当货物受损时，58.12%的卡车司机购买了货物保险，选择按保险执行；11.35%的卡车司机购买了货物保险，但选择自行赔付；29.12%的卡车司机没有购买货物保险，需要自己承担赔偿（见图2－53）。由这组数据可以看出，大约40%的卡车司机需要承担货物受损后的赔偿，因此货物丢失、被盗、被雨淋等，都将增加卡车司机的运输成本。

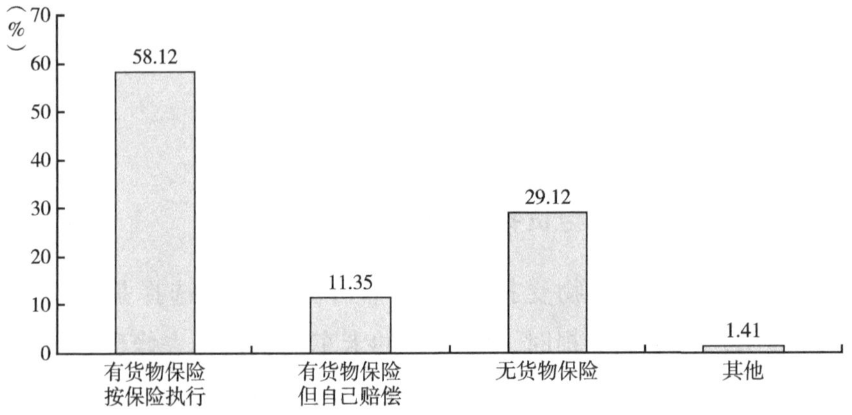

图2－53　货物受损时的第一选择

资料来源：2017中国卡车司机调查。

（三）参加各类保险的情况

图2－54表明，大部分卡车司机都参加了基本医疗保险，比例达74.4%，没参加的仅占18.6%。但是，图2－55表明，卡车司机参加基本养老保险的比例却不高，仅占50.7%，没有参加的高达42.5%。

那么，参加养老保险的卡车司机都加入了哪些类型的养老保险呢？在参加养老保险的卡车司机中，参加新型农村养老保险的有955人次，参加城镇居民养老保险的有214人次，参加职工基本养老保险

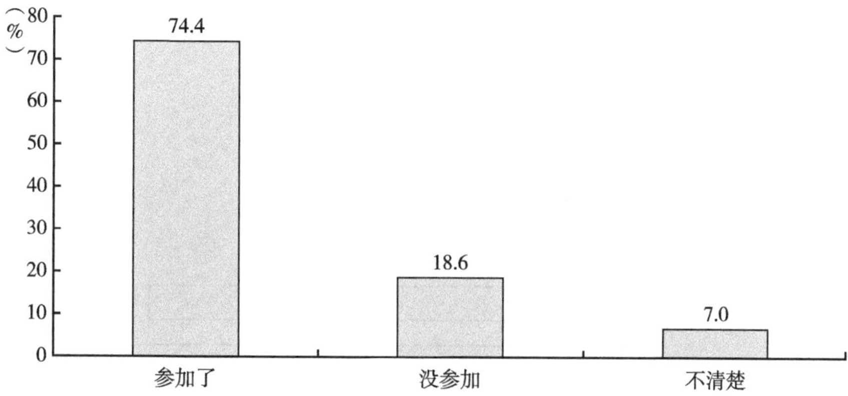

图 2-54　参加基本医疗保险的分布

资料来源：2017 中国卡车司机调查。

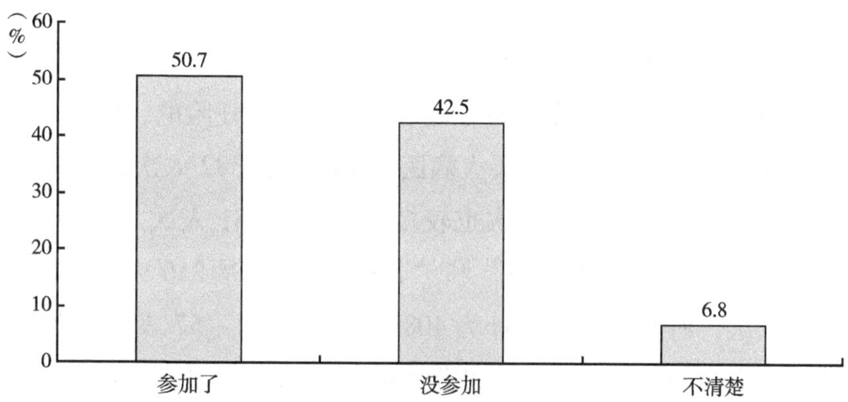

图 2-55　参加基本养老保险的分布

资料来源：2017 中国卡车司机调查。

的有 105 人次，参加商业养老保险的有 91 人次，总计 1365 人次。据此得到参加养老保险的卡车司机的养老保险类型分布：参加新型农村养老保险的比例最高，占 70%；其次是城镇居民养老保险，占 15.7%；参加职工基本养老保险和商业养老保险的比例分别为 7.7% 和 6.7%（见图 2-56）。

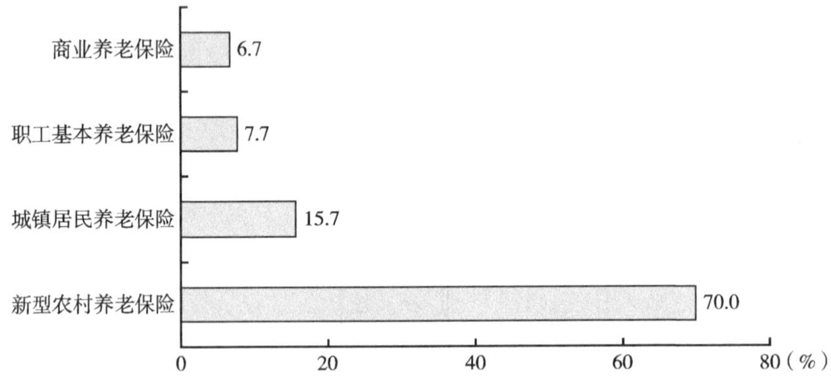

图 2-56　卡车司机参加的养老保险类型分布

资料来源：2017 中国卡车司机调查。

卡车司机是一个高危职业，很多卡车司机还为自己购买了各种类型的商业保险。在 1779 份问卷中，购买意外伤害险的人次最多，为 1004 人次；其次是购买第三责任险和车上人员责任险的，分别为 897 人次和 804 人次；再次是购买大病医疗险的，有 382 人次；购买全车盗抢险和住院医疗保险的人次也较多，分别为 281 人次与 282 人次。其余是“没参加”、“不清楚” 和 “其他”，分别是 316 人次、110 人次和 9 人次，所有的情况合计为 4085 人次。图 2 - 57 表明了各类型保险购买人次的分布：购买意外伤害险的人次比例最高，占 24. 6%；其次是第三者责任险和车上人员责任险，分别占 22. 0% 和 19. 7%；再次是大病医疗险，占 9. 4%。很多卡车司机都为自己购买了不止一种商业保险。

除了为自己购买商业保险外，很多卡车司机还为自己的孩子购买了各种保险。在“住院医疗险”、“意外保险”、“重疾保险”、“教育成长险” 等诸多选择中，选择其中至少一项的占 88. 3%。具体来说，为孩子购买意外保险的有 712 人次，占 29. 08%；为孩子购买住院医疗险的有 663 人次，占 27. 08%；为孩子购买教育成长险的有 509 人

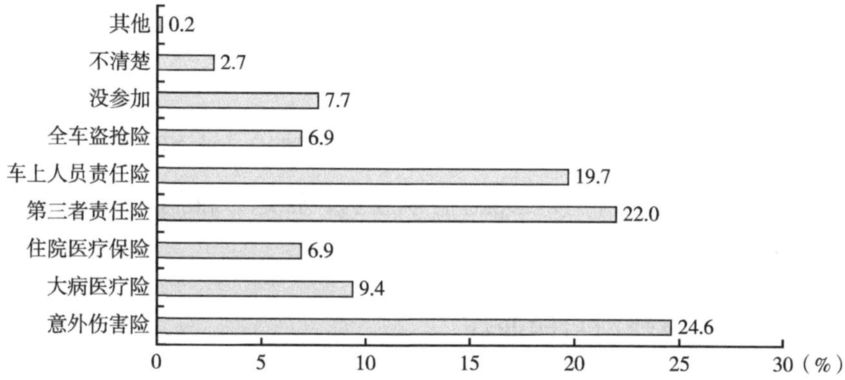

图 2－57　卡车司机为自己购买商业保险的类型分布

资料来源：2017 中国卡车司机调查。

次，占 20.79%；为孩子购买重疾保险的有 277 人次，占 11.32%（见图2－58）。很多卡车司机还为自己的子女投保了不止一种的保险。从卡车司机购买各种保险占据较高比例的情况可判断，他们不仅充分体悟到这份职业的高风险性，而且还试图依靠各种市场化的制度安排对之加以防范和化解。

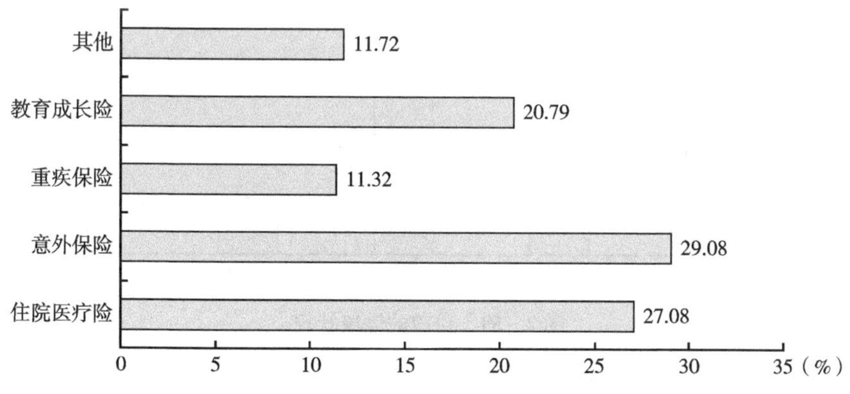

图 2－58　为孩子购买的保险类型分布

资料来源：2017 中国卡车司机调查。

九　卡车司机的健康状况与面临的问题

常年在路上跑车的卡车司机由于工作时间长、吃饭不定时、休息不规律，很多人都不同程度地患有职业病，罹患颈椎病、腰椎病、胃病等病症的情况非常普遍。

（一）健康状况与职业病

问卷中，对卡车司机健康状况的了解分为主观感受和具体的疾病困扰两个方面，并且将疾病困扰按轻重程度排序。从主观感受的健康状况来看，45.1%的卡车司机认为自己的健康状况很好，15%的卡车司机认为自己的健康状况比较好，31.7%的卡车司机认为自己的健康状况一般，认为自己的健康状况不太好和很不好的仅占8.3%（见图2－59）。

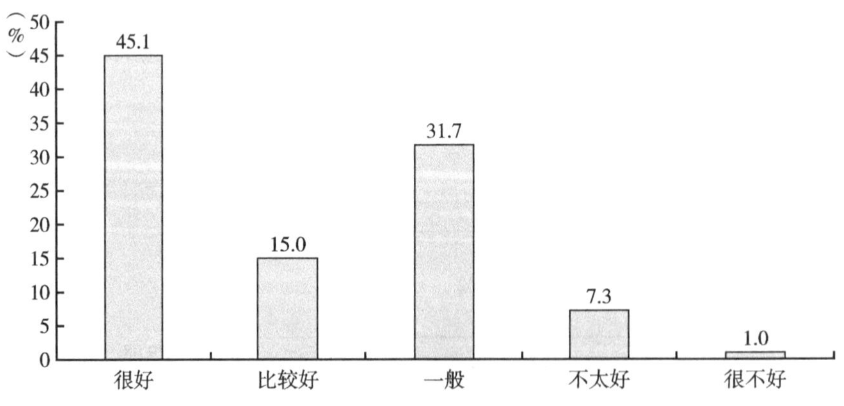

图2－59　目前的健康状况

资料来源：2017中国卡车司机调查。

困扰卡车司机的疾病很多，每位卡车司机都可能罹患一两种或两三种疾病。在填答问卷时，课题组请卡车司机根据自己疾病的困扰程度，从高到低选择三项。根据问卷数据，得到了困扰卡车司机的疾病排序状况。从排序第一（或称为第一选择）的分布看，比例高并位居前四位的分别是颈椎病、胃病、腰痛和感冒发烧：样本中32.77%的卡车司机患有颈椎病；23.50%的卡车司机患有胃病；22.71%的卡车司机患有腰痛；11.41%的卡车司机受到感冒发烧的困扰（见图2－60）。图2－61表明，从排序第二的分布来看，前四位疾病与排序第一的前四位疾病基本相同，依然分别是颈椎病、腰痛、胃病与感冒发烧，只是占比稍有不同。卡车司机还普遍受到程度不同的“三高”、低血糖、头痛等疾病的困扰。总之，在课题组调研的1779名卡车司机中，患有颈椎病、胃病、腰痛的卡车司机占到79%；如果加上感冒发烧，所占比例增加到90%。由此可见，对于卡车司机来说，困扰他们最普遍的职业病是：颈椎病、腰痛与胃病。这些都与他们劳动过程的特点息息相关。

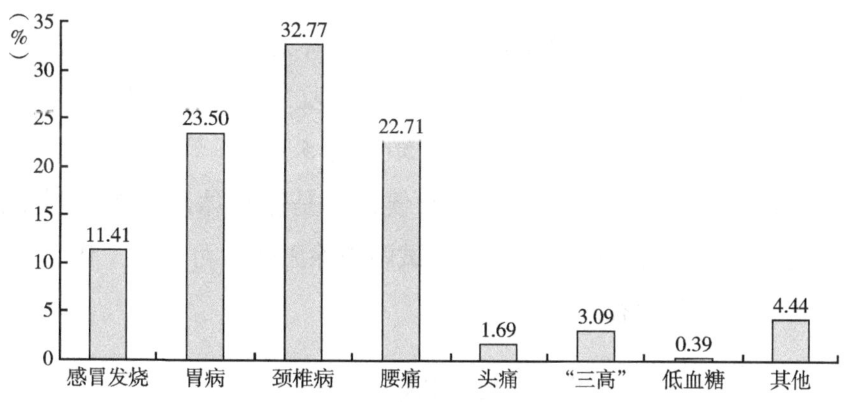

图2－60　最困扰卡车司机的疾病（排序第一）

资料来源：2017中国卡车司机调查。

（二）开车过程中困了、累了时的处理手段

卡车司机在送货路途上困了、累了如何处理？课题组的问卷给出

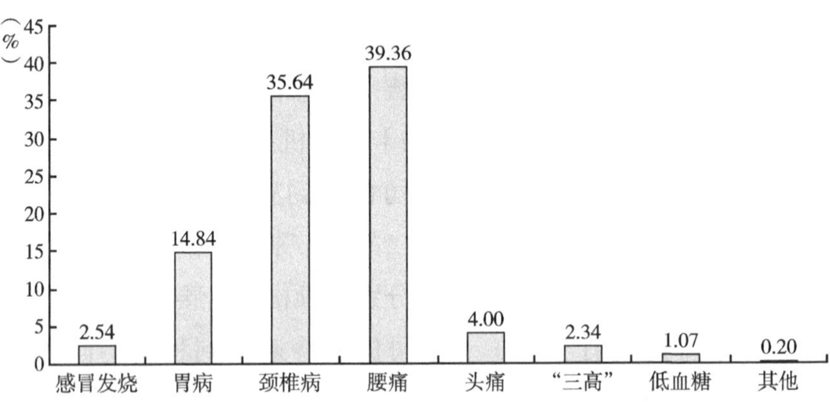

图 2－61　最困扰司机的疾病（排序第二）

资料来源：2017 中国卡车司机调查。

10 个不同选项，请卡车司机根据自己的情况，按重要程度从高到低选择 3 项。图2－62表明，在 10 个选项中，卡车司机的第一选择是“抽烟”，占 48.74%；第二选择是“停车休息”，占 14.95%；接下来的选择依次是“喝茶”、“喝咖啡”、“吃零食”与“喝功能性饮料”，分别占 10.06%、8.54%、7.59%与 5.06%。可以看出，85%的卡车司机在开车累了、困了的时候，不是停车休息，而是利用抽烟、喝茶、喝咖啡、吃零食等方式试图消除困倦。可见在工作中，他们经常处于疲劳状态。

（三）货运中面临的主要问题

卡车司机货运中会面临各种问题。课题组在问卷中提供了 16 个选项，请卡车司机根据自己的情况按重要程度从高到低选择 5 项。图 2－63 表明，从卡车司机的第一选择（排序第一）的分布来看，最重要的问题首先是成本高，占 38.17%；其次是市场不规范、竞争激烈，占 25.69%；再次是路卡多、收费高，占

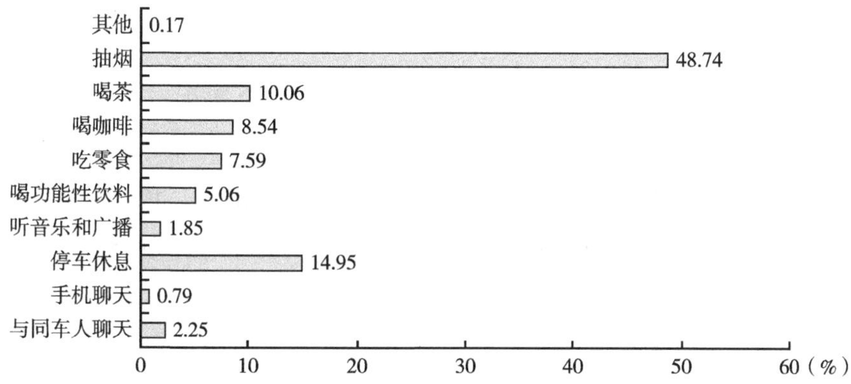

图 2－62　开车过程中累了、困了时的处理手段

资料来源：2017 中国卡车司机调查。

15.57%；然后是货源不稳定，占 6.07%；之后是运费低、收入低，占 4.27%。

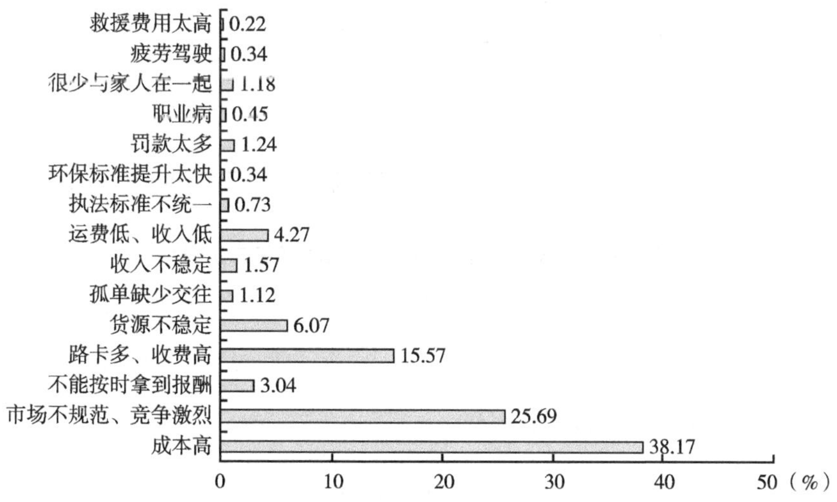

图 2－63　从事货运面临的主要问题（第一选择）

资料来源：2017 中国卡车司机调查。

图2－64表明，从卡车司机的第二选择（排序第二）的分布来看，最重要的问题首先是市场不规范、竞争激烈，占25.91%；其次是路卡多、收费高，占23.22%；再次是货源不稳定，占12.25%；然后是运费低、收入低，占9.56%；之后是不能按时拿到报酬，占8.71%。可见，卡车司机从事货运时面临的问题很多，最主要的问题是成本高，市场不规范，路卡多、收费高，货源不稳定和运费低、收入低。

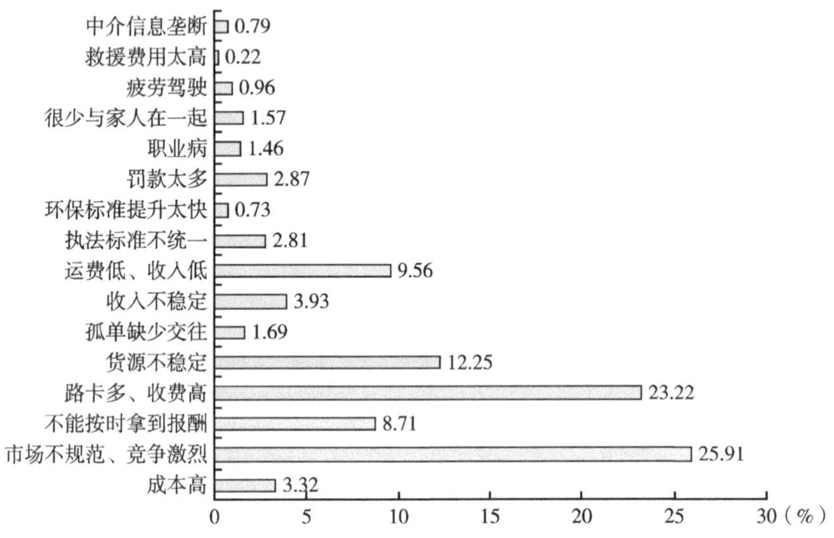

图2－64 从事货运面临的主要问题（第二选择）

资料来源：2017中国卡车司机调查。

（四）最需要的道路救援

卡车司机在行驶路途中会遇到各种车辆故障与事故，因此对于道路救援的需求很多。他们最需要哪些方面的道路救援？在送油、换水、拖吊、开锁、充电、换胎、快修、脱困、道路疏导和伤员救治10个选择中，25.86%的人次选择了“换胎”，22.21%的人次选择了

“快修”，14.29%的人次选择了“道路疏导”，9.19%的人次选择了“送油”，7%的人次选择了“脱困”，5.8%的人次选择了“拖吊”（见图2－65）。从1779名卡车司机的选择来看，道路救援问题对于卡车司机来说非常重要，也非常必要。

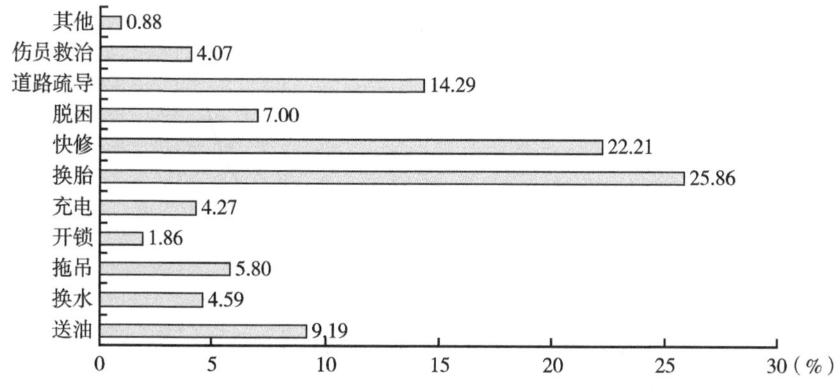

图2－65 卡车司机最需要的道路救援分布

资料来源：2017中国卡车司机调查。

十 卡车司机的社会地位认知与未来的打算

从卡车司机的自我社会地位认知可以看到，65.6%的卡车司机认为自己处于社会下层，认为自己处于社会中层的有16.9%，仅有1.9%的卡车司机认为自己处于社会上层（见图2－66）。

两种卡车司机对于自己社会地位的认知非常一致，认为自己处于社会下层的人均超过65%。但是他雇司机比自雇司机感受到的社会地位要高一些：认为自己处于社会中上层的他雇司机的比例为21.5%，而认为自己处于社会中上层的自雇司机的比例为17.6%。作为小私有者的自雇司机，对社会地位的自我认知甚至还要低于他雇司机，这是一个饶有兴味的现象，其背后的深层原因值得追究。

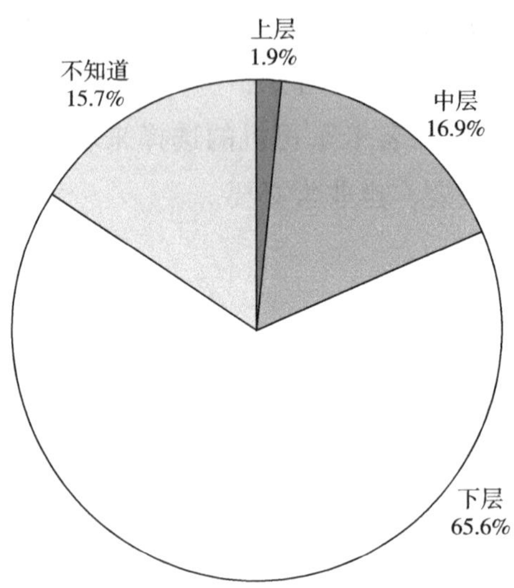

图 2－66　卡车司机对自己社会地位的认知

资料来源：2017 中国卡车司机调查。

表 2－8　自雇司机与他雇司机对自己社会地位的认知

单位：%

为谁开车	上层	中层	下层	不知道	总计
给别人开卡车	3. 3	18. 2	65. 0	13. 5	100. 0
开自己的卡车	1. 3	16. 3	65. 8	16. 6	100. 0
总计	1. 9	16. 9	65. 6	15. 7	100. 0

资料来源：2017 中国卡车司机调查。

当被问到未来有何打算时，38. 8% 的卡车司机希望转行，21. 9% 的卡车司机希望做老板，5. 2% 的卡车司机想要做货代，仅有 24. 3% 的卡车司机打算继续从事这一职业（见图 2－67）。风险高、成本高和收入不稳定等因素是促使卡车司机打算放弃这一职业的原因。

如果按照自雇、他雇划分，自雇司机想转行的比例超过了他雇司

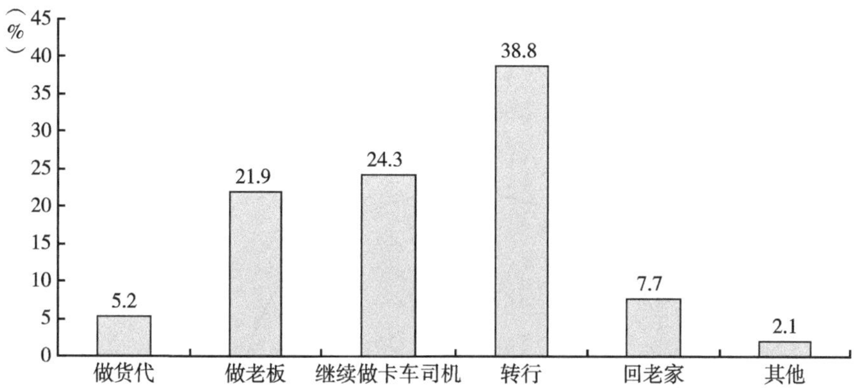

图 2 - 67 卡车司机对自己未来的打算

资料来源：2017 中国卡车司机调查。

机，占比分别为 41.3% 和 32.6%。他雇司机中想做老板的比例远高于自雇司机，占比分别为 31.3% 和 18.2%（见表 2 - 9）。这是典型的“围城效应”，说明卡车司机在职业变换中的盲目性与矛盾性。

表 2 - 9 自雇司机与他雇司机对自己未来的打算

单位：%

为谁开车	做货代	做老板	继续做卡车司机	转行	回老家	其他	总计
给别人开卡车	5.9	31.3	19.9	32.6	9.0	1.4	100.0
开自己的卡车	4.9	18.2	26.1	41.3	7.2	2.4	100.0
总计	5.2	21.9	24.3	38.8	7.7	2.1	100.0

资料来源：2017 中国卡车司机调查。

对于是否愿意让自己的孩子做卡车司机的问题，大多数的卡车司机表示不愿意，这一比例高达 95.8%（见图 2 - 68）。其中，不愿意让子女从事卡车司机前五位原因为：第一，做卡车司机的风险高，占 65.4%；第二，不能很好地照顾家人，占 12.4%；第三，卡车司机社会地位低，占6.3%；第四，收入低，占6.1%；第五，职业前景差，占5.9%（见图2-69）。

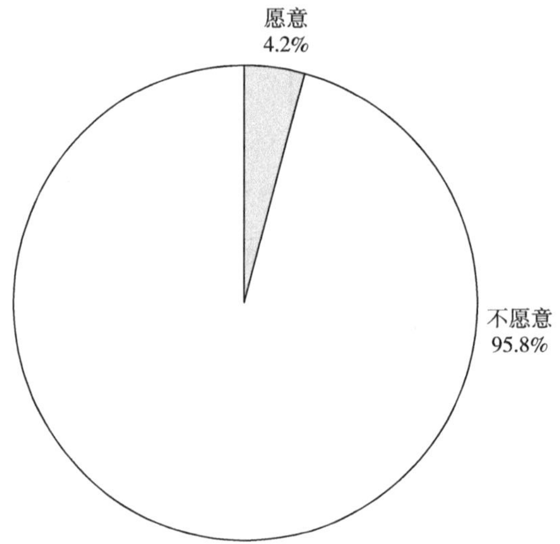

图2-68　是否愿意让子女继续从事卡车司机职业

资料来源：2017中国卡车司机调查。

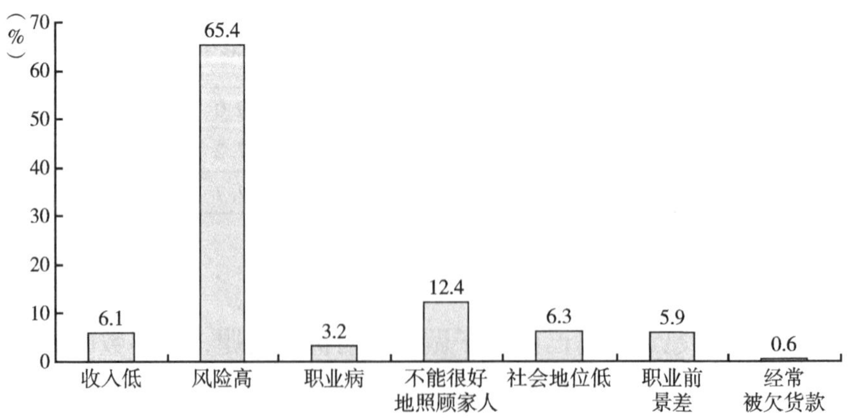

图2-69　不愿意让子女从事卡车司机职业的原因

资料来源：2017中国卡车司机调查。

虽然比例很低，但仍然有卡车司机愿意让自己的孩子“子承父业”。图2－70表明，愿意让子女从事卡车司机职业的原因：第一，掌握一门技术，占49.3%；第二，收入高，占17.3%[①]；第三，增加阅历，占13.3%；第四，继承家业，占8%；其他选项占比相同，分别是职业前景好、社会地位高与扩大交往圈，均占4%。

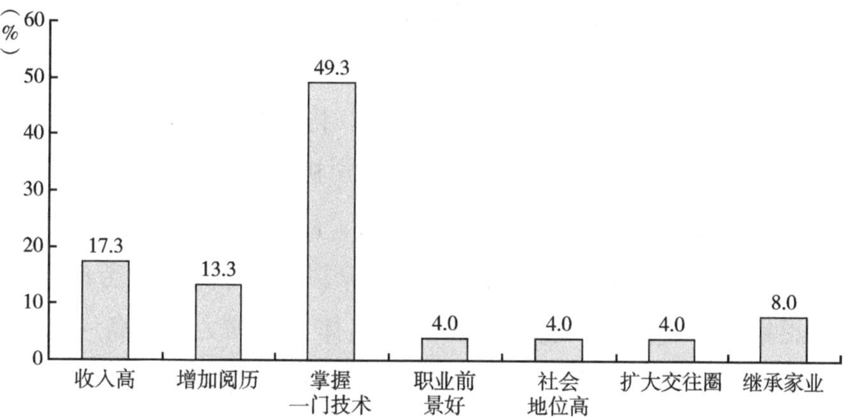

图2－70　愿意让子女从事卡车司机职业的原因

资料来源：2017中国卡车司机调查。

综上，课题组根据1779份问卷提供的调查数据，从10个方面对卡车司机个人、家庭、从业经历、生活及工作状况做了全面、系统和客观的描述与分析，概括出他们基本的人口社会学特征与亟待解决的问题。关于这些问题的进一步描述与分析，将在后续各章中进行。

① 卡车司机愿意和不愿意让子女从事卡车司机职业的原因中，都有收入问题，只是表示愿意的卡车司机认为这个职业“收入高”，而表示不愿意的卡车司机则认为这个职业“收入低”。表面上看起来这似乎存在矛盾，但这恰恰说明了卡车司机收入的不确定性，同时也说明卡车司机内部对于收入高低的感受是不同的，即卡车司机群体不是铁板一块，也存在分化。

第三章　卡车司机劳动过程的基本特点

“劳动过程”是本次卡车司机调查研究的重点。[①] 有关物流业、公路运输业的研究虽然很多，但大多以整个行业的发展作为主要研究内容，缺乏以卡车司机作为主体的研究。将卡车司机作为主体的劳动过程的描述与分析，不仅可以了解卡车司机的具体工作与所处环境，还可以探究他们的日常生活、家庭关系、社会交往和群体文化特征，因而是研究卡车司机的中心概念。总体来说，卡车司机的劳动并不像大众想象的那样简单，它除了需要付出体力、脑力，具备一定的技术，还需要进行大量的情绪劳动与情感劳动，处理瞬息万变的复杂问题。“在路上”的劳动造就了“四海为家”的生活特征，“男性气质”的文化符码和虚拟的社会团结则给了他们莫大的勇气。关于卡车司机的劳动过程，课题组从“自雇体制”、“在路上”、“四海为家”、“男性气质”与“虚拟团结”五个方面入手进行分析。

一　“自雇体制”：既是小私有者，又是劳动者

（一）大多数卡车司机同时也是车主

根据调查，71.2%的卡车司机开自己的车，意味着他们是实际的车主；28.8%的卡车司机给别人开车，意味着这部分人是他雇司机

① “劳动过程”是劳工社会学中最为重要的理论范畴。该理论由马克思奠基，在麦克·布洛维一系的劳工社会学理论中得到传承和发展。

（参见前图2－18）。具体来说，71.2%的车主中，有69.4%的人在自己购车前曾经给别人做过司机（参见图2－22）；28.8%的他雇司机中，29.1%的人在受雇前曾经做过车主（参见图2－20）。这就说明，第一，大多数卡车司机同时也是车主：他们既是小私有者，又是劳动者，属于“自雇体制”；第二，车主与他雇司机之间存在一定的双向流动，并且以他雇司机上升至车主的向上流动为主；第三，成为车主不是一蹴而就的，大多数人要以做他雇司机为起步。也有的人在尝试着自己养车之后，又回归到他雇司机的行列。课题组的分析以“自雇体制”卡车司机的劳动过程为主，兼顾他雇司机。

（二）举债购车，卡车司机是最大的债务工作群体之一

1. 购车：整合多种金融资源

虽然大多数卡车司机是车主，但他们很少选择全款购车，而是举债购车。他们的购车方式以自购或合伙购车为主，举债方式则是多种金融资源的整合。如果说目前全国卡车司机有3000万人，大多数又是车主，那么他们就是一个最大的债务工作群体。

根据问卷数据，在自己购车的1552名司机中，有867人次选择向银行贷款；有654人次选择向朋友借钱；用自己存款的选择人次少于前两者，仅为341人次；还有124人次向民间金融组织借贷。若将卡车司机选择的所有频次加总，得到按选择人次的分布。图3－1表明了自己购车的卡车司机的车款来源：第一是向银行贷款，占41.44%；第二是向家人朋友借款，占31.26%；第三是来源于自己的存款，占16.3%；第四是来源于民间融资，仅占5.93%。从这个分布可以清楚地看出，83.7%的车款都不是卡车司机自己的存款，其中向银行贷款和向家人朋友借款的比例超过70%。

合伙买车的卡车司机的车款来源分布与自己买车的卡车司机极为相似。图3－2表明了合伙买车的卡车司机的车款来源：第一仍是向

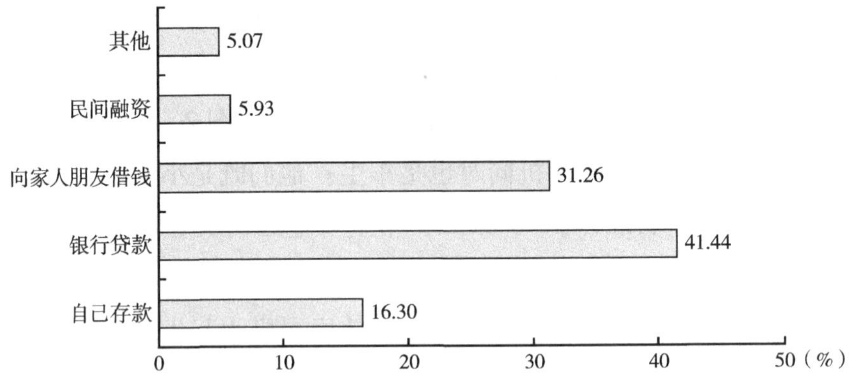

图 3－1　自己买车的车款来源

资料来源：2017 中国卡车司机调查。

银行贷款，占 37.59%；第二是向家人朋友借款，占 33.60%；第三是来源于卡车司机与合伙人的存款，占 14.83%；第四是来源于民间融资，占 5.81%。与自购卡车司机的不同之处是，合伙买车的卡车司机向银行贷款的比例略低于自己买车的卡车司机，向家人朋友借款的比例则高于自己买车的卡车司机；同时，合伙购车款的 85.17% 来源于多方面的借款与贷款，这一比例高于自购卡车司机。

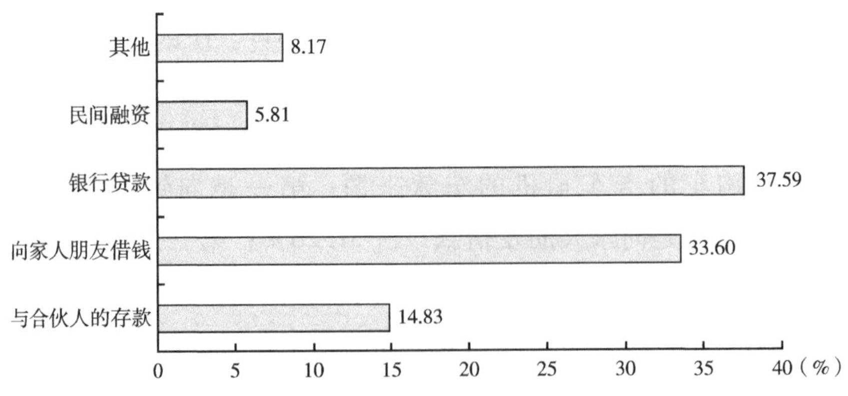

图 3－2　合伙买车的车款来源

资料来源：2017 中国卡车司机调查。

无论是自己购车还是合伙买车，卡车司机都整合了多种金融资源，包括自家存款、银行贷款、亲友借款和民间金融组织借贷等。同时，购车款借贷的比例高出使用自己存款的比例，说明购车人以举债购车为主。其中，银行贷款可分为通过公司（挂靠公司与消费贷款公司）办理的银行贷款与个人自行办理的银行贷款，这与挂靠有一定的关联。购车方式与举债方式的选择说明：第一，卡车司机大多没有全款购车的能力或意愿，贷款政策为他们购车、成为车主提供了一定的便利；第二，单一的举债方式无法满足他们的需求，需要整合多种金融资源；第三，卡车司机购车与举债的方式是理性计算的结果。

2. 举债：国家政策与理性计算

如上所述，举债购车使得卡车司机成为最大的债务工作群体之一。对于大部分有购车意向的司机来说，全款购车遥不可及并且又不划算；国家政策提升了车辆的购买率，贷款政策与市场机制又提供了便利，因而举债购车是一种经过理性计算的“不得不”。

一方面，国家近年来颁布的一系列政策，为卡车司机举债购车提供了诸多便利①；另一方面，举债购车也是卡车司机理性计算的结果。首先，大部分司机没有全款买车的经济能力，因而贷款买车是“不得不”采取的方式，尤其目前贷款买车门槛低、非常便利，基本首付3万~10万元就能买到新车，有的贷款公司甚至打出“零首付”

① 根据《关于实施第五阶段机动车排放标准的公告》，我国自2017年7月1日起，所有制造、进口、销售和注册登记的重型柴油车，须符合“国V”标准要求。自2018年1月1日起，所有制造、进口、销售和注册登记的轻型柴油车，须符合“国V”标准要求。新的环保标准在客观上促进了车辆的更新换代。此后，中国人民银行、中国银行业监督管理委员会又联合发布了《关于调整汽车贷款有关政策的通知》，宣布自2018年1月1日起，自用传统动力汽车贷款最高发放比例为80%，商用传统动力汽车贷款最高发放比例为70%；自用新能源汽车贷款最高发放比例为85%，商用新能源汽车贷款最高发放比例为75%，二手车贷款最高发放比例为70%。同时汽车购置税将从7%调回10%。这次的新政策中明确了新车贷款的利率和年限，利率按照国家规定的贷款利率计算，新车贷款年限最高为5年，二手车贷款年限最高为3年。这些政策无疑为举债购车进一步提供了便利。

的销售策略。一辆重型卡车全款购买是 40 万 ~ 50 万元，很多卡车司机表示："我如果有这个钱就不开车了"（ZB - WJQ 访谈录）、"投资 50 万，我就不买车"（SY - LJY 访谈录）。其次，消费市场充斥着一种"活在当下、该花就花"的文化，这种消费文化深深地影响着卡车司机的消费观。在卡车司机论坛上，有很多关于"为什么一定要贷款买车"的讨论，很多有经验的卡车司机认为贷款买车是"先享受资源，抢占先机"，可以把剩余资金合理理财以获得更高收益。沈阳的吕师傅是 3 辆卡车的车主，他的每一辆车都是贷款买的，因为他认为贷款更划算："首付交 10 万，贷了 26 万多，一个月还 1 万多。利息比较低，也就是 2 万多块钱利息，比较划算。两年亏 2 万多块钱。一下子花 40 多万就太多了。"他认为贷款的压力在工作机会充足的情况下可以减轻，即使收入不够还贷也没关系："不够就慢慢添嘛！就想着两年剩台车，就是这个意思！"（SY - LJY 访谈录）"两年剩台车"是对这种理性计算的生动表达。

3. 债务偿还

无论是银行贷款还是私人借贷，卡车司机贷款买车的还贷期一般是 2 年，虽然这与国家政策不一定相符，但卡车司机说这是行规。课题组询问了很多司机，他们都表示，他们自己也不愿意延长还贷年限，因为第一，还贷年限延长意味着利息的提高；第二，卡车的折旧速度太快，延长还贷时间不划算。不过，在 2 年还贷期的前提下，如果贷款买车，一般来说轻卡的还贷金额为 5000 ~ 6000 元/月；半挂车、挂车的还贷金额为 1.5 万 ~ 2 万元/月，处于还贷期的卡车司机经济压力很大。

那么，这些卡车司机如何归还银行贷款呢？还贷也是多渠道的。课题组在问卷中设计了不同的还贷渠道，请卡车司机做多项选择。将所有选择的频次相加后发现，无论是自己买车的卡车司机，还是合伙购车的卡车司机，靠自己挣钱归还银行贷款的占 74.85%，向家人朋友借钱归还银行贷款的占15.78%，向民间组织借贷等采用其他还款方式的占比不到10%（见图3－3）。可见，大部分的卡车司机是靠自己驾驶挣钱去归还银行贷款的；当自己挣的钱不够还贷时，他们会向亲友或民间金融组织借钱还贷。这表明举债购车的卡车司机承担沉重的还贷压力。

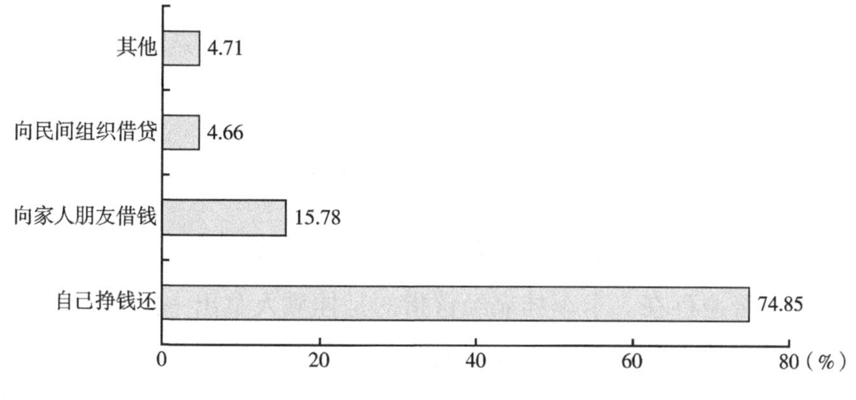

图3－3 还银行贷款的方式

资料来源：2017中国卡车司机调查。

在访谈中发现，仍处于还贷期和已还清贷款的卡车司机的精神面貌差别很大。2017年6月，淄博的吴师傅贷款买了一辆13米的欧曼车，总车款为42万元，每月需要还贷12100元，但因为目前市场运价太低，故每个月都要搭钱还贷。课题组见到他的时候，他看起来非常疲惫。他表示已经一个多月没下过车了，并且基本不挑活儿，有活儿就走。他还说分期还贷的压力很大，虽然挂靠的是相熟的公司，可以在一定期限内延迟还贷，但还是压力大到睡不着觉，经常头疼。（ZB－WJQ访谈录）相反，已经还完贷款的卡车司机对自己的工作有较大的自主性，精神状态也比较放松。

可以说，债务压力对卡车司机既是一种约束，又是一种内在的驱动。这种内在驱动可以转变为劳动的主观能动性，直接影响着卡车司机的劳动过程。卡车司机找货的方式、接受的运价、行车的路线、驾驶的时间、围绕工作的日常生活等都与这种驱动有直接的关联。还完贷款的宋师傅告诉课题组：还贷时如果跑车过程出现什么问题就是灭顶之灾，必须全神贯注地投入。这种驱动支撑着他在罹患腰间盘突出、经常疼痛难忍的情况下仍然拼命工作，最终还完了贷款，终于可以拿出时间投入到副业中去。（SJZ－SGJ 访谈录）约束是一种压力，而驱动是一种动力，二者都是举债购车的卡车司机劳动过程的重要特征。

（三）挂靠：劳动过程得以展开的制度条件

挂靠是我国特有的一种经营方式，在交通运输、建筑、旅游等多个行业中普遍存在。卡车挂靠经营指的是挂靠人拿出一定的资金购买车辆，借用挂靠公司的名义登记入户，获取道路运输资格，公司则收取一定的挂靠费用，为挂靠车主提供适于营运的条件。在地方政策与举债购车的约束下，许多卡车司机需要挂靠公司以取得贷款或者营运资质；即使是全款购车的卡车司机，也会因为地方政策规定、贪图行政手续便利、需要开具正规发票等而选择挂靠公司。因而，挂靠在很多情况下变成卡车司机的劳动过程得以顺利展开的重要制度条件。

1. 挂靠公司与自主运营

如前所述，卡车司机目前挂靠公司的比例为55.1%，超过一半；有44.9%的司机属于自主运营（参见前图2－25）。图3－4表明，曾经挂靠过公司的司机比例为58%，有41%的人挂靠过1家公司，17%的人挂靠过2家及以上。

挂靠车辆时，卡车司机需要与挂靠公司签订合同，通常合同并没有统一规范的名称，可以是《社会货运车辆管理合同》、《车辆服务协议书》，也可以是《车辆挂靠服务合同》。合同的名称虽然各有不同的叫法，具体细节也有所不同，但内容大概包括以下3个方面，从

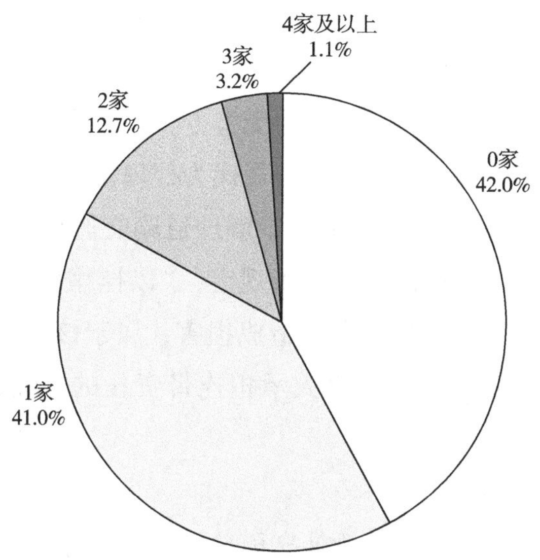

图 3－4　卡车司机挂靠过公司的情况

资料来源：2017 中国卡车司机调查。

中可以看出车辆挂靠之于双方的权利与义务。

第一，确定甲方（挂靠公司）与乙方（卡车司机）的挂靠关系。明确司机自愿将车辆挂靠至公司，车辆以公司名义法定登记，并且由公司负责车辆运行手续的办理。公司为名义车主，司机为实际车主，车辆所有权、经营权、支配权、运营权等均归司机所有。

第二，明确双方的权利和义务。公司不仅负责办理相关手续，还负责年检、保险、二级维护（2018 年将撤销二级维护强制检测）等；司机需要向公司缴纳一定的服务费或者管理费、证件费，并且按照公司规定的方式购买保险，进行各种检查和维护。保险包括“机动车交通事故责任强制保险”、“机动车损失保险”、“第三者责任保险”“车上人员险”等。司机还需要按照公司要求加装 GPS 定位系统，以便交通部门与公司随时监控车辆运行情况。在合同规定的义务之外，司机需要对运输中出现的其他一切问题承担责任。如果司机不能按时归还借款（或贷款），公司有权终止车辆运行，进行拍卖或变卖。

第三，明确发生交通事故时双方的处理措施。公司代为出面处理，司机有义务告知。如果司机为受害方，公司代为索赔，司机负责上交证据；如果司机为肇事方，公司代为处理，但赔偿费用需由司机承担。2012 年《最高人民法院关于审理道路交通事故损害赔偿案件适用法律若干问题的解释》第三条规定："以挂靠形式从事道路运输经营活动的机动车发生交通事故造成损害，属于该机动车一方责任，当事人请求由挂靠人和被挂靠人承担连带责任的，人民法院应予支持。"

2. 挂靠公司的原因

我国的法律法规对于车辆挂靠和自主运营没有统一规定，因此车辆挂靠可以说是一套比较复杂的社会惯例。

虽然缺乏统一的规定，但是从相关法律法规中可以看出，国家政策倾向于运输业的集约化、规模化经营。2004 年开始施行的《中华人民共和国道路运输条例》第六条规定："国家鼓励道路运输企业实行规模化、集约化经营。"2005 年开始施行的《道路货物运输及站场管理规定》中对申请从事货运经营者的条件进行了细化，虽然没有规定禁止个人申请货运经营，但是在第四条中规定："鼓励道路货物运输实行集约化、网络化经营。"这种规模化经营的倾向加上管理成本的计算，使得大部分地方政府都明确规定了货运车辆必须挂靠公司。因此，按照原因来分，挂靠大体可分为政策性挂靠与非政策性挂靠。具体来说内容如下。

第一，是否挂靠与地方政策有关。挂靠的结点在于取得道路运输经营权。自 2004 年起，国家相关部门规定运输车辆需持有"道路运输证"，但是在多数省份，个人很难办理道路运输证，因为这些省份的营运资格由交通主管部门发给挂靠单位，不直接发给任何一台个体车辆。为了获得营运资格，个体车辆只能选择挂靠。需要说明的是，关于挂靠的地方政策并不统一：有的地方强制挂靠；有的地方可以挂靠公司，也可以取得个体牌照和营运证，进行自主运营。

第二，是否挂靠与购车方式有关。购车是否全款、需要多少贷款、需要何种贷款，都是车主考虑是否挂靠公司的重要因素。如果是全款买车，则不用选择贷款方式，而如果贷款购车，则最便捷的方式是通过挂靠公司。

第三，是否挂靠与卡车司机的行车需求有关。自雇卡车司机如果承接正规厂家的运输，需要提供运输发票，而这是自雇司机无法提供的，只能挂靠公司；同时，有的挂靠公司提供配货，卡车司机可以通过挂靠得到一定的货源。

可见，是否挂靠是多重因素综合的结果。可以确知的是，如果地方政策要求挂靠，那么无论以何种方式购车、具有何种行车需求的卡车司机都需要挂靠公司；如果地方政策没有明确规定，就要视具体的购车方式与行车需求而定。因此，挂靠是一个异常复杂的过程，需要研究者具体问题具体分析，进行深入细致的研究。

3. 挂靠方式与利弊

挂靠公司在各地有不同的称呼——物流公司、运输公司、汽贸公司等，并未统一规范。有的挂靠公司只负责车辆的购买与管理；有的为了招揽更多的卡车司机挂靠而增加了配货业务；有的挂靠公司以配货为主，车辆购买为辅；还有的挂靠公司以自有车辆业务为主，以挂靠车辆业务为辅，等等。挂靠公司是一个比较模糊的称呼，在实际社会生活中很少使用“挂靠”这个词来指称。根据课题组的调查，挂靠公司的业务内容并不十分相同，运营方式也多有不同，根据购车出资的方式进行分类，总结起来有以下四种方式。

第一种运营方式是只提供简单的挂靠，这种方式针对的是全款购车或通过私人借贷购车的卡车司机。这种挂靠关系相对简单和松散，公司负责办理各种手续、检车和后勤工作，不涉及购车款项。

第二种运营方式是挂靠公司通过消费贷款公司，向银行贷款，帮助卡车司机买车，所有的手续都由挂靠公司做担保为司机办理，司机只需要每月向银行还贷即可。

第三种运营方式是挂靠公司使用自有资金为卡车司机垫资买车，虽然不是银行贷款，但还贷方式等也与银行贷款类似。

第四种运营方式是挂靠公司直接以公司的名义全款或贷款购入多辆卡车，然后再提高利率贷给卡车司机。每个公司不一定只有一种挂靠方式，大多是针对不同卡车司机的需求而采取多种方式。

关于挂靠公司的利与弊，一方面，挂靠的好处在于整合资源、统一管理。对于管理者而言，卡车司机原子化地在路上工作，很难定位和寻找，管理成本高、管理难度大，挂靠公司方便统一管理；对于卡车司机来说，挂靠也有便利之处：可以获取营运证以取得道路运输的资格；可以便捷地获取高额贷款；可以开具正规发票；办理买车、检车等行政手续时可省时、省力；同时很多公司自身有货源，可解决部分配货问题。

另一方面，挂靠的弊端也很多，例如缺乏统一规范、风险高、漏洞多、卡车司机讨价还价的能力差，等等。对于很多卡车司机来说，如果没有按期还贷，车辆可能会被挂靠公司抵押、拍卖；有的挂靠公司几经易主，挂靠费不断增长，还巧立名目收取各种其他费用。管理费、服务费、车检费、保险费等都是卡车司机在挂靠时不得不面对的支出。[①] 除此之外，很多挂靠公司转出条件苛刻，影响买卖。石家庄的马师傅告诉课题组，挂靠公司有 3 笔费用：每月 100 元的挂靠费；年审过关时需要交 500 ~ 600 元；北斗系统的定制金额以及每年 100 元的维护费用；车辆转出还需要缴纳一大笔钱。（SJZ – MQH 访谈录）

① 在汽车运输业较发达的地方，由于竞争激烈，很多公司都取消了挂靠费/管理费，但就整体而言，挂靠公司仍然会通过其他的方式收取费用，以获得利润。

综上，在很多省份，挂靠公司是卡车司机实现车辆运营的重要制度条件。车辆挂靠的运作方式多种多样，对于卡车司机的劳动过程也有多方面的影响。一位卡车司机购买了卡车，完成了挂靠，办好了各种证件手续，就可以开启“在路上”的劳动模式了。

二　“在路上”：移动的原子化劳动

（一）入行与准备：获取驾驶资质

1. 喜欢驾驶与别无选择

卡车司机选择运输行业，一般有主动与被动两种动力机制：主动机制来自于他们对卡车与驾驶由衷的喜爱、较为自由的劳动过程、较好的收入、开阔眼界、增加阅历等；被动机制来自于他们除了驾驶卡车之外无法获得更好的、符合收入期望的工作机会，他们往往别无选择。

就主动机制而言，虽然卡车司机的工作非常辛苦，经常单次连续驾驶 6 小时以上，但是很多卡车司机真心喜欢车，喜欢驾驶，而这份喜爱往往来自于父辈的熏陶。自称“车二代”的李师傅，他的父亲就是卡车司机。受父亲的影响，他从小就对车有兴趣，热爱驾驶，至 2017 年已经有 18 年驾龄。他小时候不爱看书就爱车，后来驾驶时可以达到“人车合一”的境界。他不仅爱车，还特别爱收拾车，车上都是他自己设计的配置，“跟家一样”。（SJZ – CLW 访谈录）同样是“车二代”的宋师傅也特别喜欢驾驶，并且把车打理得井井有条。他“只要一摸车，就不犯困”，有一阵子不驾驶就特别想念。他自称最长单次连续驾车时间是 48 小时，从来不觉得驾驶单调，“当爱好开的”。（SJZ – SGJ 访谈录）

“喜欢驾驶”除了表明对车的喜爱，还有对工作模式的喜爱。卡车司机工作模式的第一个优点是自由。很多卡车司机都提到“自由”这个因素，认为驾驶可以让自己控制时间与进程，比起给别人打工更为自由。淄博的卡嫂小杨与丈夫张师傅刚认识时，张师傅就在学驾驶，她认为这个职业“比别的好一点，比装修、打工、进厂子、干别的活儿好一点，自由一点。想干就干，不想干就停下来、歇歇。干别的还得请假。除了自由，赚钱也可以。”（ZB－XZXY 访谈录）小杨在叙述中提到了卡车司机工作模式的第二个优点，就是有较好的、看得见的收入。跑运输基本上是按趟结算运费，“辛苦点但能看到钱”。成都的图师傅说这份工作“来钱快，三五天一趟是现成的钱。一次八千一万，有吸引力”。（CD－TN 访谈录）沈阳的曹师傅也是被这份工作的收入所吸引，“我们农村当地，圈里人比较多，认识的多。基本上都是干这行。周边没有什么厂子。你看他们，把钱挣了，回家把小房也买了，楼也投了，家里过得不错，咱们也得干!”（SY－CJH 访谈录）同样来自沈阳的王师傅当过海军，退伍后做过销售、保险、物业，但最后还是选择做卡车司机，因为收入较高，挣钱的同时还可以“走遍大江南北”，增长阅历和见识。（SY－WJS 访谈录）扩展视野、增长阅历，是卡车司机这种工作模式的第三个重要优点。

在喜欢卡车与喜欢驾驶的主动选择之外，还存在“别无选择”的被动机制。卡车司机大多是农村户口、学历不高、没有其他技术，可选择的工作机会并不多。“没什么手艺”、“没学历、没文化”、“上学学不会，别的没啥干”是卡车司机经常说的话。对此，淄博的吴师傅总结得特别好：“除了驾驶无路可走。伙计们都劝，不让干了。如果卖车，要赔 4 个月的分期，48400 元，所以也卖不起。关键现在你不干了，你也不知道你干啥去！你干啥去？你还是开车去。你开一开，你就会想，我自己买个车自己干，其实你算下来还是不行。你主要是不上学，你也没什么技术，你会啥？就会开个车！你会干啥？你上厂子里干活儿你也得会点儿东西，不现实。就这么个事儿。打工才给多少钱？你当工人一个月四五千块钱。”（ZB－WJQ 访谈录）已经驾驶十几年的吕师傅也说：“我们也没啥文凭，你说你去干啥呢？从年轻的时间就开始跑车、开车，现在再改行没法儿改了。”（SY－LJY 访谈录）

大部分卡车司机“入行”的契机，都来自于主动选择与“别无选择”的有机结合。需要进一步说明的是，这两种动力机制的强弱会随着“入行”时间越来越长、工作环境日渐变化而发生改变。一般是主动选择的因素越来越弱：从“喜欢”变为“没那么喜欢”，“自由”变为“没那么自由”，“收入高”变为“收入低”，“增长阅历”变为“磨平棱角”；而被动选择的因素却越来越强，直至“别无选择”固化为卡车司机群体最主要的从业动力，即很多司机提到的“很难转行”。成都的李师傅很生动地表达了“很难转行”的卡车司机的群体现状。

> 当初喜欢玩车，没有其他什么别的爱好，就是喜欢，晚上做梦都在想怎么开，白天一上车开着就走了。要是重新选，没有人愿意选卡车司机这一行业，但是现在转业，一直驾驶这么多年了，给个其他行业，自己也干不了，不好改行呀。想着下辈子再也不驾驶了，大好时光都浪费在方向盘上和路上了，但只是想想，抱怨抱怨，等一两个月，车子处理不掉，还得跑车；就算车子处理掉了，找个工作，发现挣的钱不够，还得想法凑钱再买新车，继续驾驶。（CD－LG 访谈录）

2. 正式制度：机动车驾驶证

卡车司机从事货运的正式资质来自于四种证件的齐全：机动车驾驶证、机动车行驶证、道路运输从业资格证和道路运输证。其中最重要也最基础的是机动车驾驶证，即通常所说的“驾照”。由于货车种类、车型繁多，准予驾驶的驾照也有不同，例如持有 A1、A2、B2 等驾照的司机可以驾驶不同种类的货车。根据 2013 年开始实施的《机动车驾驶证申领和使用规定》，持有我国公安交警车管机关核发的有效 A2 驾照能开重型、中型全挂、半挂车。其中，挂车总重量由其自身承受的称为全挂车；挂车总重量的一部分由牵引车承受的称为半挂车。只有持有 A2 驾照的司机才可以驾驶牵引车，持 A2 驾照可以驾驶的其他车型有：B1（中型客车）、B2（大型货车）、C1（小型汽车）、C2（小型自动挡汽车）、C3（低速载货汽车）、C4（三轮汽车）、M（轮式自行机械车）。因此，A2 驾照是从事货运高级别的驾照，B2 驾照次之。本调查中 48.5% 的司机持有 A2 驾照，37.4% 的司机持有 B2 驾照（参见图 2－16）。这其中仍有一定比例的持有其他驾照的司机，根据课题组的访谈，有可能一部分是误填，另一部分是确有一定比例的司机违规驾驶货运卡车，这在替班司机、学徒中比较常见。

图 3－5 表明，本调查中卡车司机获得驾照的年份以 0～10 年为主，达到 55.2%；11～20 年的为 35.5%。这与样本中卡车司机的驾龄（见图3－6）基本一致，说明大部分司机都是取得驾照就入行了。

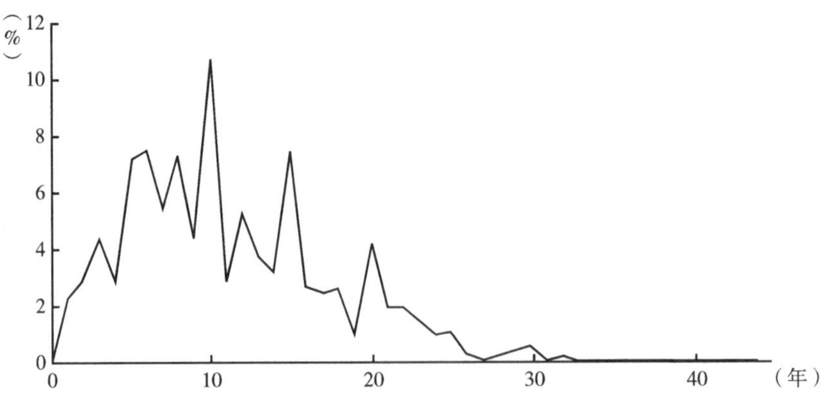

图 3－5　卡车司机获得驾照的年份

资料来源：2017 中国卡车司机调查。

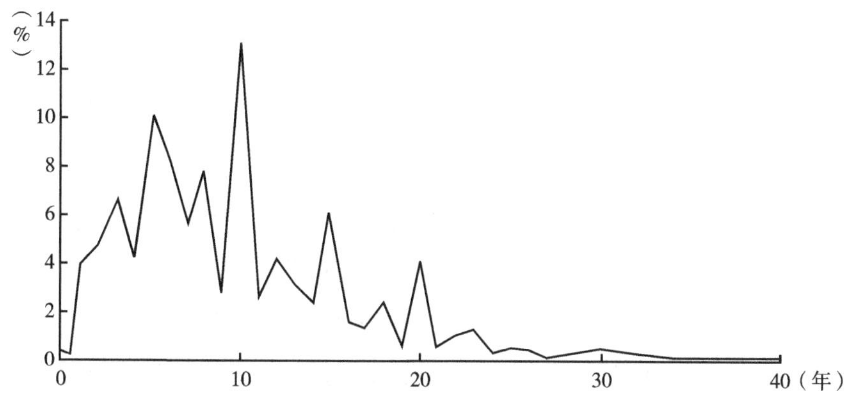

图3-6 卡车司机驾龄分布

资料来源：2017中国卡车司机调查。

取得国家规定的驾驶资质是卡车司机“入行”的正式制度标志，但这并不意味着取得驾照就可以上路跑运输，还需要办理其他相关手续和证件；也不意味着他们在劳动力市场上就可以立刻获得一席之地。沈阳的王师傅2001年取得B2驾照，但是没有人雇用他，他只好离开老家，去外地给别人做司机打工。由于工资太低，看到别人开挂车工资高，他决定增驾升级，回老家考了A2驾照。但是刚考取A2驾照，他依然找不到工作，只好再次外出找活儿：“你说你开过四轮子，但人家不信，人家也不能马上用你，谁知道你能开不能开。”于是他只好先给别人“打掌子”（做临时替班司机），等积累了一定的经验才能成为一名独立的卡车司机。（SY-WLX访谈录）可见，在正式的驾驶资质之外，还存在重要的非正式资质的认定。只有二者并存，卡车司机才可以顺利“入行”。

3. 非正式资质：“请人带路”与“学徒制”

机动车驾驶证考的是理论知识、驾驶技术，但是卡车司机驾驶上路还需要实践经验，包括认路、熟悉路线、各种社会交往、了解不同地区的行车文化、学习不同地域的规章制度、处理路上各种复杂的问题等，这些都需要从非正式渠道获取。获取方式有两种：一种是“请人带路”，另一种是“学徒制”。

卡车司机大多表示在跑车上路伊始，需要请人带路或者自己跟车一段时间。“请人带路”又分为两种类型：一种是市场化的，例如石家庄的蔡师傅和沈阳的王师傅都表示他们刚入行时会花钱请一位资深的卡车司机带一带。（SJZ - CLW 访谈录，SY - WJS 访谈录）市场化的“请人带路”基本是按次付学费，与带路者之间不存在正式的师徒关系，也不一定是亲友关系。第二种是非市场化的，例如跟着亲友跑车或者先给亲友做替班司机等。石家庄的李师傅跑山路就是同样开卡车的父亲带着他熟悉路线。（SJZ - CLW 访谈录）

正式学徒制的案例来自于沈阳的曹师傅。他十五六岁（还未达到考正式驾照要求的年龄标准）时就开始拜师学艺，老师是同村的长辈，看他机灵才带着他。老师不付工资，但管吃管住。曹师傅就跟着老师每天跑车，从短途到长途。他表示做学徒需要看条件，“得看着小伙儿行”，例如记路、问路、临时应变能力等。老师开什么车，曹师傅就跟着开什么车，跟了两年才上手驾驶。“之前陪着，给老师干活儿，叠苫布、拢绳儿、打水。有吃有住，跟着干”。当被问到直接考证和学徒制的区别时，曹师傅这样说：

> 现在有不少司机就是拿了证，上车就干活儿，但是不少东西他们都不懂。最简单一个例子，走碰头车，给灯光他不懂。你像那时候我们学徒，老师就告诉我们，闪两下是啥意思，闪三下是啥意思，一个劲儿闪是什么意思，这是司机跟司机之间的暗语啊！（SY - CJH 访谈录）

“暗语”代表着非正式的文化，是非正式驾驶资质的重要内容。驾驶卡车是一个非常复杂的劳动过程，并非只取得某个单项资质就可以顺利上路。因而无论是正式的驾照，还是非正式的经验，对于卡车司机来说都非常重要，二者不可或缺。

（二）劳动起点：找货与装车

1. 搜寻货源：卡车司机与货代

搜寻货源是卡车司机劳动过程的基础。有经验的卡车司机经常会告诫想要入行的新手：如果没有固定的货源或者较强的搜寻货源的能力，就不要贷款买车，否则会入不敷出。图 2－41 表明，卡车司机的货物订单来源广泛：以物流或货代为最多，达到 54.8%；其次是手机 App（22.2%），固定的厂家（11.2%），家人、老乡、朋友（7.8%）与互助组织（4%）。

自雇卡车司机面对的货源市场，大部分是大物流公司划界之后的散户市场，货主基本是中小厂家与分散的个体户，因此运货也大多以零担运输[①]为主。很多卡车司机都表示，他们运送的货物往往属于个体，无法得到大厂家的货源。一般来说，货运市场有三种货运方式：第一，大厂家会与有实力的大物流公司合作，大物流公司把整个货运承包下来，交几十万元的保证金并且签署正式的合同。厂家需要开税票，自雇卡车司机作为个体户，是无法承接的。第二，中小厂家没有实力租雇大物流公司，会把货运信息交给信息部，即通常所说的货代，因此自雇卡车司机作为“散户”，要面对的往往是中小厂家的货代。第三，大物流公司承包了大厂家的货源，然后将这些货源分包给中小物流公司，中小物流公司再分包给货代，最后再转给自雇卡车司

① 根据我国《物流术语》的定义，“零担运输（less-than-truck-load transportation）是指按零散货物办理承托手续、组织运送和计费的货物运输”。具体是指客户需要运送的货物不足一车时，作为零担货物交运，承运企业则把运往一个地方的多家客户的货物通过配载的手段，当达到一辆车的基本载运能力时，然后运送到该地方，再在当地分发给各个客户的运输方式。与此相对的是“整车运输”，即卡车司机所说的“包车”。

机。由此可见，货运市场存在层层分级和分包，通过层层分级、分包，卡车司机的运价就被压低了。

找货与入行时间的长短、收入需求有直接的关系。一般来说，入行时间较长、积累了一定社会资本的卡车司机会有一部分或大部分固定的货源，因此他们会选择跑专线，即固定货源的固定线路。在专线之外，他们也会通过货代或 App 找散货。货代为了安全、方便，也愿意与熟悉的卡车司机合作。入行时间较短、尚未积累起足够社会资本的卡车司机，很难得到固定的货源，因而不得不采取多种方式找货。除此之外，由于货源与收入直接挂钩，是否处于还贷期对于卡车司机来说也很重要。例如有的专线运价低，因此即使是固定货源与路线，正处于还贷期的卡车司机也不一定会接单。对于处在还贷期的卡车司机来说，运价是最重要的。运价胜过货源路线的稳定性与私人关系。

找货是双向选择的过程。运价虽然是一个重要因素，但货代除了考虑在竞相接单的卡车司机中谁的报价低以外，还会综合考虑其他方面。货代都师傅[①]这样告诉课题组：

> 综合考虑，除了运费低，还得保证货的安全，这个司机可靠不可靠，这些都要考虑。通过说话方式、语气来判断。干的时间长就能听出来。一般会问他是哪的车，新车还是旧车，跟这趟线儿跑了多久了，这个地区熟悉不熟悉。（ZB－XD 访谈录）

在互联网技术日新月异的前提下，通过 App 找货日益成为运输的重要方式。占据市场份额较大的“货车帮”、“运满满”等都已经发展得比较成熟，是许多卡车司机找货的首选。通过 App 找货尽管

① 都师傅比较特别，他既做货代，也自己驾驶卡车运货。

比较便利，却降低了运价。互联网方式把找货的成本降低了，导致过多的卡车司机涌入与竞争，从而变成压价的工具。例如货主提供1500元的运费，但如果报价1000元能找到车，货代的利润就是500元。因此货代一般会在App上先给出低于1000元的价格，如果有卡车司机愿意接单，利润就更多；如果没有卡车司机接单，货代就在原基础上再加钱，“就跟拍卖一样”，卡车司机们如此形容。同时，App上鱼龙混杂，骗子也很多，很难识别。在石家庄卡车司机座谈会上，卡车司机表示他们中的很多人现在都是通过App找货，但是运费很低，运价的大部分都给了配货站。例如厂家提供9600元的运费，货站却只给5600元的运费：“你拉就拉、不拉有的是车想拉”，因此造成恶性竞争，一再拉低运价。（SJZ－SDC座谈会记录）

由于散户货运市场的低迷与恶性竞争，找货变成一件困难的事，尤其在2013年、2014年之后。[①] 石家庄的耿师傅告诉课题组，晚上找不到活还轻松点，可以睡觉，但第二天早上又发愁。他有时候中午不吃午饭，因为别的卡车司机都去吃饭，竞争对手少，他就赶紧找货。（SJZ－GLZ访谈录）从与供货商讨价还价的情况来看，18.4%的卡车司机不还价；46.2%的卡车司机还价，但运费不涨；仅34.3%的卡车司机还价时运费能有所增长，并且以略涨一点为主（见图3－7）。这说明在卡车供过于求的市场中，卡车司机的议价能力很弱，他们基本上只能接受供货商和货代提供的价格。

由于承运的一般是“零担”货物，即使有部分固定货源，卡车司机依然要找货、拼货、等货。等待是卡车司机劳动过程中很重要的一部分，每个司机都会提到他们等货的时间与成本。例如淄博的谷师傅在物流港等货，物流港除了可以等货，还可以停车、住宿、吃饭，但这些都需要付出经济成本。课题组见到谷师傅的时候，他

① 这是卡车司机普遍反映的：自2013年、2014年之后，他们明显感觉到运价下降。

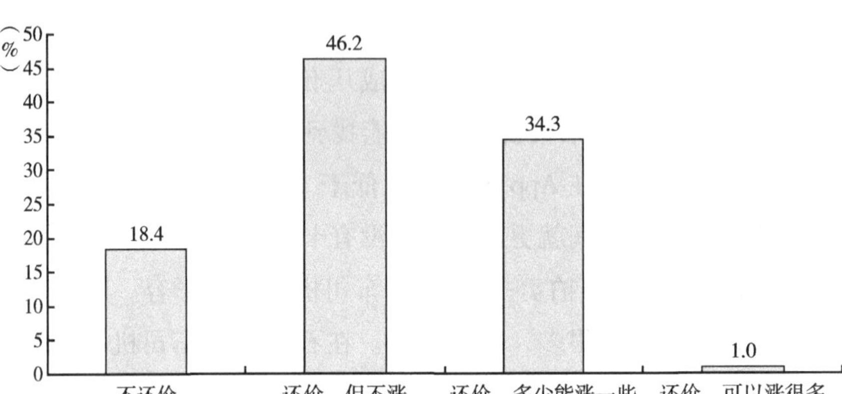

图 3－7　接货时讨价还价情况

资料来源：2017 中国卡车司机调查。

已经等了三天的货，他表示等两三天很正常，最多时等过一个星期。他往往是拿到一单，提货装车，再等别的配货，直到装满一车。一般拿到第一批货后他心里就有底了，再装别的货。配满他的车，运费是 15500 元，不配满他赚不到钱，就不会走。等货的过程漫长而充满焦虑。

> 等待花着钱呢，心里着急。住一两天还行，三四天就难受了。住店 30 元，1 个人 1 间房，公用洗浴。只有 2 张床、1 个电视、1 个桌子。停车费一天 35 元，吃饭一天 3 顿四五十元。合计一天得 100 多块钱。（ZB－GCY 访谈录）

2. 装卸货物：卡车司机与装卸工

找到货源、配好货，卡车司机接下来面临的就是装货。与装货、卸货相关的重要角色是装卸工。装卸工有的是物流公司或者货站的工人，有的是外包工人。装卸工的工作也是卡车司机劳动过程中非常重要的一环。

卡车司机普遍反映有些装卸工会在装卸费之外多要钱，要东西，并且需要打点。淄博的吴师傅表示装卸工如果要，就得给；如果不给，就会少货、慢装、影响进度。（ZB－WJQ 访谈录）加钱、买水、买烟、买饭、说好话是卡车司机面对装卸工时经常要做的事。同时，卡车司机在一定程度上还要客串或辅助装卸工的工作，因为装卸工只管装和卸，而货物的维护、车辆的布置、封车等都需要卡车司机自行负责。石家庄的蔡师傅告诉课题组，苫布、绳子、棉被、草垫等都需要自己准备，装卸货的时候把苫布展开、栏杆打开，装卸工才会装卸。（SJZ－CLW 访谈录）如果是两位卡车司机合开一辆车，可以把准备、善后工作合力做好；但如果是一位卡车司机独自驾驶，就需要求助于装卸工帮忙封车、揭雨布等，而这些都是需要另外付费的。物流公司一般不会承担这些成本，卡车司机只好自己支付。由于外包的装卸工工资被压得很低，额外的支出只好转嫁到卡车司机身上。

装卸工一般会根据货物属性增加要求。例如拉化工产品、易碎货品、贵重物品等，往往会要求加钱。卡车司机由于害怕货物受损，就会满足装卸工的要求。在货源减少的情况下，卡车司机很难挑货。沈阳的姚师傅说："你不拉地砖不行，没货你不拉怎么办？你不能说啥都不拉，要不你就不挣钱。"（SY－YR 访谈录）因而卡车司机跟装卸工的博弈在所难免。

对于卡车司机来说，"时间就是金钱"，不仅货主有时催货，事实上他们自己也很着急，因为节省时间的话多干一单就多挣一单的钱，所以卡车司机面临装卸工时经常选择付费以获取速度。例如沈阳的朱师傅举的例子：

> 现在最难受的是排号卸车。就是等着，干等着卸。着急了，就得给钱。你把钱给小头，花个 50、100 元，提前装卸。主要是运费太低了。给钱，他先给你卸；不给钱，你就排着吧。一般排

12 个小时，有时一天卸不下去。（SY－ZW 访谈录）

找货、配货、装货是卡车司机劳动过程的开始，也是主体劳动过程的基础。如上所述，这几个基础环节对于卡车司机来说已经存在诸多考验，但是更复杂与危险的工作则存在于之后“开车上路”这个劳动过程的核心环节之中。

（三）主体劳动过程：复杂而危险

1. 起步上路：往往在夜半时分开始的劳动过程

在找货、配货、装货之后，卡车司机的主体劳动过程拉开了序幕。卡车司机往往在夜半时分起步上路，尤其是那些跑中长途的中、大型卡车。“倒短儿”[①] 的小型卡车主要的运行路线是短途城际、市内，因而半夜上路的较少。中、大型卡车半夜上路的原因如下。

第一，晚上车少、限行少。沈阳的潘师傅平时拉货不走高速、走下道，他说高速走不起、下道不好开，所以半夜开，因为人少。（SY－PK 访谈录）

第二，躲交警、路政。淄博的梁师傅过了 50 岁以后，特别容易困，开着开着就会出现错觉，看见各种幻象，如高速路上跑马、出现地毯，等等。虽然半夜 11 点之后困得要命，他依然选择晚上上路。因为“白天要干，罚款就多了。到晚上，躲开他们。”（ZB－LJ 访谈录）沈阳的曹师傅也认为晚上好跑，他表示半夜上路大多数是为了躲交警、路政，还有就是躲避行人，因为晚上路面环境相对单纯。（SY－CJH 访谈录）

第三，配合装卸的时间，尽可能多拉多跑。一般物流港、货站白天上班，从白天开始配货、装货，到装完时经常已至傍晚，甚至前半

① “倒短儿”是运输业的行话，意思是短途运输。

夜。为了不耽误行程，尽可能赶到目的地争取白天卸货，卡车司机大多选择装满货物后即刻上路，因此拉零担多半都是半夜出发，这几乎成为默认的共识，就像沈阳的朱师傅说的那样："走的时候，半夜起步，一般是 12 点、1 点左右，第二天中午到。虽然不算长途，但是晚上走，你们睡觉了，我们起步。早上走就不赶趟了，卸货卸不了。"回程时，朱师傅也是半夜走："卸完车回来，也是半夜。熬习惯了还行，要不怎么挣钱？现在装零担全是半夜，最少 10 点钟出去，要不就 12 点左右。"（SY－ZW 访谈录）

2. 拼命赶路：高速和下道交叉运行的路线

无论是否夜半上路，无论是中、大型卡车还是小型卡车，只要开始送货，就进入"拼命赶路"的劳动循环状态。

"拼命赶路"有时是货主要求，例如石家庄的蔡师傅表示："基本上是给你卡点儿。说是让你 3 天，你就 3 天到。他可不管你睡觉不睡觉，只要你拉货、送货就可以。"（SJZ－CLW 访谈录）有时则是受卡车司机想要赚钱的迫切心情所驱动。例如仍处于 2 年还贷期内的曹师傅大部分时间都是独自驾驶，基本上"一上车就是两天两宿"，一天 24 小时能开 20 个小时，有时为了求快，一边卸完货一边就装货："身体受不了也得受，只要有货我就干！从来没想过休息！"（SY－CJH 访谈录）除了加快劳动进程多赚钱，沈阳的吕师傅提出即使货主没有卡点，他也会拼命赶路："谁也不愿意在路上待着啊，到那边洗澡、睡觉多舒服啊！"（SY－LJY 访谈录）

"拼命赶路"涉及道路的选择：主要是高速与下道。高速是指高速公路，下道是指高速公路以外的其他公路。至于走高速还是走下道，首先要看货主的规定，如果货主卡点，或者要求走高速，卡车司机就必须走高速；其次要看下道是否好走，有的下道一直修路、修桥，有的下道查车太多，有的下道有路霸、路匪，在这些情况下卡车司机就会选择走高速。总体来说走高速费用高、可规避一定风险；走下道灵活、成本低，但是风险高。

一般来说，跑长途的大型卡车会选择走高速，中途、短途的中小型卡车会选择走下道。淄博的吴师傅表示："现在不挣钱，因为油价上涨太快，高速费太多。原来开车都不跑高速，可以省钱。但是现在高速下面查车太多，加上要赶时间，必须得走高速。"（ZB－WJQ 访谈录）成都的郭师傅认为能跑高速就跑高速，高速虽然收费高，但一方面省时间，另一方面也减少了不少麻烦，综合算下来还是比跑下道省钱、省事。（CD－XG 访谈录）成都的赵师傅则认为下道太慢，而且下道他不熟悉，GPS 也不太准，没办法反映限行情况，因而还是选择走高速。（CD－ZCJ 访谈录）沈阳的王师傅单程跑六七个小时，他从来不走高速，都是当天来回。

> 都是晚上 10 点来钟出发，到地方四五点钟。只要不是冬天，就能到。到地方，直接在车上睡两三个小时，装卸工卸车。疲劳到了一定程度，他们卸车我也能睡。他们卸完车，自己去找货。装完货就往回走。很少有坐下来吃饭的时候。头一趟送完了，赶紧就往回跑。人家吃饭时，你得赶路。（SY－WJS 访谈录）

高速、下道的交叉运行，显示出卡车司机在拼命赶路时的理性计算。无论是高速还是下道，"拼命赶路"的目标是一致的：都是为了更快、综合成本更低、风险更低地完成送货。因此在"拼命赶路"的核心目标之下，无论是高速还是下道都是殊途同归。

3. 规避权力："老鼠与猫捉迷藏"的游戏

卡车司机从事货运，一方面，要选择合适的路线拼命赶路，另一方面，要躲避交警、路政以规避权力惩罚。石家庄的耿师傅总结道："我们跟耗子似的，晚上警察少，罚款少。"（SJZ－GLZ 访谈录）这场"老鼠与猫捉迷藏"的游戏是卡车司机劳动过程的真实写照。规避权力最主要的原因是怕扣分、罚款。

其一，虽然很多卡车司机表示他们按照国家标准拉货，从不超限、超载，但不可否认的是，仍有一些货主、货代不顾国家的政策，为了赚取更多的经济利益要求卡车司机多拉货，也仍有一些卡车司机为了多赚运费而抱着侥幸心理“拉超”。

其二，虽然国家有统一的治超政策，但是仍然存在地方执法标准不统一的情况，即使卡车司机遵守了A地的规定，也不能保证他们不违反B地的规定，因此卡车司机经常“被超载”。在运价普遍低迷、竞争激烈的货运市场，卡车司机没有太多的选择权与话语权，很难符合各地标准不一的规范、规定，而执法者的罚款很可能把卡车司机一整趟的运费都罚光，因此双方扮演着“猫和老鼠”的角色，一个抓，一个躲。

其三，交警、路政作为执法者，与卡车司机的立场不同。从他们的立场来看，保证行车安全、维护行车秩序、保护国家共有财产和公共设施是他们的职责。但是，交警、路政的执法经常由于政策的模糊性与不统一、现实情况的复杂多样而无法达到甚至背离初衷。例如关于平板自卸半挂车是不是非法改装的问题，就没有统一的执法口径。这种平板自卸半挂车是新车型，2016年年初进入工信部目录，日常运营中绝大多数加了厢板，但方式不同。有的是焊接无法拆卸，有的是螺栓铆钉活动连接，国家交通部门一直没有统一认定标准，各省也不一致。陕西省明确规定，如果用焊接方式固定厢板就认定违规，而对螺栓铆钉活动连接不予以处罚；但是江西省的有些地方则认定，只要加装厢板一律认定非法改装。2017年5月底，由于平板自卸半挂车日常运营中涉嫌非法改装、不在标准化范围之内，工信部已经暂停了这种车型的合格证上传。平板自卸半挂车的改装问题反映出政策的模糊性带来的尴尬处境：罚也有理，不罚也可以，因而就会产生矛盾。由此可见，在现有国家政策与卡车司机的从业环境下，执法者与被执法者很难和谐相处，存在着由于立场不同、政策模糊、现实多元而带来的差距与矛盾。

面对执法者，卡车司机最大的困扰来自于他们眼中的“乱罚款”：只要交警拦车，就能挑出毛病。淄博的梁师傅说：“什么理由罚款？一个车，两三万个配件，都可以不合格。想找毛病，无处可逃。挡泥板裂了，罚款100元；牌照有灰、有泥，罚款100元。如果是路政，超载、超高，罚2000~20000元。”（ZB－LJ 访谈录）沈阳的宋师傅总结出罚款特别厉害的地区：“尤其 HT、SN 两个收费站，这头领卡，这头缴费，差200米，在 HT 交完费，警察罚200元；到SN 领卡，还得罚200元。回来的时候罚100元、200元，去时罚400元、600元。”（SY－SYW 访谈录）沈阳的康师傅访谈前几天被罚100元、扣2分，因为车牌上少了两个封钉。卡车司机与执法者对于“违规”的理解是不同的，对于卡车司机来说很多罚款、罚分是“过度执法”，“说我车有毛病就有毛病。怎么说呢？车多少都有毛病。按国家规定，车就不能开了”。（SY－KSF 访谈录）沈阳的张师傅也说：“大车没有没毛病的。牌照挡上了，下雨反光镜不干净，想挑你毛病，很容易。”（SY－ZJW 访谈录）沈阳的吕师傅则认为交警罚款看心情，“交警心情好了就不罚你，心情不好就罚”。（SY－LJY 访谈录）

卡车司机还普遍反映的问题是：执法标准不统一。国家政策——无论是行车政策还是环保标准都转变得很快，加上各地的政策不同，执法标准经常不统一，这些都给卡车司机都造成很大的困扰。沈阳的曹师傅对这个问题深有感触。

> 打比方说我们从广东回来装4.8米，广东没问题，湖北抓这个，抓着就罚2万，那你怎么办？那边还能装那么高，这边罚这么高，我们不受夹板气吗？这么多年就受这个夹板气。每个省的

规定都不一样，你统一规定。你像拉“绿通”[①]，我们从新疆回来拉大枣，新疆地区给免高速费，甘肃不给免，河北不给免，成都不给免。你像我拉新花生，吉林跟辽宁还有黑龙江，季节性免；湖南、湖北是长年免费；广东是按行车证营业证免费。你全国统一的话，我拉上这车货了，你让我装20吨花生，我就装20吨花生，到地方你给我全国统一，我就不用惦记着花生的价格，哪块儿免费，哪块儿不免费，有时候拉赔了，有时候拉挣了。咱们这边儿都不统一，各说各的理。你像黑龙江那边儿，全车规定是16.8米，宽度2.55米，我们空车都是超。吉林省规定又不一样了，长度20米，宽度3米，还是不统一。（SY－CJH访谈录）

常年在路上驾驶，卡车司机总结出许多面对执法者的“经验之谈”，石家庄的蔡师傅说：“你一看那些交警，冲你笑、态度好的就是要钱，黑着脸的就是直接开票，我们也没啥办法，就只能想着少扣分。”（SJZ－CLW访谈录）那些4.2米的高栏小车因为牌照规定的承重量太小，几乎只要装货就会超载，因此既是货代又开卡车的都师傅说：“有经验的警察一抓一个准儿。你不超载你跑不了，你没活儿干。你要干了活儿你就百分之一百超载。”因此需要采取“躲”和“跑”的策略，“躲呗。看到他就跑，把眼睛瞪得大大的”。（ZB－XD访谈录）

2016年9月21日，国家出台了《整治公路货车违法超限超载行为专项行动方案》《超限运输车辆行驶公路管理规定》《车辆运输车治理工作方案》三道治超政令，被称为“921新政”，据说是史上最严的治超政令。卡车司机普遍感受到“921新政”之后，治超显示出

① “绿通”是运输业的行话，指的是“鲜活农产品运输绿色通道”运输的货物，主要包括新鲜蔬菜、水果，鲜活水产品，活的畜禽，新鲜的肉、蛋、奶等。整车合法运送“绿通”在全国收费公路有通行费优惠减免政策。

一定的成果，运价有所回升。但是地方性的治超标准在实践中仍然不统一，随着时间的推移，很多扰乱货运市场的超载行为又开始出现。对于整个货运市场和那些严格执行国家标准的卡车司机来说，“921新政”仍需继续贯彻，严格执行。同时，治超政策需要根据具体问题具体分析，进一步细化。

例如集装箱运输，按照原来的国家标准，车货总高度4.2米，部分特许车辆车货总高度4.3米，车货总长度不超过20米，但是“921新政”调低了标准，符合原有标准的车辆从合规变成了违规，如果改造成符合新规的车辆，又有“非法改装”的风险。具体来说，货车超限的标准是交通运输部门制定的，货车生产规格是工信部门审核的，而允许货车上路的行驶证又是公安交管部门核发的。如果几家的标准都不统一、不一致，结果一定是各种标准不一致导致执法中出现矛盾，卡车司机就会像曹师傅说的那样“受夹板气”。因此，统一各部门、各省份之间的具体标准，根据具体问题提出适合于现实、具有可操作性的执法标准，将政策尽可能地细化、明晰化，有利于改善执法者与被执法者之间的关系，减少矛盾，也可促进执法者的工作顺利进行，推动货运业的健康有序发展。

4. 超时工作：被迫的疲劳驾驶

从“半夜上路”与“拼命赶路”可以看出卡车司机劳动过程的强度。除此之外，他们几乎全部超时工作，在一定程度上是疲劳驾驶。

“疲劳驾驶”是一个专有名词，指的是身体长时间处于疲劳状态驾驶。根据2010年发布的《中华人民共和国公共安全行业标准》中《道路交通事故信息代码》第3部分事故原因代码，“疲劳驾车，指违反《道路交通管理条例》二十六条第九款的规定。这里的疲劳是指驾驶员每天驾车超过8小时，或者从事其他劳动体力消耗过大或睡眠不足，以致行车中困倦瞌睡、四肢无力，不能及时发现和准确处理路面交通情况的”。2017 年修改的《中华人民共和国道路交通安全法实施条例》第六十二条规定：“驾驶机动车不得有下列行为：连续驾驶机动车超过 4 小时未停车休息或者停车休息时间少于 20 分钟。”疲劳驾驶的危害很大，很容易引发交通事故。

在课题组石家庄的座谈会上，当被问及单次最长驾驶记录时，很多卡车司机都回答在 20 个小时以上，还有的达到三四十个小时。（SJZ－SDC 座谈会记录）根据问卷数据，卡车司机每天单次驾驶最长时间的均值、中位数、众数都在 8 小时左右，而极大值是 20 小时，说明大部分卡车司机都会超过“日平均驾车超过 8 小时”“连续驾车 4 小时以上不休息”疲劳驾驶标准，呈现出疲劳驾驶的状态。

为什么卡车司机要超时工作、疲劳驾驶？原因如下。

第一，货主要求的时间紧。货主是否催货，与货物属性有关。一般“绿通”、海鲜等具有保鲜期的货物要求快运，否则会发生损坏。

第二，运价低，利润小，还贷压力大。有的自雇司机在还贷期内选择单干、不雇用司机，有的自雇司机即使过了还贷期，因为运价低也依然不雇司机，一个人干两个人的活，只能超时工作。

第三，运货风险高，害怕路上丢油、丢货。其中丢货、货物受损是最麻烦的，卡车司机只能一直跑，确保货物安然无恙地准时到达。

第四，装卸工怠工、装卸货物不及时。很多地点限时、限段，司机必须赶在某个时间之前进入，如果装卸货不及时就会耽误时间。例如卡车司机到了卸货点要求 8 点卸货，但是装卸工要求加钱，卡车司机要么给钱，要么自己卸，有时能干到装卸工 2/3 的活，还得自己在旁边点数。

第五，睡眠环境差，休息不好。跑长途的卡车司机一般在车上睡觉，很少在服务区休息，因而大多睡眠不佳，处于非常疲惫的状态。

疲劳驾驶的弊端很多，例如引发职业病、发生交通事故等。疲劳状态是一种量变的过程，不积累到一定程度不会发生重大问题，但是累积到一定程度就会发生质变，会发生交通事故。重大、特大交通事故会终结卡车司机的职业生涯，甚至造成重大损失。因此，大多数卡车司机实际上都有防范“疲劳驾驶”的意识，也就是说，他们虽然由于种种原因不得不超时工作，但他们并不缺乏安全意识和风险意识，并且在力所能及的范围内把疲劳驾驶的损害程度降到最低。石家庄宋师傅雇用的司机安全意识不好，可以睡觉的时候总是不睡觉，宋师傅就觉得他这样不好，有意识地帮他调整。（SJZ－SGJ 访谈录）淄博的吴师傅因为单班驾驶太过疲惫，有时候开着、开着就看不见了，他觉得非常害怕，因此无论还贷压力多大，他都强迫自己只要困了就立刻休息：“你的货值钱，我的命更值钱。不挣钱行，但是绝对不能有事儿。”（ZB－WJQ 访谈录）可见，卡车司机并不缺乏疲劳驾驶的风险防范意识，但需要说明的是，由于劳动过程的紧迫性，他们无法完全杜绝疲劳驾驶；同时他们关于疲劳和休息的标准也与国家安全标准相去甚远，这也是造成安全事故多发的重要原因之一。

5. 处处有风险：偷油、偷货与“碰瓷”①

卡车司机是公认的高风险职业，劳动过程的每个环节中都存在风险。石家庄的李师傅打算干完手头这辆车就不再驾驶卡车了，因为一家老小都跟着担惊受怕。他每次出门，家里都千叮咛、万嘱咐，只有他安全到家，亲人才放下心来。（SJZ－CLW 访谈录）

卡车司机在路上会遇到各种情况：货物受损、雨雪雾天气、限行、限段、堵车等，但是让卡车司机最痛恨的是路上的偷油、偷货与“碰瓷”。几乎每个卡车司机都向课题组讲述了偷油、偷货与“碰瓷”的故事：有的是自己的亲身经历；有的是目击陌生卡车司

① 碰瓷，原属北京方言，泛指一些投机取巧、敲诈勒索的行为。例如故意和机动车辆相撞，骗取赔偿。此外，“碰瓷”也是古玩业的一句行话，意指个别不法之徒在摊位上摆卖古董时，常常别有用心地把易碎裂的瓷器往路中央摆放，专等路人不小心碰坏，他们便可以借机讹诈。参见百度百科。

机的遭遇；还有的是自己的亲戚朋友亲身经历的事。说起这些故事时，卡车司机总是绘声绘色，背后却潜藏着卡车司机行车路上的无限心酸。

“在服务区丢油，在下道丢货”是很多卡车司机的共识。卡车司机在服务区里停车休息，即使紧锁车门也有可能发生被偷盗财物、偷油、偷轮胎的事。淄博的张师傅和卡嫂小杨告诉课题组：“他能把你车门都打开，等他进去，把你钱、什么值钱东西都给你拿走。很危险，都不敢睡，就是看着点儿、注意点儿。现在有那个药，往里边打，打上了把车门弄开以后，你啥也不知道。”（ZB－XZXY 访谈录）因此很多服务区都不安全。淄博的梁师傅在服务区也丢过油。

> 在服务区睡觉，丢过三四回油，都是当地的人偷油。从这个高速口上去，然后过两三个服务区，一宿能偷 1 万块钱的油，没有人管，发现了也不能下车，下车揍死你。发现了，只能喊。我在 JD 服务区，老在那里丢油。去年，旁边停个别克商务车，就停在边上撬开油箱偷油。我们发现了，拿着撬棍下去了，他多大胆，又跑到前面那个大车边上偷油。偷油的车都是好车，别克商务、福特啥的，启动快，比国产车好。一次在服务区，几十台车，一夜都被偷了。（ZB－LJ 访谈录）

偷油风险具有地域性特征，有的省份在特定的服务区频发偷油事件，卡车司机跑车时间长了、积累经验多了，就会提高警惕，特别绕过那些高风险的地方：如果知道哪个路段、哪个服务区有人偷油，就开过去再停车休息。有时候也可以给保安钱，让保安帮忙看着，以求睡个安稳觉。也有卡车司机想出各种奇思妙招来防止被偷，卡嫂小王告诉课题组：“有的人坐油箱上看着，但是睡着了，油还是丢了。还有的看油，油没丢，电瓶丢了。路上挺有意思的。有的司机在油箱边上焊个狗笼子，养狗看着。也管用，一来人了他就叫，还拉个警报，啥样儿都有，丢时间长了就想办法了。”（SY－CJH 访谈录）

偷货是另外一个让卡车司机备受困扰的问题。据一些卡车司机讲述：偷货时，大车在前面跑，小车在后面跟。小车上有个磁铁直接吸到大车上，可以与大车保持同样的速度。大车马力足，后面挂一个小车也感觉不到，小车上的人就趁机爬到大车车厢或者挂车上去偷货。因为大车特别长，卡车司机在行车时很难发现。有的车载货物价值很高，被偷了卡车司机就要赔偿，因此卡车司机为了防止被偷货也在寻找各种各样的办法。例如在卡车尾部安装摄像头，在驾驶室中看屏幕就可以发现是否有人偷货。但卡车司机普遍反映，即使在屏幕中看到有人偷货，也不敢贸然下车反抗，因为偷货者都是当地人团伙作案，卡车司机孤身一人，不敢与之抗衡，顶多只能“左右串一下车”给予警示。

卡车司机经常遇到的风险除了偷油、偷货，就是“碰瓷”。淄博的谷师傅讲述了他的一次“碰瓷”经历。

> 在 CX 区，装的酒，往回拉。前年的事儿，跟现在的季节差不多，是个丁字路口，我直行左拐，咱只注意左边，很少注意右边，他就乘机把一个自行车塞我后轮子下边了。他就是故意的，我都看见了，他把车就塞我车底下了。我把自行车压坏了，刹车也刹不住。他就躺在路边，没撞上他，他也知道大车撞上就要他命。这时候来了几个小年轻的，说要去医院检查。我看他们头脑都很清醒，我就跟他们说：“你们就是碰瓷的，你就说多少钱，看我能不能承受。能承受的话我认倒霉了，给你了。承受不了就打 110 了，让警察来。因为我耽误不起这个时间，再说我又是外地的，你们是本地的。你们欺负我，我也没有熟人啊。”后来给

他 300 块钱。（ZB－GCY 访谈录）

针对偷油、偷货、“碰瓷”，卡车司机基本上都是自认倒霉，或者自己想办法赔付、解决，很少报警。因为其一，报警耽误的时间长，他们的目标是“拼命赶路”；其二，报警后问题也很难得到有效解决。有些卡车司机因为被偷报过警，但做了简单的笔录之后就石沉大海、再无音信，也很少有人把被偷的油和货找回来。卡车司机在路上发现别的司机被偷，一般会按喇叭警示，但有的司机能发现，有的司机发现不了；就算发现了，卡车司机也不敢贸然下车，被偷了也只能硬挺着、赔钱。卡车司机在路上就是这样一边赶路，一边感受着“处处有风险”。

6. 事故与车祸：私了与保险

如果说偷油、偷货、“碰瓷”是卡车司机行车路上的一般风险，那么事故、车祸就是更高级别的风险。图 2－51 表明，85.7% 的卡车司机在 2016 年没有发生过交通事故，发生过 1 次交通事故的占 9.4%，2 次及以上的占 4.9%。虽然这个比例不高，但是交通事故的损失通常比较惨重，发生一次就会葬送卡车司机的职业生涯甚至生命，因此事故对于卡车司机的劳动过程影响很大。

发生了交通事故，无论一般还是重大①，都面临私了与出险两种处理手段。根据问卷数据，如果发生了一般交通事故，64.8% 的卡车司机将“走保险”列为第一选择；第二选择为“私了”，占 32.3%；“打官司”仅占 0.5%（见图 3－8）。如果发生了重大交通事故，92.5% 的卡车司机将“走保险”列为第一选择；第二选择为“私了”，占 4.4%；“打官司”的比例为 1.9%（见图 3－9）。由此

① 关于交通事故等级，国家明确规定为轻微、一般、重大与特大。为叙述方便本研究将“轻微”与“一般”合并为“一般交通事故”，将“重大”与“特大”合并为“重大交通事故”。

可见，第一，无论是重大交通事故还是一般交通事故，卡车司机应对策略的第一位是出险，其次是私了，再次是打官司；第二，重大交通事故选择出险的比例远高于一般交通事故出险的比例；第三，一般交通事故选择私了的比例明显高于重大交通事故选择私了的比例；第四，相对于一般交通事故，重大交通事故选择打官司的比例明显升高。

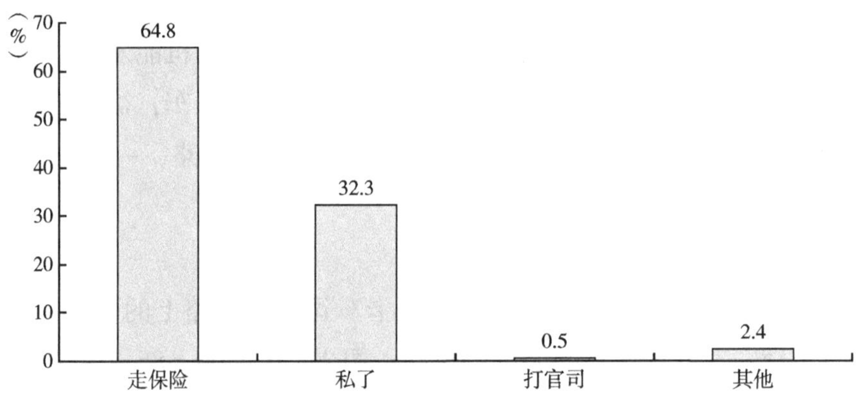

图 3－8　发生一般交通事故时的第一选择

资料来源：2017 中国卡车司机调查。

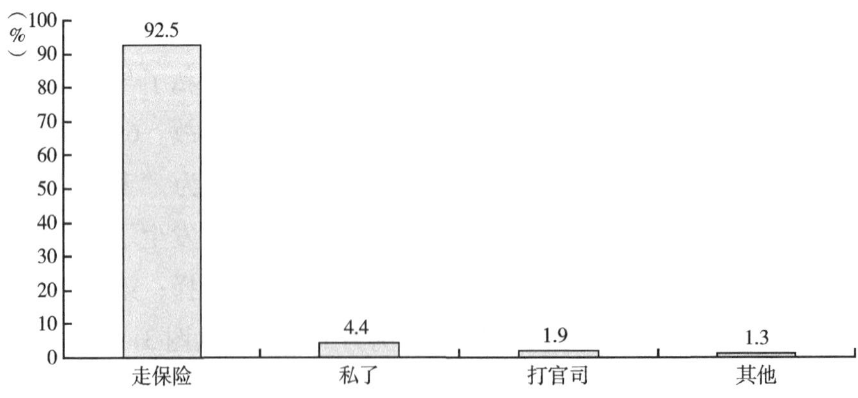

图 3－9　发生重大交通事故时的第一选择

资料来源：2017 中国卡车司机调查。

卡车司机虽然普遍性地处于疲劳驾驶的状态，但是他们的安全意识很强，也尽可能地通过各种方式减缓疲劳驾驶。对于交通事故，有些卡车司机曾亲身经历，他们每天跑在路上也目睹了不少，因此他们的安全意识、危机意识很强。卡车司机十分清楚一次交通事故可以毁掉几年的收入，甚至把家里的存款和自己的生命都赔进去。石家庄的耿师傅曾经历过一次交通事故，他驾驶卡车时在弯道下坡，因为睡着了，车撞到护栏上，把双护栏撞出去50多米，车头都悬空了。他说那一刻根本来不及反应，好在刹住了，要不然后果不堪设想。后来他的安全意识强多了，再也不疲劳驾驶了。（SJZ－GLZ 访谈录）

在出险与私了之间，卡车司机和物流从业者都有非常冷静的思考。淄博的物流公司老板王师傅告诉课题组，买保险是为了防止重大交通事故，一般小刮、小擦，花2000元、3000元时都会选择私了。因为如果选择走保险，出险次数达到3次，下一年的保费就要上调。（ZB－WSQ 访谈录）很多卡车司机也都持有相同的观念：不用保险最好，买保险就没有想到要用。保险是为了预防大事故，小事故能承担就承担。同时，出险的周期太长，对于各种成本的考虑让卡车司机在权衡之下做出选择：不到不得已的情况，不会使用保险。

7. 遭遇堵车：无奈的等待

当被问及在路上最害怕的事时，卡车司机往往回答：怕车坏在路上，怕堵车。在路上每天面临各种路况，堵车的情况时有发生。对于卡车司机来说，堵车一来很累、很苦；二来延长了送货的时间，耽误了进度，让人非常焦灼。如果车上拉的是时间要求比较紧的货物，那么堵车就会成为卡车司机最不愿意遭遇的事。淄博的谷师傅说："干活最苦的就是堵车。喝开水都成问题。跑CD，就属QL堵车厉害。最多时堵五六个小时，六七个小时，耽误卸货。"（ZB－GCY 访谈录）

大多数情况下堵车不是交通完全停滞的状态，而是时走时停，卡车司机也不能利用堵车时间得到完全的休息。只要堵上了，就只能慢慢跟车前行，不能睡觉。车流一会儿移动一下，一会儿移动一下，卡车司机就得做出相应的调整。沈阳的王师傅在访谈之前刚遭遇 2 个小时的堵车，他告诉课题组那个路口堵车几公里，堵车的时候只能盯着，因为前后都有车，也不能聊天，因为路况很复杂。他为了省钱走的是下道，他表示走下道没办法，只能等待。（SY－WW 访谈录）

如果遇到突发的交通事故，就会难以估量堵车的时间。课题组在做田野调查时曾经在高速路遇到几车连撞，所有后方的车都被堵在路上无法移动。其间一直有人拨打报警电话，但是由于应急车道被占据，过了将近 1 个小时救援都没有到来。后来最靠近事故发生处的前方轿车想方设法从空隙中移动出去，可是路上堵着的货车由于体型庞大，只能在原地等待，不知何时才能处理好交通事故，也不知何时才能疏解堵塞。这种突发事件给卡车司机带来很大的心理压力。

总之，堵车有客观原因，例如下雨、下雪、起雾、交通事故等。沈阳的朱师傅回忆起堵车的经历：2014 年，他在京哈高速因为下雾，一天一夜才走了 3 公里。车在高速路上一辆挨着一辆，无法移动。小贩泡好了方便面骑着电动车沿途售卖，一盒卖 5 元钱。（SY－ZW 访谈录）堵车也有人为原因，比如禁行、限行造成的拥堵。成都的图师傅感慨：“我们走在路上谁都可以拦，哪条路动不动就禁行。我说建设你们城市的时候，钢筋水泥不都是我们拉进去的？建好了就禁行，动不动就禁行。修条小路，绕行！”（CD－TN 访谈录）沈阳的吕师傅最长的时间堵过 1 天多，一动都不动。那是堵车最严重的状况。（SY－LJY 访谈录）对于“时间就是金钱”的卡车司机来说，堵车是最无奈的事。

（四）四个显著特征

通过对卡车司机劳动过程的描述与分析，课题组总结出该过程的四个显著特征：原子化、流动性、不确定性与劳动的复合性。

1. 原子化：单独工作，与车间工人的集体劳动形成对比

卡车司机的劳动是一种个体化、原子化的劳动，很少有集体劳动。他们大多是从初级社会关系那里得到入行的资源，但入行之后只能随着劳动轨迹各自独立地展开劳动过程。几乎所有的卡车司机都是日复一日单独地或者两人一组地跑在路上，从装货点到卸货点，马不停蹄地奔波。他们只有在物流港、货站、服务区稍作停留时可以遇到其他卡车司机，短暂交流后又各奔东西。卡车司机在路上虽有交集，但是却囿于各自的空间与时间，只能擦肩而过，朝着不同的目的地呼啸而去。

原子化的单独工作是卡车司机劳动过程的重要特征。这个特征对卡车司机来说有时是自由的象征，有时则是难以忍受的单调与孤独。沈阳的曹师傅在新疆无人区拉货的时候，发现路上绵延 300 公里，甚至 600 公里都见不到一个人，连根草都见不到，他表示那种难受的感觉无法形容，“到晚上了，黑漆漆的，自己都不敢跑了。进服务区，服务区连灯都没有。过年的时候连开水都没有”。（SY－CJH 访谈录）沈阳的王师傅虽然是跟着朋友入行，但是入行之后就跟大家分散开了，很少跟朋友一起跑车。只有很少的时候，例如拉土豆的时候可以和朋友一道跑车，但也是各自坐在自己的车里遥相眺望。（SY－WW 访谈录）

这种原子化的劳动与车间工人集体化的劳动产生了强烈的对比。由于原子化、分散化的工作，无法与工友产生面对面、声对声的直接互动，卡车司机之间很难进行频繁、深入的社会交往，他们的朋友大多依然是原来的朋辈群体；由于相互交流较少，他们多半需要独自面对整个工作的大环境，常常处于孤立无援的境地；由于原子化地散落在全国各地的公路上，他们也很难形成统一的力量去对抗不规范的市场。在课题组北京的座谈会上，石家庄的祁师傅谈及运价问题时提

出，卡车司机内部的恶性竞争导致运价一再被拉低，这是由卡车司机的不团结所导致的。（BJ－AXYZ座谈会）而这种不团结与卡车司机原子化的劳动具有很大的关联性：每个人都疲于奔命地各自跑各自的车，在时间、空间中与他人隔离开来，无法形成真正的集体力量，也无法以集体的形式与他们面对的这个越来越低迷的货运市场讨价还价。

2. 流动性：没有固定的工作场所，工作就是“在路上”

卡车司机的工作就是“在路上”，对于这一点毋庸置疑。货运业的特殊工作形式使得他们的劳动充满了流动性。由于大部分是拉零担，即使有固定路线也要穿插着随机找寻散货，因此他们劳动的轨迹都是流动的，很少有连续固定的工作场所。流动性与原子化相辅相成。

卡车司机的流动性主要体现在“有啥拉啥，有活儿就走”。沈阳的吕师傅形容说：“车是跟着物流跑的”，而物流本身是一个流动的场域。（SY－LJY访谈录）举例来说，一个卡车司机老家在A地，因为A地物流业不发达，他会跑去B地找货拉；到了B地，他到物流公司、货站或者通过App找货，如果找到了从B地发往C地的货源，他就拉货去往C地；到了C地，这个货物专线如果是双程，那么他卸货、装货之后再回到B地；如果货物专线是单程，那么他就在C地继续在物流公司、货站或通过App找货，可能找到回B地的货，也可能是到D地的货，找到了什么货他就去什么地方。无论是直接返程回到B地，还是先卸货在D地再回到B地，只有运输结束才算完成了一个货运的循环。然而这只是一个简单的闭合循环，卡车司机真正的劳动过程则是一个开放的无限循环：每一个地点都不一定是固定的落脚点，货在哪儿，人就在哪儿；货指向哪儿，车就驾驶到哪儿。因此卡车司机有可能从B地出发，拉货去往C、D、E、F很多不同的地点，每一个地点都是发散性的指向，流动到全国各地各个角落，甚至是国外。

因此，卡车司机的劳动过程除了具有原子化的特征，还具有流动性的特征。流动性充满了不确定性，也充满了希望：只要处于流动状态，就意味着卡车司机有活儿干，有钱挣；而一旦停滞下来，除非是自己主动休息，否则卡车司机就会陷入焦灼的等待状态。因此即使流动性里充满了不确定性，卡车司机也希望自己是一直流动着的。

3. 不确定性

卡车司机劳动过程的不确定性是原子化劳动与流动性劳动的另一面，也是对原子化与流动性最好的诠释。这份不确定性主要来自路线的不确定性、雇佣司机的不确定性、货源的不确定性、收入的不确定性与支出的不确定性。

第一，运输路线的不确定性。有固定货源的固定线路叫作专线，不跑专线的车通常被称为“野车”，意味着不固定。但是完全的固定专线对于自雇卡车司机来说比例并不高，他们的双程运输常常是，即使去程是固定专线，返程也很可能是不固定的。同时专线会随着市场、季节、环境的变化而有所变化，因此卡车司机的运输路线充满了不确定性：有时候跑专线，有时候是“野车”；大部分时间拉零担，有时也拉整车。一切都围绕货源的具体情况而定。

石家庄的宋师傅是专线司机，专线货源来自自己的亲戚家。他每晚出发拉货到北京，第二天卸货、装货再返回石家庄。他属于线路比较固定的卡车司机，很少跑其他路线。但由于货源越来越少，他拉的趟数也随之降低，影响了收入，因此专线也存在一定的风险。（SJZ－SGJ 访谈录）沈阳的吕师傅从沈阳出发到成都是专线，但也不固定，有货才能走，没有货的时候就需要自己找活儿干：“有零担也有整车。不一定，这个确定不了。回来现在大部分都固定了，直接到那边提前联系一下，有货提前留着，卸完货就装。从成都那边回来拉家具，重庆那边拉百货、拉家具。每次就拉一个地方。这边啥都有，有机床，这个不固定。”（SY－LJY 访谈录）入行时间长的卡车司机会积累一定的经验与人脉，因此得到专线的机会多，找到固定货源的概率也大。

但专线不是所有卡车司机都愿意尝试的。沈阳的曹师傅与妻子小王一起跑车，因为刚买了新车需要还贷，他俩一直跑“野车”，不跑固定线路。“拉货哪儿都跑。我如果在这儿卸货，我可能倒货回长春，也可能在这儿装货去别的地方。我们没有固定的线儿，不一定跑哪儿，哪块儿运价高，哪块儿挣钱多，我就去哪儿。不管是翻山还是越岭，只要给钱我就去。趟数没法儿说了，就是看钱说话。”课题组问他为什么不跑专线，他说赚钱的专线已经饱和，很难进入；而尚未饱和的专线运价太低，他们需要还贷没办法。他们夫妻二人全国各地哪里都跑，还去过越南、缅甸。（SY－CJH 访谈录）

对于大部分卡车司机来说，无论跑专线还是“野车”、拉零担还是拉整车，从哪里出发、去哪里、拉什么货、走什么线路，都存在高度的不确定性。

第二，雇佣司机的不确定性。跑长途的自雇卡车司机，经常要面临是否雇用其他司机的问题。因为开大车、跑长途，一个司机人手不够。但是否雇用司机、如何雇用司机则充满了不确定性。

首先是他雇司机的工资越来越高。由于持有 A2 驾照的卡车司机供不应求，积累了经验的他雇司机皆倾向于自己买车成为车主，物价又不断上涨，因此他雇司机的工资越来越高。除了工资之外，车主还要负责他雇司机再生产的一切费用。石家庄的蔡师傅说如果雇个司机，挣的运费还不够给司机发工资。吃住要都算进去的话，他挣 6000 元钱就需要给司机 4000 元钱。[①]（SJZ－CLW 访谈录）很多雇了司机的车主都反映，收入的大部分都给了他雇司机，车主还不如他雇司机挣钱多，因此即使有雇佣司机的需求，大部分车主也都雇不起司

① 蔡师傅开的是小型卡车，收入没有大车多。

机。成都的徐师傅说："现在找人帮就是钱。"为了省钱，很多车主坚持自己长时间驾车，或者由妻子跟车。（CD – XHJ 访谈录）

其次是不好找合适的司机。自雇的车主如果雇用司机，一般是司机跟自己一起驾驶，而找到一个驾驶技术好、跟自己合得来、负责任、各方面都合适的他雇司机特别困难。淄博的谷师傅曾经雇用过一个司机，因为该司机疲劳驾驶出了交通事故，他就从此单干、不雇司机了。（ZB – GCY 访谈录）石家庄的宋师傅雇用的司机安全意识不佳，不仅疲劳驾驶还经常发生剐蹭等小事故，他调整了很多次都没有办法，只好辞掉司机自己单干。（SJZ – SGJ 访谈录）

最后是他雇司机的流动率很高。淄博的物流公司老板王师傅请了16个司机，他表示他雇司机的稳定性很不好，有的是不适合驾驶工作；有的难以忍受卡车司机的工作强度；还有的在做他雇司机的劳动过程中积累了足够的资源，就自己买车成为车主。"干的年数多了，有一定货源，就自己买车，把老板货源分走了。司机跟货站、装卸工都更熟。"（ZB – WSQ 访谈录）

可见，雇佣司机虽然是减轻劳动强度的重要举措，但是对于大部分自雇司机而言，是否雇用司机、能否雇到合适的司机、雇用的司机是否长期能用，都存在很大的不确定性。

第三，货源的不确定性。货源的不确定性与路线的不确定性是一体两面的问题。卡车司机大部分都会去固定的物流公司、货站找货，在物流公司、货站供货的基础上通过 App 补齐。不过，虽然有固定的物流公司、货站，但并不意味着就有了固定的货源。

卡车司机的工作大多不是计时而是计趟，因而他们的劳动过程被分割成极小的部分，每完成一趟活就都要继续寻找下一趟活，甚至在上一趟活开始时就需要考虑下一趟货源的问题。因此，卡车司机的劳动除了行驶在途，就是四处找货。对于他们来说，时间就是金钱，能在这一趟卸货之前找到下一单货，就不会耽误时间，可以做到效益最大化。当被问及拉什么货时，淄博的张师傅表示："说不定拉啥，差不多就走，不一定，什么合适拉什么。在货站装，啥都有。"（ZB－XZXY 访谈录）确定的货源意味着稳定的收入，货源的不确定就意味着收入的不确定。成都的惠师傅说："开卡车最痛苦的地方就是找货难，最开心就是来一车好货，赚到钱才是最开心的。"（CD－HJ 访谈录）

第四，收入的不确定性。如果询问卡车司机的收入，他们都表示这是一个很难回答、说不清楚的问题，因为他们大概知道每个月的毛收入，但具体到净收入就不好说了。"说不清"和"不好说"是卡车司机面对收入询问时最为经常的回答，这就表明他们收入的不确定性。收入的不确定性来自运价的不确定、工作时间的不确定、运输成本的不确定、劳动过程的不确定，还有之后第五点要分析的，支出的不确定。

石家庄的宋师傅跑专线，按说收入比较固定，但是一年之中有淡旺季[①]，而据他说 2016 年、2017 年全年都属于淡季，之前每年夏天可以拉二三十趟，2017 年只拉了 10 趟，因此收入就大打折扣。（SJZ－SGJ 访谈录）除此之外，各地的运价不同。石家庄的耿师傅总结说，运价跟当地的经济水平有关，例如成都、重庆，贵阳，运价都比较低。耿师傅还认为前几年运价尚可，因为房地产景气、钢铁行业好，需要的煤、焦炭、钢材较多，挣的就比较多。最近几年因为经济不景气、环保标准提高，很多厂家都关停了，货源就少了。（SJZ－GLZ 访谈录）

除了货源的不确定性，造成运价不稳定的原因还有 App 平台配货造成的恶性竞争，以及入行门槛低造成的流入人员增多。沈阳的宋

① "淡季"指一年中商品交易量较少的市场状况；"旺季"指一年中产品产量、销售量增加的时期。

师傅认为，自2013年起运输行业就特别不好干。例如2012年长春到成都的运费是23000元至25000元，2017年的运价是20000元。“为什么现在就便宜了？我也不清楚。就是车多，你不拉，他还拉；他不拉，别人拉。不竞争咋整？待不起啊！都感到车太多了！走到哪里，一等就等好几天。”（SY－SYW访谈录）淄博的物流公司老板王师傅也明显感觉到2017年物流业市场低迷，他认为2017年物流业的从业者能不赔钱就算赚钱了：“运价低，车辆多，货源少，这一段时间又查环保查得厉害。原先淄博一天能出10吨货，现在出5吨货，车辆还是那么多，肯定货就少了。货少了大家还想着不叫车停，还想着运转、跑跑，价格就低。”（ZB－WSQ访谈录）

卡车司机的还贷压力是造成货运市场激烈竞争的重要因素。在车多货少的前提下，还清贷款的卡车司机可以选择拒绝太低的运费，但是那些需要分期还贷的卡车司机压力大、动力足，可以接受较低的运价，于是就把运价水平拉下来了。成都的李师傅告诉课题组，货主或者货代还会随时调整运价，“有个活，上传到网上，给他打电话的人多，就说明车子多；没人给他打电话，说明车少，运价就上去了。货主根据车辆多少降价。现在运费低，车太多”。（CD－LG访谈录）

原则上运价是按照吨/公里数来计算的，再减去路途往返的综合成本。运价也可以按照整车计价，一般是货代给出运价，卡车司机扣除成本和各种支出后认为利润尚可，就会达成协议。沈阳的姚师傅给出详细的解释：“按吨计价，每趟都不超过30吨，每吨价格不固定，视距离远近、货物、行情等而定。像我拉的泡沫板，轻的，就包车3000多块钱、4000来块钱。不一样，它没有固定的，你到近到远不一样的，有400公里的，还有600公里的，还有800公里的。”不同的季节运价也有所不同：“季节不一样，旺季的时候找包车，你就多挣点；淡季的时候，活不好的时候，你就少挣点。”（SY－YR访谈录）卡车司机在运输市场兴旺的时候还可以挑货、拣货，现在则是到处找货，难以逃脱高竞争、低运价并且运价起伏不定的境地。

除此之外，拖欠运费也是造成收入不确定的重要因素，很多卡车司机都遇到过被拖欠运费的情况。运货的两端是异地，距离远，特别容易互相扯皮，使得很多运费无法按趟即时结算。急着还贷的吴师傅说拖欠运费逼得他流过眼泪。（ZB－WJQ 访谈录）淄博的张师傅与卡嫂小杨也被拖欠过运费，他们说运费支付有的是货到付款，有的是需要回单，即把回单寄回后再结账付款。但有些货代收到回单后却表示无钱支付，一直拖欠运费。张师傅夫妇俩有一车运费被拖欠半年，至课题组访谈时仍未支付。张师傅和小杨轮流要账，为了要回 1000 元运费换了 3 个手机，结果对方把 3 个手机号码都设了黑名单，“一打电话就说没钱，找他也说没钱，来回推，三五天、三五天，一直给你推”。（ZB－XZXY 访谈录）对此卡车司机总结出经验：那些说日后打卡的货代基本都存在拖欠的风险，必须面对面支付现金或者即时转账才比较有保障。还有很多货代用油卡代替运费，实际上是把运费打了折扣。运价低、成本高、竞争激烈、拖欠运费这些因素加起来，造成卡车司机收入的极度不确定。

第五，支出的不确定性，“随挣随花”。支出的不确定性是卡车司机经常说的“没办法细算收入”的重要原因。即使运价稳定、收入确定，挣回来的钱也不一定一直留在卡车司机的口袋里，因为需要花钱的地方太多了。

淄博的物流公司老板王师傅为课题组算了一笔物流的账。

> 搞物流没法细算，最多年底算算。你这咋算？算着这个月、这一趟你没罚钱，但是万一维修了，这事儿那事儿的，出险了，你咋算？算细了没法算。车的折旧你也得算。30 万买车，跑上 8 年，回来卖三四万，你那 20 多万就没了。你再平均下来每一趟哪些钱需要花，还有轮胎磨损，一年得换一车轮胎，你再平均到

一趟活儿、公里上，还有每个月的保养，换机油啦，你细算算不了，保险就两三万元一个车。你要算细了，就没钱，不敢算。司机也是，有时候我跟司机说话，我就问："你这一趟挣多少钱?"他说："挣也挣了，落到年底没有了。"算算账也挣钱，就是到最后剩不了钱。(ZB－WSQ 访谈录)

物流公司的这笔账与卡车司机的收支账基本一致。无论收入是否确定，支出是不确定的。支出的不确定性并不是指有时支出，有时不支出，而是一定会支出，只是不确定在哪个环节需要支出多少。也就是说，支出是必需的，但是支出的方式与数量无法预料。课题组总结下来，卡车司机在劳动过程中的支出项目包括：挂靠、折旧、加油、换轮胎、装卸、过路、过桥、走高速、交罚款、保险、保养、维护、修车、审车、验本、吃饭、住宿、医疗，还有许多无法预估的零散消费，每一项都有可能随时支出，因此卡车司机都表示："这件事一时半会儿跟你说不清楚。你跟着跑一趟就明白了。很多花销是看不见的。"(ZB－WJQ 访谈录)

成都的图师傅也给课题组算了一笔卡车司机的账。

我正常情况，1 年挣 20 多万。1 年要买保险，交管理费，还有其他费用，还有车的损耗，现在一个车的折旧费很多。新车 1 个月的折旧 1 万多，我 50 万的新车，1 个月的折旧费是 15000 元。保养费、机油，一个车 1 年换四五次油，有的十来次，一次 1000 多。不光机油，还有内芯要换。保养费 1 年，3 次 3000 元。机油 4 次 25000 元，光保养就要 3 万，这还是新车，还不算轮胎，去年我买了 2 万多块钱的轮胎，一年跑下来轮胎都磨光了。(CD－TN 访谈录)

因为支出不确定，卡车司机需要很多流动资金，因此每人每天都会随身携带大量现金。沈阳的吕师傅每天腰包里都要装 1 万元左右的现金，走一趟高速需要五六千元，加油费也要五六千元，加上路上吃饭、罚款，跑完一趟这些钱就剩不下多少了。他认为开卡车看着挣钱多，但只是活动的钱比较多，随手挣，随手就花了，到最后也挣不了多少钱，并且经常“赚的没有花的多”。（SY－LJY 访谈录）

综上所述，卡车司机的劳动是一个充满不确定性的过程。从起步上路到抵达终点，无论货源、路线、陪同人员、行车方式，还是收入、支出、风险等，都无法确定，并且这种不确定性带来的往往是负面影响。当卡车司机充满不确定性的劳动延伸至与他们的劳动捆绑在一起的日常生活时，他们的生活也变得不确定了：从“在路上”工作，到不确定的“四海为家”。

4. 劳动的复合性：体力、脑力与情绪/情感劳动

从卡车司机劳动过程的描述与分析可以看出，驾驶卡车的工作并不像大家想象的那样简单，也并不是一种“纯体力劳动”。驾驶货运卡车事实上是一个非常复杂的劳动过程，它的复杂性不仅体现在劳动本身的原子化、流动性与不确定性上，还体现在卡车司机劳动的复合性上：在劳动过程中卡车司机不仅需要付出大量的体力劳动与脑力劳动，还需要付出大量的情绪劳动与情感劳动。[①]

什么样的卡车司机是一个成功的司机？淄博的谷师傅回答道：“能吃苦，技术过硬，方方面面，光能吃苦也不行。技术不行也不行，找路、联系货源，脾气还得好。好人不愿意干，孬人还干不

---

① “情感劳动”是美国社会学家阿莉·霍赫希尔德提出来的概念，指的是在互动中管理自己的情感，使得互动中的对方产生某种情感状态的劳动。情感劳动概念发展至今，其广度与深度都有所增加，但是中文翻译仍然不甚确切。本报告借用情感劳动的视角，将“情感劳动”作为互动中对外进行情感管理的指称，而将“情绪劳动”作为内省式的、对内进行情感管理的指称。

了。”（ZB－GCY 访谈录）谷师傅的话特别具有代表性，卡车司机这份工作事实上是综合实力的体现。具体来说如下。

首先，开卡车需要有过硬的技术。半挂车和挂车动辄 10 多米长的车尾，在转弯、倒车、刹车时都需要技术过硬。更何况卡车司机全国各地到处跑，每个地方的路况都不一样，卡车司机的驾驶技术达到一定的程度才可以上路时畅通无阻。除了驾驶技术，卡车司机还需要很多其他的辅助技术，例如找路，虽然现在的导航系统非常便利，但是熟悉路线、降低找路成本、研究路况等仍然要靠卡车司机自己；例如修车，长途车在路上一跑好几天甚至十几天，难免会有小故障、小事故，卡车司机在拼命赶路的前提下需要懂得最基本的修理技术和解决办法；再例如保养车，卡车司机每跑一趟长途都需要对车进行保养维护，这些都是需要技术的。

其次，成功的卡车司机需要有丰富的社会经验与良好的判断力。行车在路上，不只是技术问题，还需要面对非常复杂的社会环境。遇到执法者，遇到偷油、偷货、“碰瓷者”，遇到装卸工，在不同的地域面对不同的规范，卡车司机需要根据自己的社会经验做出当下的判断，因此卡车司机才都认同这一行“有能力的不想干，没有能力的干不了”。出门在外如果脑子不快、嘴拙、跟不上形势，即使可以入行也不一定能挣钱，即不可能成功。所谓良好的判断力主要指的是顺利行车与规避风险。例如沈阳的吕师傅驾驶时非常小心，会时刻注意路上的情况。他告诉课题组有时候只保证自己的行车安全还不够，还得注意来回行走的其他车辆，如果别的司机困了、驾车晃了就得注意不能被影响，需要尽力规避风险。

最后，成功的卡车司机需要有吃苦耐劳的精神。卡车司机常年在路上跑，吃住都在车上，非常辛苦，因此卡车司机必须能“受得了气，受得了累，受得了脏”，才能干得了。淄博的高师傅忙起来一天就一顿饭，一般人都受不了。只有坚韧不拔、吃苦耐劳的人才能把这

一行做得长久。（ZB－GSF 访谈录）

从以上三点可以看出，驾驶卡车是综合性的劳动。它看似简单，其实要付出很多，尤其在大家看得到的体力劳动与脑力劳动之外，还要进行大量的情绪劳动与情感劳动。情绪劳动是向内的，情感劳动是向外的。

卡车司机的情绪劳动最主要的体现在于行车时高度集中的紧张情绪，以及在劳动过程中经历的复杂的情绪混合体，例如孤独、焦虑、委屈等。赶路时，无论长途还是短途，卡车司机都必须全神贯注，整个人的精神都是紧绷着的。他们不仅自己要安全行车，还得时刻注意路况、天气、前后车辆的情况等。因此驾驶卡车时，卡车司机始终处于精神高度集中的紧张状态，这种紧张状态持续的时间长了，就会让他们感到疲惫，不仅身体疲惫，“心”也觉得累，是两种疲劳的叠加。成都的徐师傅叙述得特别深刻：“驾驶时间长了肯定疲倦，睡不好觉，没什么抱怨的，习惯了。卡车司机是什么，抬头是自己的梦想，低头是一望无际的公路。”（CD－XHJ 访谈录）

除了精神高度集中，卡车司机在运货过程中还会向内进行多种情绪劳动，例如忍受孤独、排解焦虑、消化委屈、磨掉棱角等。因为运费低而发愁，戒烟 10 年的梁师傅又开始抽烟。（ZB－LJ 访谈录）沈阳的王师傅已经有半年没回过家了，跑在路上的孤独感无以复加。（SY－WLX 访谈录）找货与等货的焦虑、面对各种风险时的委屈，让他们在劳动过程中不断把自己的棱角磨平，成为原子化的、标准化的驾驶卡车的劳动者。

除了由外向内的情绪劳动，卡车司机在面对不同群体时还要向外进行不同的情感劳动，情感劳动是由内向外的。

对于执法者，例如交警拦车、路政罚款，为了尽可能地少罚或者不罚，卡车司机都需要“说过年话”等。“过年话”是他们的行话，意思是说好话、求情。这样的情感劳动在卡车司机的劳动过程中非常普遍。

对于货代，卡车司机从他们那里找货、拿运费，必须维持良好的关系，尤其对于固定的货代，卡车司机逢年过节请吃饭、出门带礼物是常见的形式。如果货代拖欠运费，即使着急也不能生气，只有采取情感策略才能把运费要回来。卡嫂小王经常负责打电话催运费："催一遍不行，就一遍不行两遍，两遍不行三遍，就说'大姐，麻烦你了，你给我打过来吧！我这儿着忙用钱呢！'就是左一遍右一遍的。欠钱的是大爷。"（SY－CJH 访谈录）

对于装卸工，卡车司机也时常需要讨好和忍耐。常用的讨好策略是说好话、小声说话、给加钱、塞礼物等，就是为了尽快装卸货，并且保证货物的安全与数量。沈阳的吕师傅觉得卡车司机太委屈、太憋屈，装货卸货时得给人家说好话，装卸工才能尽快给装卸。有的装卸工该卸不卸、爱答不理的，"你不拉别人拉"，因此吕师傅都要看装卸工的脸色。（SY－LJY 访谈录）

除此之外，卡车司机还要维护其他各种关系，例如服务区的保安。沈阳的张师傅知道在某个服务区会丢油，就给那里的保安 20 元钱帮他看车，他好睡个消停觉。"我昨天晚上在 TJ 南服务区，我把保安叫来，说给你盒烟钱，你给我看着。保安不要。天没亮，保安来敲门，叫我赶紧走，我不知道啥意思，我就走了，估计是知道弄油的来了。"（SY－ZJW 访谈录）

对于不同场景下、面对不同人群进行的多维度的情感劳动，淄博的高师傅用"忍得了气"来形容。

卡车司机的社会地位很低，要忍得了气：装卸工的气，货主的气，老板的气，都得忍。装卸工对司机，就跟指派自己家的小孩子似的，他们老感觉他们特别牛，但是我们还得笑着脸跟他们说，你得受得了这个气。还有呢，货主："你几点钟到啊！你啥时候来啊！你还到不到这来啊！”你还不能够跟人家急，你得说：“快了，马上，1个小时，半小时。”你只能跟人家这么说，你有什么情况还得跟人家讲，你不能由着性子来，不然就别干了。这就是司机。（ZB－GSF 访谈录）

综上所述，卡车司机的劳动过程有多个环节，异常复杂。从入行、找货到装货、运货、卸货再到下一次找货，卡车司机原子化地流动在全国各地的公路上，他们的劳动充满了不确定性。与此同时，除了付出体力劳动与脑力劳动，他们还需要对内进行情绪劳动，对外进行多维度的情感劳动。因此，卡车司机的劳动是一个综合性的复合型劳动。卡车司机的劳动过程延伸到与劳动捆绑在一起的日常生活，就体现为他们进行劳动力再生产的主要特点：“四海为家。”

三　“四海为家”：生产与再生产的融合

卡车司机的劳动具有特殊性，他们一般吃住都在车上，“以车为家”，即在车上进行劳动生产的同时完成自己的再生产①。因此，卡车司机的再生产被深深地卷入他们的劳动过程当中，并且紧紧围绕着劳动来进行。在这样的前提下，由于卡车司机的劳动是原子化的流动，充满不确定性，因而紧紧围绕着劳动过程运转的再生产也变成原子化的、流动的、充满不确定性的。可以说，卡车司机的生产与再生产紧密地融合在一起，使得他们再生产的特征非常鲜明，即原子化的、流动的、不确定的“四海为家”。

① “再生产”在这里指的是“劳动力的再生产”。“劳动力的再生产”既包括现在一代劳动者体力和智力的不断恢复、更新和增强，又包括新一代劳动力的不断教育、培训和补充。“劳动力的再生产”是社会再生产的基本内容之一。

（一）以劳动过程为中心的再生产：吃饭、住宿与休息

卡车司机在运货的过程中，吃住、休息都在路上。由于时间紧张、条件有限，他们的再生产需求被压缩至最低限度。图 3－10 表明，82% 的卡车司机会选择在服务区或路边摊吃饭，10% 的卡车司机自己做饭，8% 的卡车司机自己带饭。虽然吃饭时有多种选择，但是卡车司机吃饭的时间非常不规律，完全根据路上的具体情况而定。有时到了饭点没有到服务区或路边摊，就先吃零食垫一垫；有时因为赶路，一天都吃不了一顿饭。成都的图师傅表示一顿饭打发一天是经常的。（CD－TN 访谈录）淄博的张师傅有的时候甚至吃不上饭，因为要在货站那边等着卸货，装卸货之后又得赶紧驾驶上路，不舍得在路上耽搁，因为多拉一趟可以多挣钱。（ZB－XZXY 访谈录）

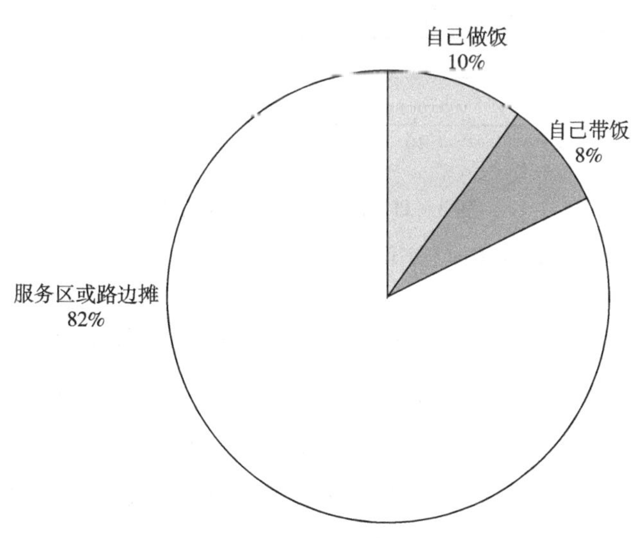

图 3－10　跑长途时吃饭的解决方式

资料来源：2017 中国卡车司机调查。

在问卷中，卡车司机回答跑长途过程中吃饭面临哪些问题时，1779 名司机中有 1485 人次选择了“吃饭时间不固定”，有 981 人次选择了“不卫生”，996 人次选择了“价格高”，695 人次选择了“营养不均衡”，回答“没什么困扰”的仅有 35 人次。将卡车司机所选的所有频次加总、计算分布后发现，选择“吃饭时间不固定”的人次最高，占 35.42%；其次是“价格高”和“不卫生”，分别占 23.76% 和 23.4%；认为营养不均衡的占 16.58%（见图 3－11）。可见，卡车司机最关心的是按时吃到性价比较高的干净饭，而营养是否均衡并不是大多数卡车司机所考虑的问题。

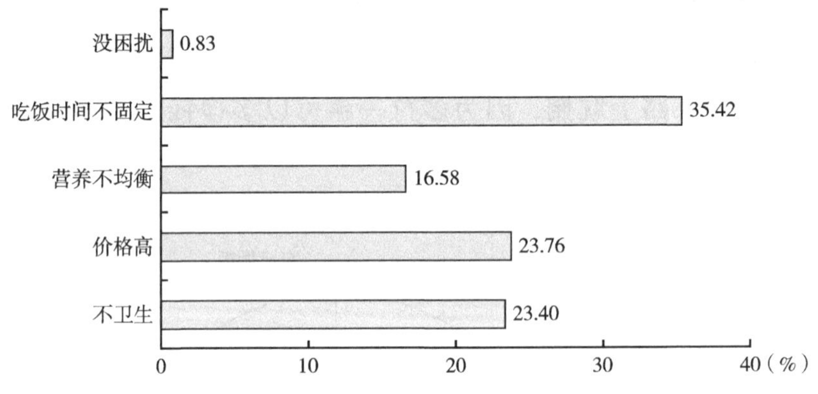

图 3－11　跑长途时吃饭的问题

资料来源：2017 中国卡车司机调查。

根据课题组的访谈，卡车司机对吃饭的要求并不高，但他们的要求还是很难得到满足。沈阳的张师傅在服务区吃饭，吃的是 35 元一位的自助餐。虽然他要求不高，吃饱就行，但是有些服务区餐厅经常是中午的菜没吃完，到了晚上会热了剩菜掺点儿新的继续售卖，所以“拿钱买不到好东西，拿钱买剩菜”。后来张师傅就不在服务区吃了，他在车上带了电饭锅，让妻子做好菜，自己做个热饭，带点豆酱、黄瓜，就吃饱了。他在访谈中称赞了唐山服务区，因为在唐山服务区很安全，不丢东西。那里的饭店还有摄像头，炒的菜有编号，做得不好可以退。（SY – ZJW 访谈录）卡车司机常年在路上，如果某个线路跑多了，就会积累起丰富的地方性知识，例如哪个服务区的饭菜尚可，就会特意行驶到那里去吃饭。

另外卡车司机基本选择在车上睡觉，很少睡旅店或者其他地方。石家庄的张师傅说他跑车跑惯了，在床上睡不着，一年就住了两次旅店。（SJZ – ZSH 访谈录）根据调查数据，跑车时 82.5% 的卡车司机选择在车上睡，14.9% 的卡车司机会选择旅店（见图 3 – 12）。在车上睡一来可以省钱，二来可以省时间，三来可以看车、看货，一举多得。但是必须要指出，这个选择对于驾驶卡车本就非常疲惫的卡车司机来说，意味着他们难以得到彻底的、踏实的、质量高的睡眠和休息。

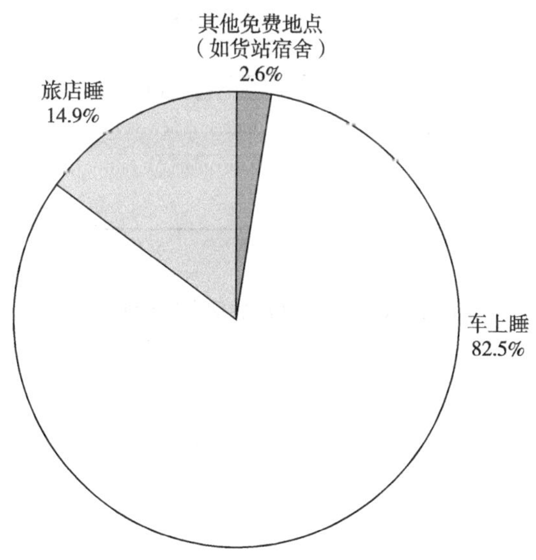

图 3 – 12　跑长途时住宿的解决方式

资料来源：2017 中国卡车司机调查。

关于跑长途时住宿面临的问题，1779 名司机中有 1142 人次选择了“睡眠时间少”，1114 人次选择了“不安全”，还有 822 人次和 803 人次选择了“环境嘈杂”和“住宿太贵”，另有 416 人次选择了“失眠”。将卡车司机所选的所有频次加总、计算分布后发现，选择“睡眠时间少”的人次最高，占 26.14%；其次是选择“不安全”，占 25.5%；再次是选择“环境嘈杂”和“住宿太贵”，分别占 18.82% 和 18.38%；选择“失眠”的人次最少，占 9.52%（见图 3－13）。可以发现，困扰卡车司机住宿的问题很多，但突出的问题是“睡眠时间少”、“不安全”与“住宿贵”。98% 以上的卡车司机都同时受到上述各种问题的困扰。

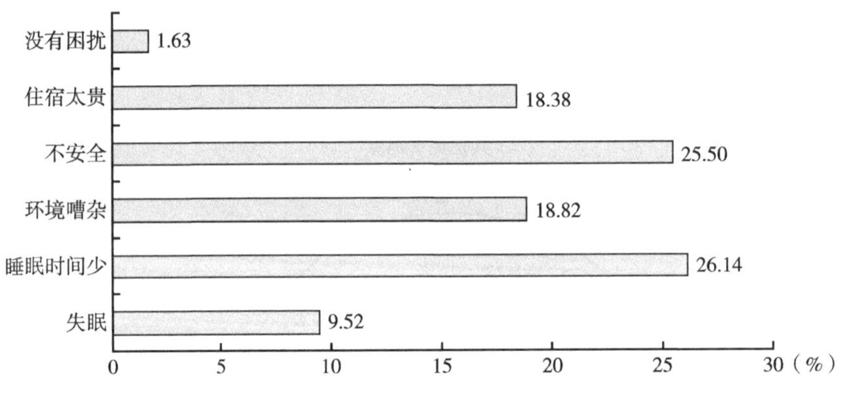

图 3－13　跑长途时住宿存在的问题

资料来源：2017 中国卡车司机调查。

在访谈中，淄博的都师傅总结了卡车司机没办法好好吃饭和踏实睡觉的原因。

> 你这个活儿干完了，下一个活儿就催你。路上带点儿可以，可以带个面包，带个火腿肠。我有胃病，还有失眠，睡眠不好。干物流行业没有容易的，像我们司机和货代，谁能踏踏实实睡？

除非司机把车放回家里了，能踏踏实实睡个觉。跑车的过程中，这一圈下来就是一个月，只有卸完货才能踏踏实实睡一觉。（ZB－XD 访谈录）

除了吃饭与睡觉，劳动力的再生产中还有一个特别重要的问题，就是休息。为了挣钱，卡车司机很少主动放假、休息。日常行车如果是两名卡车司机驾驶，就可以“人歇车不歇”，两个人轮换着休息，但也只能在车上休息；如果是一个人驾驶，那么卡车司机一般会选择开到自己体力能承受的极大值，实在太累了、困了才会休息。休息的方式有可能是在路边儿停下来歇一会儿，也有可能是进入服务区在车上睡一会儿。最重要的是，对于卡车司机来说，大部分休息都是被动休息，而不是主动的、完全放松的休息。

当被问到春节期间可以休息几天时，卡车司机回答的平均数是 13 天，众数是 15 天。也有的司机趁着春节人少反而选择不休息，石家庄的张师傅在春节时只是除夕晚上会回家，正月初一就要上路工作，因为过年期间运费高。（SJZ－ZSH 访谈录）沈阳的曹师傅春节时也不休息，因为即使过年也需要还贷款。（SY－CJH 访谈录）

除了卡车司机，物流业不同环节的人也都很难得到充分的休息。王师傅在淄博开一家小型的物流公司，他在接受访谈时表示，他也从来都不休息。“每天都在仓库看着，没有礼拜六，没有礼拜天，没有节假日，除了春节，回家能歇 10 天。”（ZB－WSQ 访谈录）沈阳的吕师傅默认将不装货的时间视为休息时间，只要有货就要出发，不能休息。“今天不装货今天休息，这个固定不了。你休息的话，说实话，你自己随便休息，你休息一个月也没人管。你自己养车的话，你说把车停在那个地方，你停在那一天 40 元，再加上司机住宿、工资，一天 200 元，你想想？”（SY－LJY 访谈录）可见，卡车司机即使休息，也不是主动休息，而是没活儿干时的被动休息。他们表面上是在休息，事实上是在找货、等货。等货的休息跟真正的休息是不同的。淄博的张师傅说：

> 一个月休息五六天、七八天，但不是自己主动休息，都是没有活儿的时候被迫休息。只要有活儿，肯定不休息。装不上车的时候就等着、休息。太累的时候就休息，休息的时候就在旅馆里睡觉。一般都没休息过，一般是没单子的时候、等着装车，休息休息。孩子放暑假的时候回家玩几天。（ZB－XZXY 访谈录）

沈阳的王师傅也认为等待装货的日子就是休息日，可又不是真的完全属于自己的时间，他从来没有主动放假休息过："这么算的话就没有休息时间啊，没有说这个时间是自己的，除了家里有什么事儿。"等货的休息是一种"随时待命"的休息，并且带着焦灼的心情。

> 心情肯定不一样，等货肯定是着急啊，出去了，没活儿，天天在家待着。等货是咋的呢，这你不知道啥时候他就给你打电话说马上装车。可以说随时待命，随时就得走。你也不可能干别的，等货跟放假不一样。放假你就该干啥干啥去，多远都可以。等货就不行了。时刻都在劳动的状态。自己没感觉，听你这么一说，始终感觉司机在这个状态。（SY－WW 访谈录）

放假与休息对于卡车司机和物流业从业者来说是很奢侈的，尤其是踏踏实实的、完全放松的休息。"在路上"的休息因为是以劳动为中心的，很难算作真正的休息；而等货时的被迫休息更是劳动过程的一部分，而不是生活再生产的一部分。可以说，卡车司机的再生产与生产完全融合在一起了，分不出是在劳动，还是在生活。这是"四海为家"的卡车司机的重要特征之一。

（二）空间与时间的融合

1.“以车为家”：工作空间与私人空间的融合

在劳动过程中，卡车司机的驾驶室就是他们的家。行车路上他们在驾驶室里劳动，也在驾驶室里生活，工作空间与私人空间叠加在一起，达到“以车为家”的境界。

沈阳的卡嫂小王跟着丈夫曹师傅跑车，车上锅碗瓢盆什么都有，据她说就是在车上过日子。吃饭时有时炒个鸡蛋、煮个面，做些简单的饭菜。（SY－CJH 访谈录）淄博的吴师傅说他工作时间很长，一个月干两个月的活儿，有时候“一天一夜在驾驶舱不下来，正儿八经地天天吃和睡就在车上”。（ZB－WJQ 访谈录）淄博的梁师傅一年四季的衣服都在车上，睡觉也在车上，即使到了服务区也在车上睡。（ZB－LJ 访谈录）淄博的张师傅与小杨夫妇的全部家当也都在车上，车里空间很大，上下铺很宽敞，下铺能住两个人。他们洗漱就到服务区，服务区什么都有，“这车跟家一样”。原来他们在物流中心附近租了房子，但后来发现一个月回不去一趟，租金还贵，就不租房了。他们跑车回到始发点时就住旅馆，在路上就住车上，车反而成为他们固定的家：“车跟家一样，都在车上。跑到哪里住到哪里。”（ZB－XZXY 访谈录）

“以车为家”充分地说明了卡车司机工作空间与私人空间的融合，并且揭示出这种融合以工作空间为主、以私人空间为辅，劳动者再生产的需求被降低至最低的满足程度，一切都以工作空间的便利为主要目标。也是借由生产与再生产空间的融合，卡车司机的私人生活被捆绑进他们的劳动过程，成为劳动过程的一部分。

2.“除了睡觉都在驾驶”：围绕着工作时间的私人时间

除了空间，劳动过程中卡车司机的私人时间也被挤压至最低限度。他们跑车时几乎没有自己的私人时间，“除了睡觉都在驾驶”，睡觉也是为了继续驾驶。

淄博的吴师傅跑中长途，他表示除了吃饭的时间，就是驾驶的时间。“这一天到头的，除了装卸货和吃饭睡觉，就是驾驶。每天睡觉的时间4到6个小时，睡不踏实，习惯了。”（ZB－WJQ 访谈录）有妻子陪伴的张师傅跑长途，每天驾驶十几个小时，只有吃饭、睡觉可以停一会儿：“一天到晚地在车上。晚上睡不好，白天吃不好，总是开着车。”（ZB－XZXY 访谈录）

跑车的过程中，卡车司机连同卡嫂的私人时间都是围绕工作时间来安排的：怎样有助于有效利用工作时间、控制工作的节奏、尽快到达目的地，是他们安排所有时间的总目标。“以车为家”与“除了睡觉都在驾驶”交叠在一起，这就是卡车司机“四海为家”的状态：一直在赶路，不知道明天在哪儿，家就是这辆需要一直维持运转的卡车。

课题组问卡嫂小王“四海为家”的感觉是什么，她总结得特别好。

> 说实话，是心里没底的感觉，总在外边儿飘着，其实感觉挺不好。离家越远，心里越不舒服。在外面吃得再好、住得再好，但还是不行，还是家里好。回家睡特别踏实！叫都叫不醒！在外面就不行了，有一点动静、有一点声音立刻就醒！（SY－CJH 访谈录）

可以说，劳动过程的特征已经深深地渗入卡车司机与押车卡嫂的日常生活之中：由于劳动过程的流动性与不确定性，他们的生活也跟着漂泊不定，充满了不确定性，这直接影响着他们的情绪状态以及对于未来的规划和期许。

（三）卡嫂跟车：生产帮工与生活主妇

“卡嫂”是运输行业中一个特别的群体，是这个以男人为主的行业中的另外一个性别，另外一片天空。严格地说，卡嫂有广义与狭义之分：广义上，所有卡车司机的妻子都可以称为卡嫂；狭义上，卡嫂一般特指那些与丈夫的驾驶工作有着直接关联的妻子，例如陪着丈夫跑车、行话叫作“押车”的卡嫂；还有不一定直接押车但帮助丈夫联系货源、从事辅助工作的卡嫂等。押车的卡嫂有的会驾驶，有的不会，大部分押车的卡嫂都不会驾驶而只是陪伴。她们是卡车司机的生产帮工，同时也在“以车为家”的驾驶室中以生活主妇的身份操持着原本在家里就操持着的“家”务。本课题组使用的是狭义的卡嫂概念。

由于课题组访谈到的卡嫂都不会驾驶，因此报告中暂不涉及那些跟丈夫一起驾驶的卡嫂，仅涉及陪车、找货源的卡嫂。还需要特别说明的是，卡车司机群体虽然以男性为主，但仍然有一定比例的女性。这些女性卡车司机的劳动过程具有哪些特点，与男性卡车司机是否存在差异，女性卡车司机与替班、陪伴的卡嫂又有怎样的对比关系等，需要进一步深入的研究，如此才可以把卡车司机的劳动与生活的图景补缀完全。

1. 卡嫂介入

根据问卷数据，卡车司机的配偶中有80.1%是农村户口（参见图2－10），押车的比例为21.4%（见图3－14），不押车的卡车司机的配偶以打工和无业为主（见图3－15）。根据上述卡嫂的定义，本报告研究的卡嫂包括押车的女性配偶与不押车但从事卡车司机辅助工作的女性配偶。

2. 卡嫂的工作

卡嫂押车多半是出于降低成本的考虑，因为身为卡车司机的丈夫

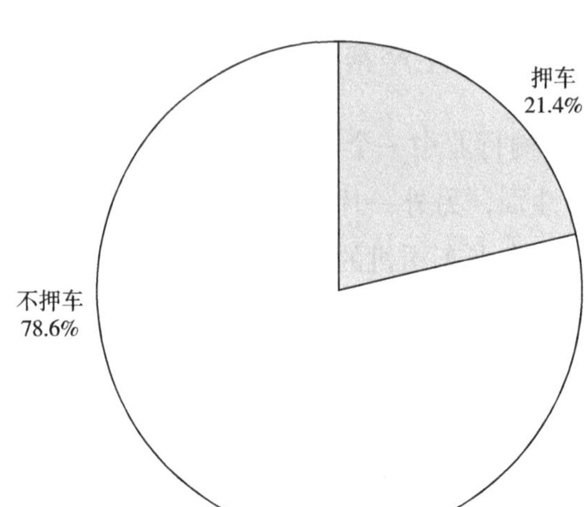

图 3－14　卡车司机配偶的押车情况

资料来源：2017 中国卡车司机调查。

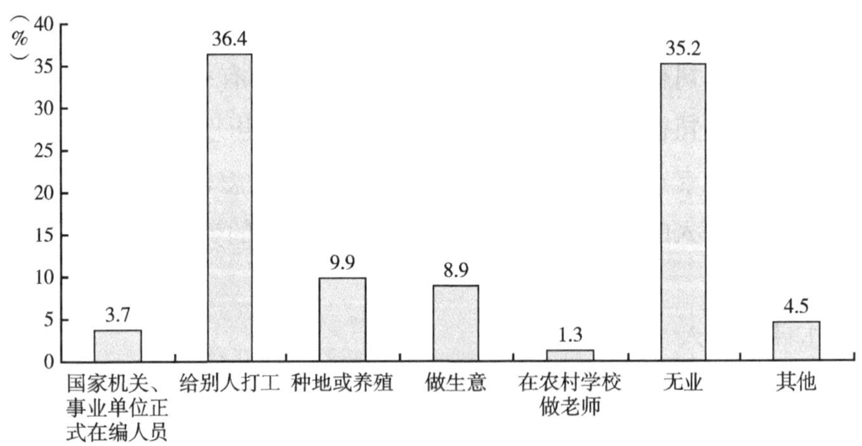

图 3－15　不跟车的卡车司机配偶的工作类型分布

资料来源：2017 中国卡车司机调查。

一个人驾驶卡车顾不过来、太辛苦，又不愿意花高价雇用司机，在这样的情况下卡嫂就会选择陪伴跑车。根据课题组的调查，卡嫂押车首先是出于降低成本的考虑，即经济原因，其次才是情感需求。

淄博的卡嫂小杨跟着丈夫张师傅跑车两年了，他们育有两子，刚开始押车时二儿子只有三岁。跟车之前小杨也已经离开家，带着孩子在张师傅工作的附近区域租房生活，那时一个月他们可以见两三次。买了新车之后他们把孩子送回老家，小杨开始跟车。两个人一年回老家一次，孩子在老家跟着爷爷奶奶。被问到为什么陪着张师傅跑车时，小杨说：

> 不放心。自己一个大车，不放心。我原来也不愿意来，在家看着孩子多好啊。他自己那么长一个车，怕在路上倒车了、走了，看不到后面。我在后边给他看着点。那时候活儿不好，一个月拉一两趟，拉完了找不到货，在那儿吃、住都花钱。

是张师傅提出让小杨跟车的，小杨“没想，直接就跟着来了”。张师傅在小杨跟车之前雇过司机，跑了一个多月，一分钱都没挣，因为运费都给司机了，他雇司机工资一个月就有七八千元。小杨跟车以后，工资就不用发给外人了：“那时候修车带保养车，我一个月弄不了多少钱，几千块钱，是吧？都给司机了。”课题组问张师傅：“不是为了维持夫妻关系，其实是为了省钱是吗？”张师傅回答：“对。现在找个司机一年那么多钱，现在两个人一块干。”小杨打趣道：“为了多挣点钱，把老婆都拉着了，孩子都顾不上看了。”张师傅说他认识的大部分卡车司机都选择配偶跟车，因为雇用司机成本太高。（ZB－XZXY 访谈录）

沈阳的卡嫂小王和丈夫曹师傅育有一个10岁的儿子，她告诉课题组，儿子断奶之后她就跟着跑车了，孩子一直是爷爷奶奶带。小王陪着丈夫跑车的原因跟小杨一样：“他自己跑车我不放心，车太长了！时间长了他也想我跟着上车，我也想上车，孩子就扔家了，爷爷奶奶都能带。有时候半个月能到家一趟，看看孩子。”课题组问为什么不再雇一个司机，他们也说现在他雇司机价格太高，并且他雇司机只管驾驶，费用都得车主付，所以也是出于经济成本的考虑。（SY－CJH 访谈录）

卡嫂跟车，主要的工作内容是工作助理，例如替代驾驶、指路、看路、协助倒车、看货、看车、提水、填单、结算、催款等。也有的卡嫂不跟车，驻守在物流公司找货。成都的关嫂就是负责找货的卡嫂之一，她找好货、谈好价钱之后通知驾驶卡车的丈夫。“给他讲去哪边装，去哪边卸，付款怎么付，给他讲清楚他才知道把单子拿回来。我找不到货就在这里玩，在这里待着。”关嫂一整天都待在物流港里协助丈夫找货，这样丈夫就可以安心驾驶，并且可以提高生产效率：她上午找货，丈夫下午装货；丈夫出发之后，她再接着找第二天的货。（CD－GS 访谈录）

卡嫂的助理工作对于卡车司机的劳动过程来说必不可少，但又较为边缘。例如卡车司机大多有自己的微信群，但是卡嫂一般不会进入这些群：一是因为卡车司机群以男性为主；二是因为大部分卡嫂很少参与卡车司机劳动过程的中心劳动。因此卡嫂在卡车司机的劳动过程中尽管是必不可少的，但只是辅助性的生产帮工。

除了客串工作助理，卡嫂还要在路上、在驾驶室里打理她与丈夫的生活。卡嫂与卡车司机丈夫的分工，大多仍然符合传统的家庭劳动性别分工：“男主外，女主内。”因此可以说，卡嫂的角色既是生产帮工，又是生活主妇，她们还需要照料丈夫的生活，包括陪伴、做饭、买饭、洗衣等，承担着那些她们在家里也需要承担的家务。

成都的关嫂在驻守物流港之前也押过车，往北京送菜。她说她押车的时候晒得很黑，丈夫一个人驾驶 30 多个小时走 2000 多公里，她就给丈夫做饭。（CD－GS 访谈录）沈阳的小王除了做饭、买饭，还要收拾“家”务：“床单被罩枕套，你得经常洗吧？到地方了，像‘司机之家’都有洗衣机，在这儿洗就完事儿了。要直接走那就只能拿车上晾了。在车里边，阳光足的时候放前面全都能干了。跟家一样。你到服务区一看就一目了然了。有的晾衣服的，有的睡觉时候衣服、被罩全洗了。”（SY－CJH 访谈录）淄博的梁师傅也带妻子跟车，她说妻子洗洗衣服、陪着他说说话，不然驾驶一会儿就困。（ZB－LJ 访谈录）

由此可见，即使在路上，卡嫂与丈夫仍然维持着家里的性别劳动分工。课题组问曹师傅决定接哪趟活儿谁说了算，他说：“商量着来，基本上我做决定。我说这趟活儿行就行。她就来回洗个衣服，我睡觉的时候她瞅瞅车，别丢东西。卸货、倒车时候，有时候死角看不见，就下来帮着看看。”（SY－CJH 访谈录）无论生产帮工还是生活主妇，卡嫂都属于边缘、辅助的角色，帮助做卡车司机的丈夫顺利接货、拉货、到达目的地。就像卡车司机的再生产被卷入劳动过程一样，卡嫂的生活与工作也被深深地卷入丈夫的劳动过程。

3. 卡嫂的情感/情绪劳动

作为生产帮工与生活主妇，卡嫂也需要进行情感劳动与情绪劳动，这体现在她对丈夫的情感陪伴，以及她必须要忍受的与家人（尤其是孩子）的长期分离上。

卡嫂跟车虽然主要是出于经济成本的考虑，但她们很重要的一项工作是对做卡车司机的丈夫情感上的陪伴。她们未必需要跟丈夫说太多话，但只要陪在身边，对孤身上路的卡车司机来说就是一种安慰。天天在路上、在车上，小王说她坐车也累，但是如果她告诉丈夫她坐车累，曹师傅就会说：“我开车都没说累，你咋能说坐车累呢？”曹师傅累的时候、困的时候，小王陪着聊聊天、说说话，就能抚平他疲惫的情绪。小王有时想在车上看看下载的连续剧，曹师傅就说：“你得跟我说话呀！你看电视剧我开车，那能行吗？不行！”可见，卡嫂被期待着表现出一种陪伴的状态，而这种情感陪伴本身就是一种劳动。小王说她没办法完全放松，也休息不好，每天睡觉的时间不固定，她的生活完全依照丈夫的工作而运转。（SY－CJH 访谈录）

除了情感陪伴，有时候卡嫂还是丈夫情绪的发泄口。关嫂找货找不好会挨丈夫的骂，但是关嫂表示理解："没找好，价钱没问好，卸货地点没问好也要挨骂的。他自己找的都好，你找的都要找理由的，难听的话不理他就行了，他辛苦一点。"有时候运价低了，丈夫跑一趟没挣到钱，回来也会发脾气，把情绪带到家里来；有时候卸货碰到老板不好说话，丈夫等一天，饭也没吃、水也没喝，也要发脾气；更别说有拖欠运费的时候。承受丈夫的情绪与脾气、给予开导和安慰，也是卡嫂情感劳动的一部分。（CD－GS 访谈录）

卡嫂的陪伴可以在工作与生活上对卡车司机有所帮助，但有时也存在很大的风险。石家庄的张师傅原来带着妻子和孩子一起上路，孩子6个月就跟着他们跑车了，后来出了一次事故，就不敢了。

> 全家人在一个车上，太危险了。鸡蛋不能放在一个篮子里。货运行业夫妻车挺多的，最后一道底线，这也是货运行业不景气催生出来的。能维持运转的话，也不会这样。（SJZ－ZSH 访谈录）

因此，虽然卡嫂押车可以同时解决经济成本与情感陪伴的问题，但大部分卡车司机还是选择不让妻子押车。

卡嫂决定跟车，主要是"不放心"，这包含了跟车的卡嫂和不跟车的司机配偶对于卡车司机这个职业共同的忧虑和担心。关嫂说："时间久了，因为跑长途的在路上安全事故多，你一天不打电话回去，就不知道你在哪里。就像现在，冬天来了，起雾了，青山高速堵了七八十个小时了，那里肯定没有饭吃，大山里吃什么，肯定担心，

又危险。”忧虑和担心，这是一种对内的情绪劳动。（CD－GS 访谈录）

还有一种情绪劳动是跟车的卡嫂独有的，那就是想家，尤其是想孩子。卡嫂跟车，意味着孩子变成了留守儿童，留给家里的老人或者亲戚照料。老人可以照料孩子的生活起居，但没办法管理学习，因此卡嫂跟车的家庭一般会选择让孩子住校或者寄宿在值得信任的人家里，例如孩子的班主任家里。张师傅、小杨夫妇几乎每天都要往家里打电话，他们把大儿子送去私立学校住校，小儿子跟着爷爷奶奶。说起孩子，小杨的眼泪在眼圈里打转。课题组问小杨如果有机会的话是否愿意回家，她答：“哪有机会了？没有机会。只要玩着这个车，就没有机会回家看孩子。我想回去。”（ZB－XZXY 访谈录）小王 2017 年国庆节没赶回家，儿子哭了：“你看人家爸爸妈妈都回家了，你们怎么还不回来呢？你们也不在家陪我，就爷爷奶奶在家！你们经常不在家！”小王表示非常想念孩子：“想孩子，想的时候只能想了，挺着，咋办啊？为了生活，就这样。”（SY－CJH 访谈录）

想家、想孩子对卡嫂的影响比对卡车司机的影响要大。虽然卡车司机也抱怨做这一行没有时间看管孩子，但他们回到家也很少做家务、教育孩子，因为他们与妻子依然是传统的家庭性别分工模式：“男主外，女主内”，由妻子管理家务、教育孩子，他们外出挣钱。卡嫂押车并没有改变这种模式，是卡嫂而不是卡车司机远离了本来应该由她们履行的陪伴与教育孩子的职责，因此远离孩子对卡嫂来说才会更感煎熬。

（四）远距离的亲密关系

卡车司机常年离家、奔波在路上，很少有人能够频繁地回家，只能远距离地维持亲密关系。根据调查，卡车司机平均 15～20 天与家人相聚一次，极大值达到 1 年。课题组在访谈中确实见过 1 年未回家的卡车司机，这对于维持亲密关系来说，是一项很不利的因素。卡车司机大多回家次数少、时间短，维持家庭关系的时间非常有限。几乎所有的卡车司机都表示没有时间管理孩子的教育，一来卡车司机很多都是昼伏夜出，跟孩子的作息时间完全相反；二来即使回到家他们也精疲力竭，没有精力再管孩子；三来如上所述，他们与妻子的分工大多符合“男主外，女主内”的传统性别分工模式，因而教育和陪伴孩子在他们看来不是他们的“分内事”。

石家庄的宋师傅是一位尽责的父亲，但是缺乏足够的时间维系亲子关系，他只能利用有限的时间陪伴孩子。“尽量管吧，平时回来的时候他就在睡觉了，早上我看他一眼睡觉的样子，就走。”他说妻子也会抱怨他在家就天天躺着，也不干活儿。（SJZ－SGJ 访谈录）淄博的吴师傅每月干活二十七八天，不怎么休息，好几个月才能回家一趟。跑车的时候路过家里，可以在家里睡一晚，但是到了家也只是睡觉，不干别的。因为到了家里，踏实了，更困。他对孩子的情况、学习都不甚清楚，打电话跟孩子也说不了什么，好几天打一次电话，跟孩子有些生分。“难受，没法儿。”有一次跟孩子聊微信的时候，孩子说：“我都把你忘了，爸爸。”吴师傅说起这个，一直在叹气。（ZB－WJQ 访谈录）成都的图师傅一个月回家 2 次，孩子们跟他一点儿都不生疏，他一回家，孩子就对他非常好，趴在他身上。但是他一离开，孩子就像他不存在一样，说明孩子也适应了他工作的节奏。（CD－TN 访谈录）沈阳的潘师傅每次回到家都临近半夜，如果有货第二天就又要离开，在家的时间特别少。他表示妻子和女儿也没有意见，因为从女儿出生起他就是这种工作模式，她们已经习惯了。但是每次天黑了，女儿仍然会问他为什么还没有回来。（SY－PK 访谈录）

远距离维持亲密关系，并不是一件容易的事，更何况卡车司机并没有太多的时间与精力去刻意维持。他们的妻子虽然偶尔抱怨他们离家多、回到家什么也不干，但是对他们的工作还是可以理解的，不然不会有这么多卡车司机持续从事这项工作。当被问到长时间不在家、妻子是不是有意见时，沈阳的王师傅说妻子也盼着他出来挣钱，有钱了，生活能富裕点。为了鼓励他，妻子每天给他发外孙的视频。他每个月给妻子6500元，自己留1000元。（SY－WLX访谈录）卡车司机的配偶们大都知道，卡车司机跑车是为了养家，无论房贷、车贷，还是赡养老人、抚育孩子，都是作为卡车司机的丈夫一趟一趟拉货把钱挣回来的，因此虽然卡车司机没有足够的时间维持亲密关系，但配偶也大多可以体谅。由此可以看出，远距离地维持亲密关系虽然颇有难度，但仍然不影响卡车司机家庭亲密关系的本质。

四　“男性气质”：伴随艰苦工作的文化符码

在物质生产活动中，总有一些工作以男性为主，甚至是为男性所专有的。这种特别凸显性别劳动分工的职业包括矿工、建筑工和炼钢厂的炉前工等，机械行业的锻工等也属此类。它们都是重体力劳动的职业，劳动强度大于大多数其他工种，很多职业还伴随着很高的技术要求。卡车司机也应当算是其中的一种。

在课题组发放的问卷中，关于性别比例的数据反映了卡车司机这一职业的性别特征：它是一个以男性为主的职业。在1779个样本中，男性占比为95.8%，女性占比仅为4.2%（参见图2－1）。男性占据绝对优势。

卡车司机的职业伴随着一种特有的“男性气质”[①]。最为广义地说，“男性气质”是男性所特有的性格和行为。在以男性为主的职业中，通常会形成这样的“男性气质”，其与劳动过程密切交织在一

---

① 自澳大利亚社会学家瑞文·康奈尔在20世纪90年代写作《男性气质》一书以来，“男性气质”业已成为社会学、性别研究等领域中的重要概念。本报告在此借用了康奈尔的若干概念。

起，从而构成此种工作的特殊文化符码。传统上，人们往往会用有力量、顽强、阳刚、勇敢、果断一类词语来描述这种气质，以与柔美、温顺、贤惠等“女性气质”区别开来。卡车司机的工作与生活特别清晰地表达出这种“男性气质”的文化符码。

在卡车司机中，“男性气质”通过劳动过程中三个划界标志而凸显出其不同的维度。这些划界标志是伴随着卡车司机的各种活动，以近乎天然的方式构造出来的。

（一）第一个划界标志：“支配型”男性气质

卡车司机在驾驶工作中呈现出的高技术、强体力和勇于面对风险、处理各种事故的能力，是其男性气质得以构造的第一个划界标志。

驾驶载重卡车是一项既需要技术，又需要体力的工作。载重卡车车身狭长，例如 17.5 米的大板车，其长度已接近一节火车车厢的长度；载上货物以后，货物重量加上卡车自重，总重量往往能够达到数十吨之多。长度和重量都会提升驾驶的难度，操纵起来实属不易。这就需要把娴熟的驾驶技术、在长期跑车中所形成的经验和窍门，以及强大的体力结合起来才能实现。实际上，很多司机在入行以后，要经过多年的历练，才能掌握驾车、倒车、转弯等方面的技术，从而顺利地独立驾车行驶。

在男性的卡车司机眼中，这样的工作要求根本就是女性难以企及的。在访谈中，很多男性卡车司机谈到这一点。当淄博的吴师傅被问到是否有熟识的女性卡车司机的时候，他答：“见过女司机，但是很少见。女的驾驶咋地也不行，有时候处理情况处理得不好。现在车多快，车也长，光车斗就 13 米。开车高度紧张，精神绷着。我在外面很少见女司机。A2 证也不好办，光学费就 1 万多。”（ZB－WJQ 访谈录）在他看来，车形大、车身长、车速快、难以驾驭，是这个行业拒绝女性参与的主要原因。

在高速公路上处理车辆故障、修理车辆，需要一定的体力与熟练的技术，这也成为男性卡车司机眼中女性不宜入行的一个约束条件，因为女性的修车技术“一般不过关”。（ZB－XJS 访谈录）此外，女性应付紧急情况、排除各种事故的能力不足也是一个原因。淄博的谢师傅认为：开大车，碰到紧急情况，需要司机有好经验、好技术来化解困境，而女司机一般没有能力处理此类情况。

同时，女性体力不如男性也是一个原因。沈阳的王师傅表示：“这个职业不适合女性，体力肯定也是一方面。”在王师傅这样的男性卡车司机看来，这个职业的体力要求是女性望尘莫及的。（SY－WW 访谈录）沈阳的曹师傅夫妇一起跑车，但妻子小王只是陪伴，驾驶的都是曹师傅：“一上车就是两天两宿。一直跑不停的话就是两天两宿；中间要停的话，就是两天三宿了。”长途货运要求卡车司机长时间驾驶车辆，身心之疲劳可以想象。曹师傅认为，如此漫长的行车旅程只有男性才能熬得住。（SY－CJH 访谈录）此外，在当今条件下，为了多拉快跑，卡车司机不仅要驾驶车辆，而且往往还要把自己变成装卸工的一员，直接参加装卸货物的劳动。淄博都师傅的话特别清楚地表明了这一点：“女司机？干这个行业男人更方便些。因为性别啊，性别上总觉得女人做不如男人做，最起码男人是力气型的嘛，装装卸卸的，还得跑长途。需要帮忙的时候她们没那么大力气啊。”（ZB－XD 访谈录）和装卸工一起装卸货物，女性显然“没有那么大力气”，承担不了这份劳苦艰辛。

还有很多男性卡车司机认为，女人一般天生胆小，而胆小就开不了大车。课题组在淄博访谈了一对卡车司机夫妇：司机张师傅与卡嫂小杨。据这对夫妻介绍，在路上也“遇到过女司机，不算很多，都是两口子。一般的媳妇儿也会开。见过开车，但是不多。”至于他们自己，小杨就不会驾驶卡车，她自己说：“坐着行，不敢开。吓人。”

（ZB－XZXY 访谈录）另外一位卡车司机曹师傅解释他的妻子小王为什么只跟车而不开车时说：“小王为啥不学开车？不敢啊，车太长了！”（SY－CJH 访谈录）

如果说上述各种原因是男性卡车司机认为女性不宜入行的客观原因，那么，认定这个职业拒绝女性，还有主观原因，即来自男性卡车司机自身的考虑。防范风险、爱护亲人、避免家人陷入险境，是卡车司机拒绝配偶、拒绝女性参与驾驶工作的一个重要考虑。沈阳的吕师傅说：“女司机？见过几个，不太多。我是不让我媳妇儿去开。风险高，最主要就是风险高。不是说跑长途，而是说开货车有危险。我跟我弟说，最好家里人、小孩儿啥的不让上车。危险性太大。”（SY－LJY 访谈录）在吕师傅的眼中，女人跟孩子一样，都是需要由男性特别给予保护的。对公路货运业来说，保护就是避免把她们卷入运输驾驶的劳动过程，从而使她们从根本上成功地躲避风险。

当然，任何以男性为主的职业也都绝不是没有例外的。石家庄的乔师傅告诉课题组，虽然“基本上没有女性卡车司机，但我们队里有一个女司机，丈夫不知怎么得了尿毒症，两个女儿正在上学，家里有公公婆婆，娘家有爸妈，家里没有收入来源，妻子只能开卡车挣钱养家。人家自己跑湖南专线、湖北专线”。（SJZ－QH 访谈录）这就说明，偶尔出现例外的、跑长途的女性司机是可能的，但是男性司机都会以奇怪和怜悯的眼光看待跑长途的女司机，因为女司机入行毕竟不为人所常见。乔师傅说的这位女司机是家庭遭遇变故、陷入困境后不得已而为之，而绝不是卡车司机职业的常规形态。常规形态就是：这份职业拒绝女性。

总体来说，站在男性卡车司机的立场上，考虑到技术、体力、处理事故等方面的能力要求，考虑到女性自身的若干特点如天生胆小等，以及努力避免妻小卷入风险的保护意识，他们坚决地认定：卡车司机这份职业，特别是长途货运业的卡车司机，从根本上说就不适合女性来做。这些主客观因素的互动，构成了第一个划界：在卡车司机职业与女性之间掘出一道深壕，使女性难以逾越，使该职业基本上成为男性的天下。而男性在处理这些难题时展示出来的某些长处，又直接成为构造卡车司机性别意识的客观基础。卡车司机在谈及这类问题时，常常情不自禁地流露出自认为优于女性的骄傲和强烈的荣誉感："支配型"男性气质由此得以彰显。

因此，当被问到"您觉得女性适合从事这个职业吗"的时候，沈阳的王师傅毫不迟疑地答道："怎么说呢，女性怎么说都没有男的反应快、干得好。"（SY－WW 访谈录）

（二）第二个划界标志："共谋型"男性气质

与车间工人不同，卡车司机的劳动过程镶嵌于社会空间之中。货运司机的工作场所是公路，他们日复一日、需要频繁打交道的，并不是自己的工友或直接的管理者，而是交警、路政、城管、货代、装卸工、旅店老板和服务员、小饭店经理、商场和小卖部的售货员、高速公路服务区的服务管理人员以及途经城乡时遇到的各色人等。从这个意义上可以说，卡车司机的劳动过程同时也是一个不断地"与人奋斗"的过程。复杂的工作环境和涉及的各色人等，使得要做好卡车司机这份工作，除了必须具备高超的驾驶技能、强健的体力体魄和处理各种意外事故的应变能力之外，还特别要具备"与人奋斗"的能力。掌握处理劳动过程中各种复杂人际关系的策略和手段，构成卡车司机男性气质的第二个划界标志，从而表明这份职业"唯独适合男性"。

卡车司机对这种在劳动过程中需要不停地与各色人等打交道的状况有两种不同的看法。一种看法是乐观主义的，把这种状况当作一种人生乐趣。淄博的高师傅这样说："开卡车比较开心的地方是：我比较喜欢热闹，开车能够见各种各样的人，和各种各样的人打交道，包括装卸工、货主，这个挺好呢，还能聊聊天。”（ZB－GSF 访谈录）高师傅“喜欢热闹”，乐于与不同的人打交道，也善于主动地调节各种人际关系。

另一种看法则是把需要与各色人等打交道当作不得已而为之的事情，当成一种精神上的困苦和负担，而其根源则在于卡车司机的社会地位不高，要屈从于不同社会群体。淄博的张师傅说：“卡车司机的社会地位很低，这个卡车司机要忍得了气，装卸工的气，货主的气，老板的气，都得忍。你不能任着性子来，你要任着性子来，那别干了。这就是司机。”（ZB－ZCL 访谈录）张师傅认为与人打交道是一件要不停地“受气”的事情。由于社会地位低下，卡车司机在与人打交道的过程中总是处于弱势的一方，受人宰制，因此要“忍得了气”。

但是，无论是当成乐趣也好，看作负担也好，卡车司机在处理劳动过程中遭遇的各种人际关系时都必须运用相应的技巧。根据访谈资料的总结，课题组将这些处理人际关系的技术概括为三项：“说过年话”的技巧；话语、人情与物质激励的配合；以及软硬兼施的手段和策略。卡车司机针对不同的人群，处理不同的事件，交替使用这三项技术，以应对不同的事项并有效化解困局。这三项技术的核心是“分寸感”，即言谈举止、待人接物时都必须掌握“拿捏分寸”的能力：在不同的情境下，卡车司机的言辞行为皆需张弛有度，能屈能伸，收放自如。而长期跑车积累的经验、敏锐的判断力和遇事不慌的沉稳心态，则是构造三项技术的基础。

第一种技术即“说过年话”。卡车司机在论坛上交流经验时，常说到在某地碰到了执法人员，跟对方说了几句“过年话”，就把事情“圆”过去了。卡车司机所说的“过年话”，大抵相当于人们通常所说的“说软话”、“说好话”。说好话或者说软话人人都会，在日常生活中当人们因某事而碰到强者时，常常不得不说些好话、软话，以求尽快化解矛盾，避免演化为冲突。但是，如何说软话并且说得恰到好处，却是一件很复杂的事情，有一定的技术要求。卡车司机面对的强者，往往首先是交警、路政，即代表权力的执法者。当卡车司机遭遇交警、路政，而自己又确有把柄握在对方手中，例如自己的车超载、超限，因而面对处罚时，如何通过“说过年话”一边认错，一边乞求执法者多加谅解、放宽处罚标准，以免自己受损或者是将损失降到最小，对卡车司机来说是一种必备的技术，并且卡车司机需要经常使用这一技术。

课题组访谈过的卡车司机，无论是刚入行不久的新司机，还是在货运业闯荡日久的资深司机，几乎都遭遇过交警、路政的处罚，人人也都或多或少地掌握“说过年话”的艺术。但是，“说过年话”也是有条件的，不是所有的场合都可以通过“说过年话”解决问题。从对资深司机的访谈中，可以看到，观察和判断执法者的态度是决定能否“说过年话”的最重要的条件：“黑着脸”过来的，多半是直接开罚单；“笑眯眯”过来的，才可以通过“说过年话”来“对付对付”。一般来说，“说过年话”要达到的基本目标是罚钱而不扣分，这是因为罚了钱还比较容易挣回来，罚了分可就麻烦了。驾驶证上的12 分若被罚尽扣光，那就完全丧失了上路的合法性，而不能上路就意味着被剥夺了全家的生计来源。因此，卡车司机总是想方设法不被扣分。一旦分被扣多了，就得通过“买分”来弥补，而“买分”是一项复杂得多的“系统工程”，要动用更多的人脉和物力，所以并非上策。淄博的谢师傅说：“有时候超重了，本来罚 200 元，扣 3 分，跟交警、路政说说，罚钱不扣分了。”（ZB – XJS 访谈录）谢师傅通过“说过年话”达到了“罚钱不扣分”的目的。

第二种技术涉及如何与货场的装卸工打交道。还是谢师傅告诉课题组，凭他的经验，跟装卸工打交道也需要有不同的策略和说辞，因地而异，因时而异，因人而异，是一件非常“难弄”的事情。一般来说，在和装卸工打交道时，为了能使装卸工把货装卸得又好又快，卡车司机就要动用各种资源和技术，例如跟装卸工们“说话要和气，黑着脸不行”；必要时自己得下手，跟装卸工们一起干活，这样不仅能够加快进度，而且表示出与装卸工同甘共苦，能用自己的“面子”“拘”住装卸工；最重要的是还得适当“表示表示”，天热了给买水喝，干活时给塞包烟，到饭点时供应盒饭，最直截了当的就是给点钱。（ZB－XJS 访谈录）通过这些包括言说、人情和物质激励的技术，把装卸工伺候好了，调动起来，他们才会保质、保量、按时地完成货物装卸，使卡车司机得以顺利地进行自己的工作。

第三种技术是卡车司机在处理“碰瓷”和“偷窃”时，也需要有非常巧妙的处理技术。关于“碰瓷”，最典型的就是前述淄博的谷师傅在 CX 区处理的案例。一个“碰瓷”的人趁着谷师傅的车转弯时，把一辆破自行车塞到卡车的后轮下。自行车被压瘪了，人还佯装受伤，周围迅速围上几个年轻人，嚷嚷着要求谷师傅带“伤者”去医院。谷师傅下车后，首先迅速判断了事件的性质，认定这是一起“碰瓷”事件，并且明确地告诉他们：“你们就是一伙‘碰瓷’的”；然后直截了当地问：“你们要多少钱？我要看看能不能承受”；最后告诫他们：“如果你们漫天要价，那就只有报警。”谷师傅这一席话可谓软中带硬：“你们是‘碰瓷’的”，根本就属于无理取闹，一下子把对方置于极不光彩的境地；“你们不就是想弄点钱吗？少了可以，多了不行”，这就亮出了底线，表明可以少量地给点钱，以求息事宁人，自己能够尽快上路；“你们要是不依不饶，那就报警”，这是提出最后的法律解决手段，从根本上抑制对方。谷师傅的话压住了这帮“碰瓷者”的气焰，很快平息了事端，结果是给他们 300 元赔付自行车了事，然后继续赶路。谷师傅之所以宁愿花点钱也不愿意花费更多的时间纠缠此事，是因为卡车司机总是在急着赶路，对他们来说时间才是头等重要的。（ZB－GCY 访谈录）在这里，准确地判断状况，明确双方的优势和劣势，说话时该硬则硬、当软则软，硬话说过之后再适当地给予经济补偿，是谷师傅处理“碰瓷”事件中体现出来的几个原则，体现出谷师傅的冷静、果断和魄力。

在很多情况下，卡车司机并不是都能采取软硬并举的均衡措施的，更多的是采取“避让”的策略。“避让”就是一种“软”策略，它体现出来的是“隐忍”，即前面张师傅所谈到的各种各样的“忍”。为了达到安全、平稳、迅速运货的根本目标，卡车司机在处理各种各样的偷窃行为时，往往就采取了隐忍这种“软策略”。

据卡车司机反映，这些年在路上丢油简直成了家常便饭。每个卡车司机每年都得碰上几次丢油的事情。那些被卡车司机蔑视地称为“油耗子”的偷油贼们驾驶车辆出没于高速公路的服务区，趁卡车司机睡觉之际撬开油箱，偷窃油料，往往仅用 5 分钟的时间就能把价值 2000 元的一大箱油抽走，偷得干干净净。因此，如何防范偷油成了卡车司机的一件大事。面对偷油，卡车司机一般都采取了隐忍的“软策略”。淄博的梁师傅告诉课题组，专事偷油的都是服务区周边的当地人。他们偷油很猖獗，往往开着较好的车，如别克商务车等，内装专用偷油机械设施，在服务区里明目张胆地行窃。发现有贼偷油后，卡车司机往往只是把他们轰走了事。按照梁师傅的说法：“发现了也不能下车，下车揍死你。现在是你下车把小偷打坏了，你就跑不了。你打小偷，你就别走了，全村的人都来收拾你。”（ZB－LJ 访谈录）按照梁师傅的说法，跟偷油贼们不能硬碰硬地干，因为“强龙不压地头蛇”，服务区在人家的地盘上，一旦发生直接的冲突，即使卡车司机占理，也会惹出很大的麻烦。

除了偷油外，卡车司机在路途上还会碰到其他的偷窃事件，例如偷货、偷钱，甚至直接卸走卡车零件。为防止由这些盗窃现象引发的损失，同时保证卡车司机自己的人身安全，卡车司机必须具备审时度势、迅速判断情势的能力，及时调整自己的策略行为，加以应对。因为卡车司机在路上，都是人在异乡，所以一般都避免采取过分激烈的行为。对付偷窃，一般是驱赶其离开就算达到目标，只要没有把油、货偷走，就算万事大吉，卡车司机往往自行驾车离开了事。有的卡车司机到了停车场或者服务区，干脆付给保安10元、20元辛苦费，请保安帮忙照看车辆，这样自己就能安心睡个好觉。沈阳的张师傅所到之处，一般就是如此行事。（SY－ZJW访谈录）不过，如果是大宗钱、货被盗，那就要报警了，虽说报警一般也很难把丢失的货物钱财寻找回来。表面看来，卡车司机的行为有些忍气吞声的味道，表现出他们的弱势；但细细品味，从他们的言谈话语中却可以看出，他们的这些做法，完全是出于理性分析的结果，而不是本性上的懦弱和无原则的服软。昔人有云："匹夫见辱，挺身而起，拔剑而斗，此不足为勇也。"面对各种复杂状况，能够沉稳应对，用卡车司机的话说就是"忍得了气，吃得下亏"，冷静地寻找合乎理性、损失最小的解决方式，最终完成自己承担的运输任务，才是根本目的。即使在自己占理的时候，也应尽量避免发生直接冲突，要圆润妥帖地处理各种关系和事件。

综上所述，由于卡车司机的劳动过程是在社会空间中展开，其贯通于公共空间的诸多环节，会遭遇各色人等，因此，如何处理劳动过程中复杂的人际关系就成为他们的工作技巧之一。正是在与各色人等打交道的过程中，他们身上特有的机警、沉稳、理性、娴熟、自信的品格才体现出来，他们驾驭和处理此种事项的策略行为能力，构成了所谓"共谋型"男性气质的划界标志。

（三）第三个划界标志："家长型"男性气质

根据课题组取得的样本来分析，已婚的卡车司机毫无例外地构成家庭的经济支柱，他们的收入往往成为家庭经济的唯一来源。

问卷数据表明，卡车司机年龄偏高，平均年龄36.6岁，其中

52.1%的卡车司机年龄在31岁至40岁之间，29岁至44岁的青壮年占77.4%（参见图2－2）。年龄偏高的特点又意味着绝大多数卡车司机都处于已婚状态：已婚比例达到89.4%（参见图2－3）。同时，由于卡车司机中农村户口居多，其子女数量往往也就多于城市中的核心家庭：卡车司机家庭多为两个或两个以上子女，二者合计占到卡车司机家庭子女比例的55.6%（参见图2－8）。

如前所述，在卡车司机的配偶中，跟车的比例只有21.4%，这就是说，78.6%的卡车司机配偶是不参与卡车司机的货运工作的。不跟车配偶的工作状况是："无业"、"种地或养殖"和"给别人打工"三项合计占到81.5%（参见图3－15）。其中，无业基本意味着没有收入，而种地或养殖和给别人打工，在当今的条件下显然不可能有很高的收入。这就表明，卡车司机的收入往往成为家庭生活的主要来源。

卡车司机在家庭生活中承担着许多责任与义务。例如，锦州的王师傅是家中老大，家里兄弟四个，当年他给别人开卡车挣的钱都交给了父母。父母用自己的存款和他驾驶卡车挣的钱，给兄弟四个盖了两个小院，两个兄弟共住一个院子。现在尽管他已经当了爷爷，房子也翻修过，可他还是住着那个小院，而他们的父母由四个兄弟轮流赡养(SY－WLX访谈录)。

沈阳的姜师傅也与父母同住，需要照顾年迈体弱的父母；（SY－JXQ访谈录）沈阳的王师傅2015年购了房，现在除了车贷，还有很沉重的房贷负担；（SY－WJS访谈录）淄博的吴师傅孩子小，上学有很多花费，他说："收入主要用于子女，老人花得很少。跟城里的不一样，老人现在还在放羊。"（ZB－WJQ访谈录）如果碰上老人生病、孩子转学之类的特殊事项，那就更得指望卡车司机的收入。即使孩子长大了，也有数不胜数的花费。成都的强师傅直截了当地表示，出来驾驶，就是为了"养老婆孩子嘛"。强师傅有两个孩子，一个 30 多岁，一个 20 多岁，本来以为孩子大了不用家里花钱了，可是强师傅表示，孩子“要上大学，要结婚。小的孩子在上大学”。要把孩子供养到大学毕业以后，还要找工作、成家立业，这些无疑都需要经济资源，只有靠强师傅驾驶卡车来挣钱。（CD－JJR 访谈录）

对于卡车司机来说，养家固然是主要的责任和义务，但除了养家之外，卡车司机也绝不亏欠自己。很多人在生活上大手大脚，自己的花销也占了收入的很大一部分。成都的李师傅就这样说：“去工厂打工挣钱太少，还不够现在吃的，卡车司机一般吃的还可以，想吃肉就吃肉，想喝酒就喝酒，驾驶这么多年吃喝已经习惯了，要是在工厂那几千块钱，光吃喝就没了。我们这一般两人吃顿饭不怎么好，也得 100 多块钱。”（CD－LG 访谈录）

无论如何，卡车司机都成了其家庭经济的顶梁柱。也正是这个原因，使得卡车司机在家庭结构中成为权力中心。他们承担了养家糊口的责任，同时也牢牢地掌握着家庭的权柄。他们是家庭生活中无可置疑的家长。家庭中的小事可以不问，但是大事必须做主。可以说，主要由卡车司机供养的家庭生活构造了他们的“家长制”男性气质。

综上所述，在卡车司机的劳动过程和日常生活中，自始至终贯穿着一种独特的男性气质，这种气质包括：基于高技术、强体力和应对风险与处理事故等能力而建构起来的“支配型”男性气质；基于妥善处理劳动过程中复杂人际关系而建构起来的“共谋型”男性气质；基于养家糊口、成为家庭经济主要支柱而建构起来的“家长型”男性气质，这三重划界标志将卡车司机这个职业牢固地界定为男性专属的职业。反过来说，三重划界标志烘托出的男性气质也支撑着卡车司机扛住艰辛困苦的长途驾驶工作，使他们得以坚持下来。需要说明的是，这种男性气质并不是通过一次划界就一劳永逸地建立起来的，划界存在于每一天的劳动和生活过程之中，是一个循环往复、不断发生的过程。日复一日的日常驾驶、处理事故、应付处罚、努力防贼、呵护家人，所有这些活动都是在不知不觉之中进行划界的。正是在这些反复发生的劳动过程和日常生活中，卡车司机的男性气质得以建构起来并得到循环往复的再生产，反过来男性气质又深深地浸透于他们的劳动过程之中，生成为一种文化符码。

五　“虚拟团结”：以互联网为手段的团结机制

（一）卡车司机使用智能手机与互联网的基本功能

如前所述，卡车司机普遍使用智能手机，很多人甚至拥有两部手机。图3－16表明卡车司机日平均手机上网的时间为4.44小时，可见卡车司机对手机和互联网具有很大的依赖性。

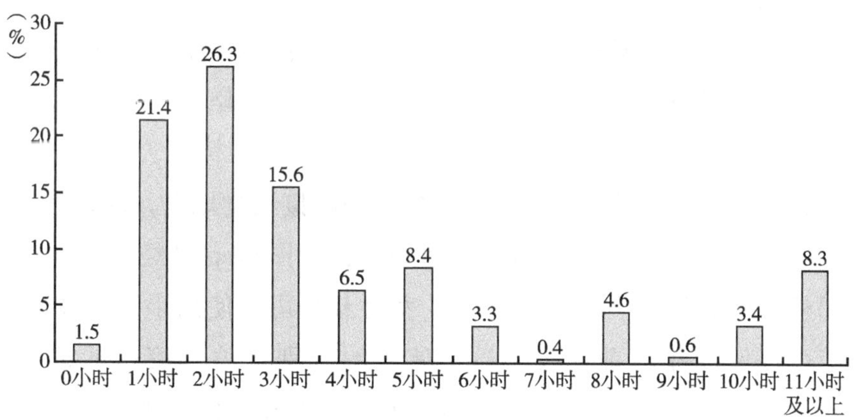

图3－16　每天使用手机上网的时间分布

资料来源：2017中国卡车司机调查。

问卷数据表明，网络找货、定位导航、呼叫救援、朋友互动、消磨时间和联系亲友，是卡车司机使用智能手机与互联网的六件主要事项。前三项属于与劳动过程相关的事项，后三项属于与生活过程相关的事项。

就与劳动过程相关的三个事项而言，卡车司机使用智能手机，第一就是用来上网找货。随着互联网的发展，出现了诸如“运满满”“货车帮”、“陆鲸”等货运 App，大量的货运信息被上传到网上，这种变化使得卡车司机在找货时有了更多的选择：除了到物流港找货和依赖货代之外，通过手机上网找货也成为一条重要途径。淄博的龚师傅说：“货源得自己找。自己有一些老客户。然后有时候还从软件上找，有那个‘运满满’、‘货车帮’、‘陆鲸’这些软件。”虽说通过 App 找货是近些年才兴起的，但已经起到了越来越重要的作用。据龚师傅反映，卡车司机通过物流港与手机 App 找货的占比不确定，有时线下的老客户货多，有时网上的 App 货多，但一般都是线下没活的时候才从 App 找活。总体来说，老客户的货运价较高，App 上的货运价较低。（ZB－GSF 访谈录）

第二，卡车司机在工作中经常借助智能手机来进行导航与定位。淄博的张师傅说：“这个智能手机影响大了，你看这个导航、定位，存号码也比较方便。”（ZB－ZCL 访谈录）卡车司机在公路上天南地北地跑，经常碰到的难题就是找不到准确的接送货地点，这就需要手机上的地图 App 来帮忙。问卷数据表明，地图 App 已经成为辅助卡车司机工作的重要手段。图 3－17 表明卡车司机使用手机 APP 的状况，可以发现排在前两位、最常使用的分别是位列第一的地图类 App，以及位列第二的配货类 App，通信类 App 的位次排在这两者之后。

第三，当车辆出事故时，使用手机报警，在网络上发出信息吁请帮助，寻求救援，也是卡车司机使用智能手机最重要的原因之一。很多卡车司机反映，在工作中最担心的事情之一就是车辆在半路上抛锚、“趴窝”，尤其害怕在高速公路上出现故障。在高速公路上出现故障时，

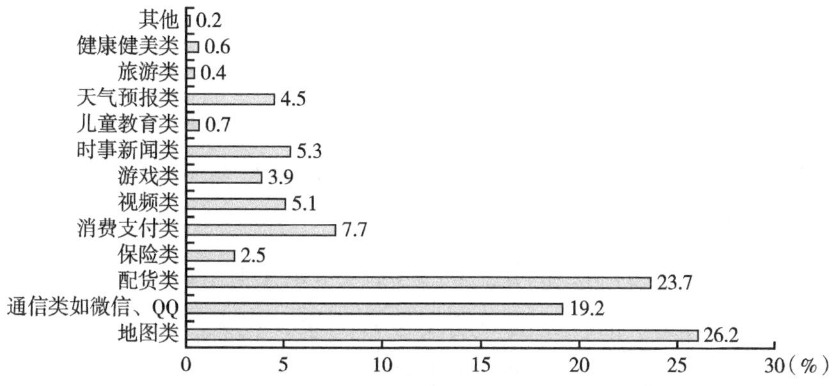

图 3-17　卡车司机使用手机 App 的类型

资料来源：2017 中国卡车司机调查报告。

如果不能及时移走、修理，交警、路政就要以“占道”名目罚款。因此，卡车一旦在高速公路上出现故障，就要呼叫公路救援机构前来救援。在这方面，智能手机须臾不可或缺。

就与生活过程相关的三个事项而言，第一是卡车司机借助智能手机的微信、QQ 等平台与朋友们沟通联络。这种在业余时间也不得不借助于手机和互联网来联系朋友的情况，从根本上说也是由其劳动过程的原子化和分散化特点决定的。由于卡车司机这个职业“车行天下、走南闯北、飘忽不定、联系不便”的特点，他们不可能借助常规生活形态下的沟通方式来结交朋友，保持联络。淄博的谢师傅被问到如何结交朋友时回答：“如何交朋友？有朋友也是以前的。开车的朋友就是同行。朋友见面很少，都是电话联系”。（ZB-XJS 访谈录）成都的李师傅则提到：“现在的朋友圈都是一起开车的卡车司机。常年不回家，以前的同学、朋友都丢了，现在的朋友过年的时候会聚在一起，有一个群，都是认识的，村子附近的，每天在群里聊天。也会帮忙找货，相互介绍。”（CD-LG 访谈录）由此可见，通过手机联络已经成为卡车司机结交朋友和维持朋友关系的重要手段，他们会建立各式各样的微信群或者 QQ 群，有空时就会在群里与相熟的或者未曾谋面的朋友聊天，而聊天除了具有传递各种信息的功能外，还具有沟通情感的功能。淄博的吴师傅告诉课题组："没事儿的时候在微信群里聊天，微信群是按照线路分的。"（ZB－WJQ 访谈录）

第二是卡车司机常常用"玩手机"来消磨闲暇时间。由于无法享受正常的家庭生活，无法与朋友经常团聚，也无法使用普通百姓日常的娱乐方式，智能手机就成为卡车司机消磨时间的重要工具：看视频、打游戏、读新闻、与朋友闲聊是几种主要的消磨闲暇时间的方式。淄博的张师傅说："休息之前，先看看手机，看手机一般看新闻、凤凰新闻，从头开始看。要不打会儿游戏，'消消乐'，我现在基本上到 1000 多级了。要不就到微信上聊聊天，也不能聊的时间长了，耽误休息。基本上是十来分钟、二十分钟，往那一躺，有时候很困，躺着就睡着了；有时候还不是那么困，玩会儿手机就困了。"（ZB－ZCL 访谈录）

第三而且也最为重要的是，卡车司机与家庭成员联系时也要经常依赖手机和互联网。当卡车司机颠簸流离、长期奔波在外时，智能手机就成为与家庭成员保持联系的重要渠道：亲密关系借助于虚拟工具得以维系。卡车司机奔波四方，每到一地，给家里"报平安"要依靠手机；常年在外，想念儿女了，也要依靠手机。沈阳的康师傅说："我总不在家，管不了孩子，现在好了，能跟孩子视频，和女儿经常视频。"（SY－KSF 访谈录）儿女亲情，系于一部小小的手机上。

综上所述，可以十分清楚地看到，智能手机已经成为卡车司机须臾不可离身的工具。从劳动过程到日常生活，智能手机的使用无不贯穿其中。不仅诸如找货、导航、救援这类劳动过程中不可或缺的环节要依靠智能手机和互联网，而且朋友互动、消磨时间和联系亲人这类日常生活的环节也要依靠手机和互联网。卡车司机在劳动过程和日常生活中严重依赖智能手机、互联网，导致了他们具有一个显著特点：维系群体的公共性和团结也极其依赖智能手机和互联网。

（二）互助救援与群体认同

如前所述，卡车司机行驶在途，一旦车辆出现故障或发生事故，就需要救援。卡车司机行车中最担心的问题之一是车辆出现故障，在此种情形下最迫切需要的就是道路救援。但是官方的道路救援安排却存在各种不能令人满意的地方，除了行动迟缓等之外，引起卡车司机最大的非议之处就是所需费用着实不菲。据淄博的梁师傅讲述："车坏了，找个公路救援，他来了以后给你拖车，搭钩一搭上你的车，这就是几千块。把你的车拖到修理厂，修车还特别贵，比一般的修理厂贵得多。"（ZB－LJ 访谈录）这样的花费是卡车司机不愿承担的。因此，卡车司机之间的相互救援，就日渐凸显出其积极作用。淄博的张师傅说："我现在使用微信，好友一般是同学、家里人，联系比较多。有群，群里有　样当司机的。我自个群里的司机我都认识。一般我这车有什么毛病，我这个自己群里的司机都能够解决。这个群也有一个交流工作信息的功能。"（ZB－ZCL 访谈录）卡车司机未雨绸缪，经常相互交流维修车辆的信息；车辆出现自己解决不了的故障时，也往往通过在微信群或者卡车司机论坛中发出询问，从而得到同行帮助。

在卡车司机的互助行为中，最重要的是公路救援。出于互助救援的现实需求，一些为在路途中出现故障或者事故的卡车司机提供救援的卡友组织也应运而生。卡车司机通过互助，化解卡车在半途"趴窝"的困境。石家庄的宋师傅在卡车司机论坛上发布过一个题为"痛并快乐的救援"的帖子，生动地记录了他本人如何拖着带病之躯，积极参与公路救援的感人过程。

今天下午 2 点 59 分，我的治疗第一阶段刚刚停下来，稍[事休] 息准备下一部位治疗（驾驶 24 年辛苦换来的大奖：二次腰椎间盘突出，第一次手术是在 2005 年），我习惯性地打开 LG 石家庄官方群，就看到刚刚转到群里的一条求助帖，青银高速鹿泉段卡友风扇皮带断裂需要救助。听到我们 CA 区 M 堂主正在发愁手头没人，于是我马上解下身上的全副武装（治疗仪），穿上衣服顶盔掼甲，准备出征，腰疼怎么办？一个字：忍。

帖子接着叙述，宋师傅如何约定一个本地卡友，二人带上替换零件，然后驾车直奔“青银高速 641 公里处，很快找到出故障的卡车”。开始时，几经修理，均未奏效。宋师傅遂以带病之躯钻入车底，卸螺丝，换皮带，固定卡扣，进行检修。天黑以后，修理的活计才大功告成。宋师傅等人谢绝了车主的酬谢，自行返回到家中。在帖子最后，宋师傅吟诵了打油诗一首。

我本地带一成员，大奖突至腰间盘。忍痛及时救卡友，痛并快乐无怨言。（SJZ－SGJ 访谈录）

宋师傅的救助只是卡车司机互助行动的一个事例而已。实际上，这种互助行为每天都在不同的地方发生。需要说明的是，除了救助修车，卡车司机还针对不同事故、以多种方式进行互助。沈阳的曹师傅讲述了这样一个例子。

有人帮过我，我想帮帮别人，找不到，就没遇到这个机会。有一回我父亲带着司机出去，把人家车给撞了，人家要讹我们。我就找了一个当地的卡友，他去给我处理的，没讹到我。那次我父亲晚上给我打个电话，我去不了，我在论坛上一求助，然后有个卡友告诉我："你就安安心心在家，我去给你处理这个事儿。"人家开着车，又找的人，给我安排的。安排完了把我父亲和司机同时送上高速。我就想谢谢人家，我给人发红包人家也不要，说什么都不要。(SY－CJH 访谈录)

在卡友遭遇困难时，卡车司机的相互救援现已成为惯例，逐渐延伸到全国各地。人不分南北，地无论东西，一旦有卡车司机在路上遭遇事故或车辆出现故障，只要在微信群或者相关论坛上发出呼救信息，很快就会有当地的卡车司机闻讯前往，给予救助。卡车司机之间形成的互助链条成为这个群体内部的连接纽带和支持机制，并且在"卡友"的符号下巩固了他们的群体认同。

（三）虚拟团结：卡车司机特殊的团结方式

在互联网上，卡车司机具有多重身份。他们往往为自己起了各种各样的网名，有的还不止一个：例如"军师"、"鲲鹏"、"猴子"、"郎行天下"、"走南闯北"，等等，这种虚幻的网名似乎可以遮掩卡车司机的真实姓名和身份，为他们在网上的发言涂抹上几分戏谑的色彩，同时也使得他们获得某种心理上的安全感。但实际上，在卡友的圈子里，他们的真实姓名和身份却是无不为人所熟知的。

在论坛上，在微信群里，卡车司机常常会在工作间歇讨论各种各样他们所关心的问题。有时，遇到不顺心的事情，他们也会在群里"吐槽"[①]。当然，也有卡车司机选择不在群里谈论那些不顺心、不愉快的事情。淄博的吴师傅就表示自己不怎么爱倾诉："这些事儿没法

① "吐槽"一词，来源于日本漫才（日本的一种站台喜剧，类似相声），指从对方的语言或行为中找到一个漏洞或关键词作为切入点，发出带有调侃意味的感慨或疑问。在汉语普通话里相当于相声的"捧哏"，近义词是"抬杠"、"掀老底"、"拆台"、"踢爆"等。参见百度百科。

说。跟谁说了也不能给你解决。说完了心里是舒服，但是现状一点都不能改变。”（ZB－WJQ 访谈录）

但是大多数卡车司机还是会通过智能手机参加互联网上专门的社区和论坛，他们所发帖子的内容包括议论时事、陈述自己的工作条件和生活状况、诉说遭遇的困境、批评不合理的管理制度、谴责个别执法人员的不当行为等。例如，发表在某微信公众号上的一个帖子，冠以“今天起，这十大卡车政策开始实施！关系到每一位卡车人”的醒目标题，提请司机注意“新年伊始，所有轻型柴油车必须符合国Ⅴ标准”等 10 项在 2018 年里会影响到卡车司机工作的重大规章举措。发表在某卡车司机论坛上的一个名为“细数 2017 年卡车司机的十大罪状”的帖子，则以戏谑的笔法，从“两地奔波”、“三餐不定”等 10 个方面，揭示出卡车司机工作的艰辛。同样发表在此论坛上的另一个题为“致货主”的帖子，对货主们提出“暴雪天别再催货车司机了”的呼吁，指出 2017 年底全国南北各地普降暴雪，导致高速关闭，“国道省道乡间小道，道道不通”，卡车司机们连饭都吃不上，往往被困在路途之上，要求货主体恤卡车司机身处困境，不要给卡车司机过大的压力。这个帖子附载的一个视频记录了一辆货运卡车在布满皑皑白雪的公路上艰难前行的状况。还有一篇题为“货车司机新年第一天出车，交警却开了这样一张罚单”的帖子中，上传了一张“CD 市道路停车记录告知单”的照片，上面写着这样一句话：“新年第一天，下不为例。”看样子可能是某位卡车司机停车不当，而执法交警则网开一面，未给予处罚而只是留言警示。在下面的跟帖中，卡车司机纷纷为这个交警点赞，认为这是一个“有人情味”的好交警。

互联网上的各种卡车司机的论坛凝聚了卡车司机的群体利益，为他们提供了表达意见的渠道，并动员越来越多的卡车司机参与其中。可以说，这些论坛业已成为卡车司机的“网上公域”。如果说，互助救援的举措锻造出卡车司机相互连接和支持的链条，并且在“卡友”

的名义下使他们产生出越来越强烈的群体认同，从而构造了卡车司机特有的“我们感”，那么这些“网上公域”就更进一步促成了卡车司机的群体团结。这种立基于互联网的群体团结，我们姑且可以称之为“虚拟团结”。

需要说明的是，“虚拟团结”绝不是虚假团结，而是特指建立于互联网之上的一种特殊的团结形态。由于长途货运的特殊劳动过程，被割裂为分散的“原子化劳动者”凭借互联网而相互联系、彼此互动，在他们自己的议论、批评、表达和诉求中，建构起群体团结。诚然，透过互联网而形成“网上公域”并不是一件新鲜事，当下流行的各种网络社区也可造就某种“虚拟团结”，“虚拟团结”并非为卡车司机群体所独有。但是，由于难以开展线下面对面、声对声的互动和会议，这种“虚拟团结”对于卡车司机来说却无疑是最为重要的，是他们最为基本的团结形式。

“虚拟团结”当然不是毫无组织基础的，卡车司机的“网上公域”也不是铁板一块的。事实上，卡车司机基于各自的劳动地点和生活地域形成了不同的非正式群体，并按照微信群的方式组织起来。毋庸赘言，卡车司机群体中形成的这些非正式组织机制构成了群体团结的重要组织基础。这些组织是如何产生的？它们如何借助于互联网巩固和扩大了团结？它们的线上团结与线下活动有无关联，如何关联？所有这些疑问，构成课题组下一年度研究的主要议题之一。

总之，卡车司机普遍使用智能手机和互联网。智能手机和互联网为卡车司机提供了各种必不可少的功能性服务。找货、导航、呼叫救援为卡车司机提供了劳动过程的协助；朋友互动、消磨时间和联系亲人则贯穿于卡车司机的日常生活之中。迅速发展起来的卡车司机之间的相互救援促成“卡友”名义下的群体认同，而基于各种卡车司机论坛的“网上公域”则导致卡车司机群体中悄然兴起了一种特殊的团结形式——“虚拟团结”。当然，这并不是说其他工人群体就与智能手机和互联网无关。车间生产线上的工人、建筑业和矿业工人、服务业的从业人员无不广泛地使用智能手机，但这里强调的是由于卡车司机对智能手机和互联网的深度依赖而形成的特有团结形态——“虚拟团结”，即分散的、原子化的和高流动性的劳动过程特点，使得卡车司机比别的工人群体更加依赖智能手机和互联网，也就使得他们的群体团结与众不同，独具特色。

第四章　影响卡车司机的主要制度与政策

在前三章中，课题组主要从微观层面透视了卡车司机的人口社会学特征与劳动过程特点。然而，人的选择和行为方式总是受到社会制度的影响和规约。对于卡车司机来说，宏观的社会制度安排和国家政策对其工作与生活影响深远。因此，第四章将主要从道路交通管理制度、行业制度/政策和环保政策三个维度展开叙述，一方面勾勒公路货运的宏观环境及相关政策演变；另一方面则试图由此展现卡车司机和国家权力之间的关系。

一　道路交通管理制度

由于大部分时间“人在途中”，卡车司机最常触及的就是道路交通管理制度。相关的规定和政策极为繁多，课题组主要从收费、限行、治超、证照管理四个方面加以叙述。

（一）车辆通行费

1984 年，国家出台了“贷款修路、收费还贷”的政策，大大推动了公路建设，尤其是高速公路的发展。根据《2016 年全国收费公路统计公报》，截至 2016 年底，全国收费公路里程达 17. 10 万公里，占公路总里程的 3. 6%。其中，高速公路 12. 45 万公里，一级公路 2. 35 万公里，二级公路 2. 19 万公里，独立桥梁隧道 0. 1123 万公里，分别占全国收费公路里程的72.8%、13.7%、12.8%、0.7%。全国收费公路共设主线收费站1575个，其中高速公路743个，一级公路414个，二级公路320个，独立桥梁隧道98个。[①]

根据2004年国务院公布的《收费公路管理条例》，收费公路依法收取车辆通行费，而车辆通行费的收费标准由地方自定，于是出现了收费标准各地不一的情况。同一省市的不同公路，针对不同的车型收费标准也不同。对货车多按照车型和吨位收取通行费，例如四川省成渝高速公路15~25吨货车每公里通行费为5元，龙泉山隧道通行费为每车48元；广州至开平高速公路20吨以上货车/集装箱车每公里通行费为2.138元。[②] 2004年全国4万多公里高速路有近半以上实行计重收费后，虽然减少了超载现象，但造成承运商运输成本大幅上涨。据某人大代表举例，广东省自实行高速公路载货类汽车完全计重收费后，一辆核定载重20吨的货车装载18吨货物从湛江到深圳，如果全程都走高速，计重收费前，高速路费为517元；计重收费后，高速路费增至947元。[③]

虽然有关部门声称车辆通行费在社会物流总成本中占比极低，但是事实上，车辆通行费是货运企业/个体经营者的主要成本支出，大约占到运费的30%，这已经成为行业共识。本次调查中，课题组对卡车司机的访谈也证实了这一点。例如据沈阳的姜师傅介绍，从松原到广州，途中约60小时，运费为18000元，过路过桥费为4500元；回程拉广州到沈阳的快递，运费为17000元，过路过桥费为5000元。（SY－JXQ访谈录）沈阳的宋师傅介绍的情况也类似，从成都拉家具到沈阳，

---

① 《2016年全国收费公路统计公报》，参见中华人民共和国交通运输部官网，http://zizhan.mot.gov.cn/zfxxgk/bnssj/glj/201706/t20170628_2229119.html。

② 《全国人大代表黄阳旭建议：降低高速公路收费》，中国公路网，http://www.chinahighway.com/news/2016/1002201.php，2016年3月8日。

③ 《物流费用太高，人大代表望降低高速路费》，卡车之家官网，http://www.360che.com/law/160310/52669.html，2016年3月11日。

运费为15000元，过路费为5300元左右。（SY－SYW 访谈录）

为了降低过路过桥费支出，一些卡车司机选择不走高速公路，而走下道。但是下道各种检查关卡较多，而且相对高速公路行驶速度缓慢。在赶时间的情况下，大多数卡车司机都不得不选择走高速路。为此，卡车司机发展出各种对策以规避通行费，例如与其他卡车司机互换通行证、通过中介买卡、夜行闯关、与执法者“躲猫猫”等。然而随着各种高新技术在公路检查中的使用，以及相关的检查力度加大，试图通过躲避、闯关等方式减少通行费支出的难度将越来越大。

由于收费额度高[①]、收费站林立、费用去向不明等一系列问题，车辆通行费的收取一直饱受诟病，但是这一行为仍然持续至今。2009年养路费改征燃油消费税以后，政府大规模撤销二级以下公路的收费站，但是高速公路、一级公路和独立桥梁隧道收费仍旧延续。2015年7月21日，交通运输部向社会公布了《收费公路管理条例（修订征求意见稿）》（下称《意见稿》），《意见稿》确立了“收费”与“收税”长期并行的两种公路体系发展模式，并且建议政府还贷结束或特许经营期届满的收费高速公路转入养护管理收费，这意味着正在收费中的高速公路将会一直收费。

近年来推出的一些政策部分地降低了货车的车辆通行费。2015年9月底高速公路 ETC 全国联网，国家对于不同车型的收费标准进行了统一，但是具体收费金额依然是由各省政府、物价局、交通部门确定。而一车一卡、全国联网通行、在哪个省办卡就在哪个省缴费，造成了不同省份之间通过调整优惠政策竞争用户的现象。以四川省为首，湖北、山西、贵州等省份先后推出了高速公路通行费下调政策，掀起了高速公路收费降价潮。此外，交通运输部拟在具备条件的省份

① 一个案例可作为对高速过路费的解读：报载河南农民时建峰在2008年5月到2009年1月之间，冒用军车牌照运输沙石，偷逃过路费2361次，合计逃费金额368余万元。

和路段组织开展高速公路分时段差异化收费试点，这也将使得过路过桥费有所降低。

（二）禁行/限行

除了收费，禁行/限行政策也对卡车司机影响较大。随着城市机动车辆增多，很多城市采取了不同程度的货车限行措施，以缓解城市交通拥堵。最近几年来，由于环保压力日益增大，出于治理大气污染的需要而对货车的限行规定越来越多、越来越严。一些城市如北京、深圳、石家庄等，严禁货车进入主城区或某些路段。一旦启动雾霾预警，那么卡车尤其是中型和重型卡车的禁行/限行首当其冲。

以下是2017年5月到12月期间卡车司机论坛“卡车之家”官网上出现的限行通告，从中可见对货车限行的城市和路段越来越多。

> 12月1日后，货车走G4经过长沙要绕行外环；
>
> 2017年11月20日起，西安机动车限行；
>
> 11月1日起，连续15个月，济青北线禁止五轴及以上货车通行；
>
> 2017年10月20日，跑东北的卡友请注意，吉林长春开始限行；
>
> 国庆除了堵车还限行，“十一”各省市货车限行汇总；
>
> 四川高速国庆期间限行；
>
> 国庆京港澳高速长沙段限行；
>
> 10月1日起呼伦贝尔全面禁止过境大货车进入中心城市；
>
> 深圳全市范围限行异地载货车；
>
> 北京六环国Ⅳ国Ⅴ也限行；
>
> 9月21日起，外埠国Ⅲ柴油货车全天禁入北京六环；
>
> 成都三年内禁止燃油货车进城；

佛山一环高速化改造，将24小时禁行货车；
有通行证也不让进，兰州货车限行再出行。[①]

限行对卡车司机影响颇大。一旦面临限行，卡车司机就不得不绕道而行，这样不仅会延误时间，而且会增加燃油费等相关支出。一些卡车司机甚至有因为限行而不得不长时间滞留外地的经历，如石家庄的几位司机，在访谈中谈到他们出车到外地后，因为石家庄限制货车通行而无法回家的故事。（SJZ－SDC 座谈会记录）此外，限行也使得本来就紧缺的货源进一步受限。

（三）治理超限、超载

1. 治超新政

超载和超限是两个概念："超载"源于1988年颁布的《中华人民共和国道路交通管理条例》[②] 第三十条规定"机动车载物……不准超过行驶证上核定的载质量……""超限"一词来源于《中华人民共和国公路法》第五十条规定"超过公路、公路桥梁、公路隧道或者汽车渡船的限载、限高、限宽、限长的车辆，不得在有限定标准的公路、公路桥梁、公路隧道内行驶……"超载标准的技术参数是根据车辆的装载能力来确定的，超限标准的技术参数是根据公路的设计技术标准来确定的。简言之，超限是指汽车装载超过了公路限值，而超载是指装载货物超过了汽车额定载重量。此外二者的执法主体不同，超载的执法主体是公安机关，超限的执法主体是交通主管部门或公路

① 卡车之家官网，http：//www. 360che. com/。

② 1988年3月9日国务院发布的《中华人民共和国道路交通管理条例》已经废止，其调整内容已被第十届全国人民代表大会常务委员会第五次会议于2003年10月28日通过的《中华人民共和国道路交通安全法》和国务院于2004年4月30日发布的《中华人民共和国道路交通安全法实施条例》代替。《中华人民共和国道路交通安全法》第四十八条规定"机动车载物应当符合核定的载质量，严禁超载"。

管理机构。

超限、超载是公路货运行业普遍存在的现象。究其原因，一方面是利润动机。因为运费通常是以里程和货物重量计算的，所以载重量越大，收入就会越高。特别是近几年运价低迷，运输成本却一直走高，甚至出现了“货车不超载就亏本”的现象，这也迫使许多卡车司机不惜冒险。另一方面在于执法不严。面对超限、超载，交警、路政等相关执法部门并没有严格查处，而是往往以罚代管，罚款即放行。甚至一些跑专线的货车司机掏钱买“月票”，即只要每月付给执法者一定的费用，就可以明目张胆地超载。违法成本远低于收益，进一步刺激了超限、超载的盛行，最终那些标载车也开始加入超载大军。

超限、超载运输被称为头号“公路杀手”和“事故元凶”。我国《公路法》、《公路安全保护条例》严禁车辆超限超载。2004 年国家还特别出台了《超限运输车辆行驶公路管理规定》，并开展了一系列的治超行动。然而如前所述，由于执法部门的“罚款经济”等一系列原因，现实中却出现了治超成为“制钞”、“越治越超”等怪相，直到 2016 年一系列治超新规的发布。

2016 年 8 月 18 日，交通运输部联合多部委，接连发布《关于进一步做好货车非法改装和超限超载治理工作的意见》（下称《意见》）和《车辆运输车治理工作方案》（下称《方案》）。新一轮“治限治超”工作由此开始。《意见》强调统一执法标准，加强道路联合执法；严格实施“一超四罚”；强化货运企业安全生产主体责任等。《方案》提出从 2016 年 9 月 21 日起，严禁“双排车”进入高速公路，要求各部门严把高速公路入口，对拟进入高速公路的“双排车”一律劝返；拒不听从劝返的，依法处罚并强制卸载。[①]

① 中华人民共和国交通运输部官网，http：//was. mot. gov. cn：8080/was5/web/search？channelid=225629。

2016年8月30日交通运输部发布《超限运输车辆行驶公路管理规定》（交通运输部第62号令），并规定从9月21日起开始执行，这便是著名的“921新政”。新规统一了超限认定标准：在重量超限认定上，二轴货车车货总质量不得超过18吨；三轴货车不得超过25吨，三轴汽车列车不得超过27吨；四轴货车不得超过31吨，四轴汽车列车不得超过36吨；五轴汽车列车不得超过43吨；六轴及六轴以上汽车列车不得超过49吨，其中牵引车驱动轴为单轴的，其车货总质量不得超过46吨。在外廓尺寸超限认定上，对车货长宽高进一步明确：总高度从地面算起不得超过4米，车货总宽度不得超过2.55米，车货总长度不得超过18.1米；对于尺寸超限以及重量超限的违法行为，根据违法行为的性质、情节和危害程度，明确了处罚自由裁量权。其中，尺寸超限的，按照超限程度分别处200元以下、200元以上1000元以下、1000元以上3000元以下的罚款；重量超限的，明确了每超1吨罚款500元，最高不得超过3万元的标准；实行违法超限运输“黑名单”管理制度，依法追究违法超限运输的货运车辆、车辆驾驶人、道路运输企业、货运源头单位的责任。[①]

2017年3月9日，国家发展和改革委员会、中国人民银行、交通运输部等36个部门联合签署发布了《关于对严重违法失信超限超载运输车辆相关责任主体实施联合惩戒的合作备忘录》，提出了三个方面共26条具体惩戒措施，由36家部门依照有关法律法规联合实施。三个方面是指限制或禁止失信当事人的市场准入、行政许可；对失信当事人加强日常监管，限制其融资和消费；限制失信当事人享受优惠政策、评选表彰和相关任职。联合惩戒对象包括货运源头单位、道路运输企业及其法定代表人、主要负责人和负有直接责任的有关人

① 中华人民共和国交通运输部官网，http：//was. mot. gov. cn：8080/was5/web/search? channelid=25629。

员、货运车辆驾驶人。

2017 年 5 月 5 日，交通运输部发布了《关于贯彻实施〈超限运输车辆行驶公路管理规定〉的通知》（下称《通知》）。《通知》提出严格落实超限认定标准，做好标准衔接；加强货物源头监管、称重检测管理以及技术监控，实现违法信息共享；规范处罚自由裁量权。[①]

2017 年 11 月 24 日，针对“921 新政”推进过程中部分地区仍然不同程度地存在多头执法、重复罚款、以罚代管等问题，交通运输部与公安部联合印发了《关于治理车辆超限超载联合执法常态化制度化工作的实施意见（试行）》，明确将 GB1589 规定的最大允许总质量限值作为各部门治超的统一标准，更是对路政、交警和运政提出了明确的“十不准”纪律要求。[②]

从 2016 年“921 新政”发布公告开始，各地也陆续出台了各种治超文件，政策的实际执行也较为严格，如一些高速路入口对超载车辆实施劝返，而不是像过去那样收钱放行；在江西高安市，近百辆“百吨王”被强行割箱和罚款等。[③] 时至今日，虽然各种问题[④]仍然存在，但“921 新政”总体来看卓有成效，超限、超载现象得到很大程

① 中华人民共和国交通运输部官网，http：//zizhan. mot. gov. cn/zfxxgk/bnssj/glj/201705/t20170505_ 2200590. html。

② 中华人民共和国交通运输部官网，http：//www. mot. gov. cn/zhengcejiedu/zhiliclcxczlhzf/xiangguanzhengce/201711/t20171127_ 2941567. html。

③《百台大货车被割箱，一超四罚你还信吗?》，卡车之家官网，http：//www. 360che. com/law/161229/73374. html，2016 年 12 月 29 日。所谓“百吨王”是指能拉百吨以上货物的自卸车。

④ 仍然存在的问题有：（1）各地执法标准没有实现完全统一，尤其以 8×4 车型和由 6×2 牵引车组成的六轴半挂车问题最为突出。很多地区 8×4 载货车实际限重超出法规要求的 31 吨标准，而由 6×2 牵引车组成的六轴半挂车也没有严格执行 46 吨标准。（2）长途干线运输车重量超限问题得到了比较好的治理，但超高、超长、超宽的非重量超限问题还是比较常见。（3）计重收费标准没有和治超新规同步切换。（4）在短途运输领域，严重超限问题还存在非常高的比例，尤其以运输砂石、矿产、钢材、水泥等货物的车辆最为严重。（5）以罚代管现象依旧存在。（6）部分地区超限检测站效率低下，经常造成严重道路拥堵。资料来源：《921 治超一周年，这一年究竟治出了什么?》，卡车之家官网，http：//www. 360che. com/law/170920/83677. html，2017 年 9 月 21 日。

度的抑制。

2. 治超对卡车司机的影响

“921新政”的强力推行，使得超限、超载得到有效治理。这有助于道路养护、减少交通事故、保障人身安全，同时也意味着卡车司机的运输成本上升，利润空间较之前有所减小。但是从长远来看，超限、超载的有效治理，将有利于营造更公平的市场竞争环境；不合规车辆退出市场，将从整体上推动运价的提升。据测算，违规车辆整改为标准车型后，单辆车运输价格将上涨300元至450元。[①] 根据中国物流与采购联合会2017年的一项调查，43.3%的重点物流企业反映货运价格与上年相比有所上涨，并将这种上涨部分归因于2016年9月21日加强的治超工作。[②]

（四）罚款、扣分、驾驶证降级

货车在行驶途中，要经过道路交通相关部门的各种检查，除了超限、超载，还包括尾气监测、车速、车身反光标识、是否疲劳驾驶等。一旦违规，就需要经受相应的处罚，如罚款、扣分、驾驶证降级、扣押证件、扣押车辆等。

货车遭遇罚款是常有的事。一些情况确实是货车违规，另一些情况则可能是交警、路政等执法人员随意为之。“乱罚款”作为公路“三乱”之一，一直是政府治理的对象，但是至今仍旧很严重。扣分经常和罚款相伴，但是对于卡车司机来说更具有杀伤力，因为扣满12分将被注销最高准驾车型驾驶证资格。

2012年9月公安部发布修订后的《机动车驾驶证申领和使用规定》（公安部123号令）第五章第三节68条规定，持有大型客车、

---

① 《公路治超新规出台：“不超不挣钱”怪圈怎么破?》，新华网，2016年8月18日。

② 《新一轮治超政策对物流业影响大》，专汽网，http：//www.17350.com/news/7411.html，2017年6月7日。

牵引车、城市公交车、中型公交车、大型货车驾驶证的驾驶人“在一个记分周期内有记满 12 分记录的”[①]，车管所将注销其最高准驾车型的驾驶证资格，并通知驾驶人在 30 日之内办理降级换证业务。[②]如果驾驶证在一个记分周期内，没有出现被扣分的情况，则可以免于年审。出现扣分之后，驾驶人必须参加交管部门组织的道路安全学习，学习之后才能审验驾驶证，逾期可能会面对处罚以及降级处理。

对于卡车司机来说，驾驶证降级制度影响重大：如果遭遇降级，再次恢复准驾车型需要经过相当长的时间。由于持有 A、B 驾照的驾驶员多为职业司机，以开车养家糊口，一旦失去最高准驾资格将意味着失业，家庭生计面临危机。

在一些新闻报道中出现过卡车司机给交警下跪，恳求免于扣分降级的案例。更常见的情况则是，为了避免驾驶证降级，卡车司机尽量选择花钱了事，在能交罚款的时候绝不选择扣分；一旦扣分较多，则想办法花钱“买分”，这在某种程度上助长了“买分”、“卖分”的乱象。对此，沈阳的朱师傅深有感触。

> 总能找出事来。现在出了新招，驾驶证降级。没招，只能找人买分。找谁？找交警队的官呗。12 分都扣完了，那得万把元。现在考个证就得 1 万多，还得到了年限，你想考一时还考不了。现在没辙，扣分就得学习，就这规定。一共才 12 分，扣 1 分就得学，上交警学习。我没去过，扣 3 分，花 100 块钱，签个字，就不用学了。我去了，谁也不认识，花点钱，把事情办了，就出来了。花了钱，就不让学习了。花了钱，办好证，就出来了。所

① 另外两种情形是：发生交通事故造成人员死亡，承担同等以上责任，未构成犯罪的；连续三个记分周期不参加审验的。

② 中华人民共和国公安部官网，http：//www. mps. gov. cn/n2254314/n2254409/n2254443/n2254444/c3585245/content. html。

以宁可花点钱，也不愿意让他扣分。（SY－ZW 访谈录）

总之，道路交通管理制度对卡车司机影响至深。一些制度和政策在满足社会生活其他方面需求的同时（如限行以治污），给卡车司机的工作和生活带来许多不便。如何权衡各方利益，在对公路货运进行管制和限定的同时，给予卡车司机一定的补偿和支持，应是相关人员在制度制定实施过程中需要虑及的问题。更重要的是，需要保证执法的公正性。从 2016 年“921 新政”实施以来，规范执法反复出现在相关的各种文件之中并在一定程度上得以落实，公路“三乱”也得到一定程度的治理，这将从根本上保障卡车司机的利益，规范市场环境，促进良性竞争。

二　行业制度/政策

除了道路交通管理制度，公路货运业所独有的行业制度和政策，例如市场准入制度、行政管理制度等也与卡车司机密切相关。国家的税收政策和金融政策虽然不是直接相关的行业政策，但同样作用于行业环境而对卡车司机影响深远。在第二部分，课题组将从市场准入、挂靠、行政管理、车型标准化、汽车贷款、税收六个方面对相关行业制度/政策规定及演化进行阐述。

（一）市场准入

有论者认为，我国物流市场准入立法层次较低，缺乏系统性和协调性。物流市场准入领域中属于法律和行政法规层次的法律、规范数量不多，具有可操作性的物流市场准入规范大多由各部委颁布，在形式上多表现为“办法”、“条例”、“通知”、“意见”，甚至有的是内部规定。这些规章层次低、约束效力不强，有些还带有部门分割色彩。同时，由于物流所涉及的领域和环节众多，我国实行的物流市场准入方面的法律法规分散于企业、交通运输、货物代理、快递等领域。这些立法涉及铁路、民航、邮政、交通、商务等众多部门，形成多头而分散的局面，而这些部门之间又协调不够，在制定相关法规时基本上是各自为政，进而导致法规之间缺乏统一性，甚至出现相互冲突的现象。[①]

关于道路货运市场准入的条件，2004 年发布的《中华人民共和国道路运输条例》（下称《条例》）及配套规定仅对车辆、驾驶人员和安全生产管理制度进行了限定，对资本、管理人员资质及技术标准并未提出具体要求。《条例》的第二十二条规定："申请从事货运经营的，应当具备下列条件：有与其经营业务相适应并经检测合格的车辆；有符合本条例第二十三条规定条件的驾驶人员；有健全的安全生产管理制度。"配套规定详细地列出了车辆、驾驶人员以及安全生产管理制度的具体要求。事实上即便如此基本的要求，也很难真正起到约束作用：很多个体经营者和中小企业并没有根据自身的情况制定安全生产管理制度，安全生产管理制度几乎是流于形式。有些小企业和个体经营者只是为了应付检查而临时制定甚至是照抄其他企业的管理制度。[②] 换言之，从事货运的门槛极低，"只要有车就能干"。

市场准入的低门槛一度刺激了公路货运的发展，但是也在一定程度上导致了货运企业"散、乱、弱"的局面。同时，大量货车进入市场导致的运力过剩进一步激发了各货运主体之间的恶性竞争，从而运费不断被压低。在课题组的调查中，受访的卡车司机均认为最近几年市场低迷，运费不断下降，在他们看来，主要原因就在于"车太多了"。（SJZ－SDC 座谈会记录）

---

① 高泉：《论我国物流市场准入法律制度的完善》，《中国流通经济》2011 年第 3 期。

② 何丰涛、陈敏：《我国道路货运市场准入机制研究》，《中国经贸导刊》2012 年 2 月上。

从2012年开始，国家先后出台了一些政策以提高行业准入门槛。例如交通运输部2013年发布了《道路危险货物运输管理规定》，提高了申请从事道路危险货物运输经营企业的门槛，对申请企业的车辆设备及从业人员都提出了更加严格的要求；对运输企业的管理也进一步加以细化；同时还加大了对违规行为的处罚力度。[①]

2012年2月，交通运输部、公安部联合印发《关于进一步加强客货运驾驶人安全管理工作的意见》，提高客货车驾驶人培训考试要求和准入门槛，严格日常教育管理和违规问题责任追究，以提高客货运驾驶人员素质，预防和减少重特大道路交通事故。[②]

2017年1月3日，交通运输部、公安部联合发文《关于开展大型客货车驾驶人职业教育的通知》（下称《通知》），决定在大客车驾驶人职业教育试点工作的基础上，在全国范围开展大型客车、牵引车驾驶人职业教育。《通知》规定职业教育招生对象年满18周岁，具有高中（含中等职业学校）及以上文化程度，身体条件符合《机动车驾驶证申领和使用规定》（公安部第139号令）有关申领大型客货车驾驶证的要求，并通过驾驶适宜性测试；要求承担大型客货车驾驶人培养任务的有关职业院校科学合理制订人才培养方案，构建系统的大型客货车驾驶专业课程体系，学制不少于3年，规范考试程序，强化实习管理。[③] 这一举措意味着未来货车司机的从业标准将有所提高。

2017年8月24日，交通运输部发布了《关于加快发展冷链物流保障食品安全促进消费升级的实施意见》（下称《意见》），严格冷藏

① 中华人民共和国中央人民政府官网，http：//www.gov.cn/gongbao/content/2013/content_2390161.htm。

② 中华人民共和国交通运输部官网，http：//zizhan.mot.gov.cn/sj/yunshs/cheliangg1_ yshs/201410/t20141013_ 1706639.html。

③ 中华人民共和国交通运输部官网，http：//zizhan.mot.gov.cn/zfxxgk/bnssj/dlyss/201701/t20170106_ 2151063.html。

保温车辆的市场准入和退出机制。《意见》规定，温控和设备性能将作为冷藏车辆投入运营的基本条件，不合规就不允许投入市场，高耗能、低效率、不合规的冷藏保温车将被引导退出市场。①

2018 年 1 月 1 日，我国开始实行新的 GB7258《机动车运行安全技术条件》②，与货车相关的规定有：危险货物运输挂车、三轴的栏板和仓栅式半挂车标配盘式制动器和自动调整臂；三轴及以上货车将配备超速报警系统；总质量大于等于 12000 公斤的危险货物运输货车的后轴，所有危险货物运输半挂车，以及三轴栏板式、仓栅式半挂车应装备空气悬架；加气量大于等于 375 升的气体燃料汽车应安装导静电橡胶拖地带，拖地带导体截面积应大于等于 100 平方毫米，且拖地带接地端无论空、满载都应始终接地；所有货车（多用途货车除外）和专项作业车（消防车除外）均应在驾驶室（区）两侧喷涂总质量（半挂牵引车为最大允许牵引质量）；所有货车（半挂牵引车、多用途货车除外）、货车底盘改装的专项作业车和挂车（旅居挂车除外）应在侧面设置车身反光标识。③ 这些在车辆装置上更高的要求虽然主要意在增进行车安全，但是客观上则推动了行业准入门槛的提高。

（二）挂靠制度

与市场准入的低门槛直接相关的是挂靠制度。挂靠是货运行业的普遍现象，挂靠的车辆在名义上属于挂靠公司，但实际上车辆的所有

① 中华人民共和国交通运输部官网，http：//zizhan. mot. gov. cn/zfxxgk/bnssj/dlyss/201708/t20170824_ 2907727. html

② 中国国家标准化管理委员会官网，http：//www. sac. gov. cn/。

③ 车辆技术标准的提高意味着成本的提升，如自动调整装置，根据挂车车轴品牌的不同，每台车新增的成本在 900 ~ 1500 元。装配空气悬架的挂车成本要比普通悬架高出不少。以 BPW 车桥的挂车为例，根据配置不同，三根车轴采用空气悬架就要比钢板悬架贵 4 万余元，如果再算上标配盘式制动器，一台挂车的成本比钢板悬架配鼓刹版本可能要高出 5 万 ~ 6 万元。

权还是属于“挂靠者”，双方一般通过签订挂靠合同来确认挂靠关系。

常见的车辆挂靠有三种基本模式：一是挂靠者单独出资，购买车辆挂靠在运输公司名下，其日常业务经营和车辆的支配全由挂靠者自己安排负责，并享有该车的全部运行利益。挂靠公司只收取所谓的挂靠管理费，并提供代办代缴各种税费、车辆保险费，营运证的审验，验车，车辆补牌、补证，法律咨询，开具运输发票，以及协助处理交通事故等服务；二是挂靠者和挂靠公司共同出资购买车辆，合股经营，挂靠公司除提供上述服务项目外，日常业务经营也基本由挂靠公司支配决定，采取统一调度、统一管理、统一结算的公司化经营管理模式，最后扣除工资和经营开销外，每月或每年以出资股权多少进行利益分配；三是挂靠者与挂靠公司双方不发生管理服务费用往来，车辆由挂靠者支配或全权委托挂靠公司支配，此种模式一般系亲戚、朋友关系，在挂靠公司中所占比例极低。上述三种挂靠模式中，以第一种挂靠形式最为常见。[①]

不成文的挂靠制度之所以产生有其社会历史条件。1978 年改革开放之后，我国逐步从计划经济体制向市场经济体制过渡。1983 年，交通运输部提出“有路大家走”的政策，对道路货运行业全面放松管制，道路货物运输行业的市场结构发生巨大变化，迅速从完全垄断进入竞争性市场。[②] 随着社会运力的大量涌入，个体货运车主或自雇卡车司机日益增多，如何对这些散乱的车辆进行规范管理就成为相关部门必须面对的难题。根据 2004 年的《中华人民共和国道路运输条例》（下称《条例》），运输车辆需持有车辆营运证（道路运输证），但是对于如何取得车辆营运证，《条例》并无明确规定。

在实践中，在大多数城市个人很难办理车辆营运证。一些省市在

① 杜海平：《浅议货运车辆挂靠经营的治理》，《交通与运输》2015 年第 5 期。

② 童燕：《中国道路货物运输产业组织与变迁研究——基于动态 SCP 的分析》，复旦大学博士学位论文，2008。

《条例》所要求的申请货运者所必须具备的三个条件[①]的基础上，增加了一些条款。例如《山东省道路运输条例》（2016）第三十条规定："取得道路普通货运、道路货物专用运输经营许可，应当向县级以上道路运输管理机构提出申请，并具备下列条件：（一）有与其经营业务相适应的资金；（二）有五辆以上经检测合格的车辆；（三）有符合规定条件的驾驶人员；（四）有健全的安全生产管理制度和服务质量保障措施；（五）有固定的办公场所以及与经营范围、规模相适应的停车场地。"[②] 对于第二条"有五辆以上经检测合格的车辆"，个体车主往往就很难达到，遑论自雇卡车司机。而如果不能取得货运经营许可，也就不可能获得道路运输证。还有一些地区对车辆营运证的限制与货车吨位有关，例如规定总质量 12 吨以下的自雇卡车司机可以办理个人营运证，超过 12 吨的只能办理公司户。[③] 另有一些省市虽然没有明文规定道路运输经营许可或道路运输证的获取条件，但是在实际工作中则一律不向自雇卡车司机发放道路运输证。正因如此，自雇卡车司机为了合法运营，不得不选择将车辆挂靠到公司，因为通过公司获得道路运输证相对容易。挂靠也使得货运管理相关部门能够更好地对货车进行监管。

一些本来不要求挂靠的地区，如内蒙古，在发生一些事件后要求挂靠，如自雇卡车司机在交通事故发生之后无力赔付而转向要求挂靠，以规避类似的风险。[④] 另外一些地区，如东莞，则逐步放开限制，自雇卡车司机无须挂靠即可获得车辆营运证。

---

① 三个条件是：有与其经营业务相适应并经检测合格的车辆；有符合本条例第二十三条规定条件的驾驶人员；有健全的安全生产管理制度。

② 临沂市运输管理处官网，http：//www. lyyz. gov. cn/index. php？ r = flfg/27/517。

③ 《为什么货车不挂靠公司办不了营运?》，https：//baijiahao. baidu. com/s？ id = 1588407068392715116&wfr = spider&for = pc。

④ 《为什么货车不挂靠公司办不了营运?》，https：//baijiahao. baidu. com/s？ id = 1588407068392715116&wfr = spider&for = pc。

正规挂靠公司为卡车司机提供多项服务，节约了时间，也减少了风险。但是当前更普遍的情况是“黑挂靠”频频涌现，导致卡车司机的利益受到很大损害。这主要表现在以下几个方面：第一，车辆被抵押。签订挂靠合同后，挂靠公司扣留卡车司机的道路运输证、机动车驾驶证等资料。车辆登记证上署名为公司，且不显示挂靠关系。如果公司以车辆登记证抵押贷款，卡车司机虽不知情，但如果挂靠公司老板跑路，卡车司机仍要承担法律风险。第二，挂靠费飙升数倍。挂靠完成后，卡车司机每年需向挂靠公司支付挂靠费。国家并未对挂靠费进行统一规定，所以不同的挂靠公司收费从几百到几千、上万元不等。有公司签约时挂靠费只需要每年几百元，后公司被转手卖给别人，挂靠费直接从 4000 元飙升到 20000 元之多，个体车主与自雇卡车司机也只能照单全收。第三，高昂的车检费用。挂靠合同约定，卡车司机需要通过挂靠公司办理保险、年检、证件补办、二级维护保养等事宜，这也成为挂靠公司“捞钱”的重要渠道。有部分挂靠公司与保险公司沆瀣一气，对每一位挂靠的卡车司机收取不菲的保险费用，其实根本没有按规定为其购买保险。如果有车辆发生事故需要报保险，再临时通过“合作”保险公司购买，其他无事故卡车司机的保险费即被私吞。第四，转出条件苛刻。有个体车主或自雇卡车司机或因合同到期，或因其他原因想从挂靠公司将车转出，但被告知要转出车辆，只有两种方式：付费，或者转介别人买车挂靠，进一辆出一辆。①

（三）行政管理

我国关于公路货运的行政管理存在较多问题，如重复检测、重复规定、办证烦琐、效率低下等。这使得卡车司机往往要耗费不少时间、

① 《小心了！货车挂靠步步坑》，卡车之家官网，http：//www.360che.com/driver/161222/72843.html，2016 年 12 月 26 日。

精力和金钱加以应对。自 2016 年以来，国家逐步推行了一系列改革，大大提高了行政管理效能，也为卡车司机节省了费用和时间，从而营造了更好的行业管理环境。

1. 年检年审、二级维护检测

道路运输车辆每年都要经过年检和年审。营运车辆需要具备车管所颁发的行驶证和运管所颁发的车辆营运证。车辆行驶证每年需要到公安机动车辆管理部门进行年检，车辆营运证每年需要到道路运输管理部门进行年审，且营运证需要回车籍所在地审验。年检需要进行车辆安全性能检测，年审需要综合性能检测，这些都是委托有资质的第三方车辆检测机构完成，所用检测标准、检测设备、检测项目大部分相同，因而存在重复检测、多次收费的问题。①

2017 年 5 月 17 日，国务院总理李克强主持召开了国务院常务会议，会上确立了推进营运性货运车辆安全技术检验和综合性能检测依法合并的政策。2017 年 9 月 19 日，交通运输部等 14 个部门联合印发了《促进道路货运行业健康稳定发展行动计划（2017 - 2020 年）》的通知。② 在该通知中，各部门确立了在 2018 年底前促进道路货运行业降本减负的 10 件实事任务分工，其中之一便是推进货运车辆安全技术检验和综合性能检测依法合并。

2017 年 12 月 27 日，交通运输部、公安部、国家质检总局发布《关于加快推进道路货运车辆检验检测改革工作的通知》（下称《通知》）。《通知》从三个方面部署了道路货运车辆检验检测改革工作。第一，推进货车检验检测依法合并，切实减轻检验检测费用负担。具体包括实现检验检测结果互认，逐步实行货车安全技术检验和综合性

① 《新一轮治超政策对物流业影响大》，专汽网，http：//www. 17350. com/news/7411. html，2017 年 6 月 7 日。

② 中华人民共和国交通运输部官网，http：//zizhan. mot. gov. cn/zfxxgk/bnssj/dlyss/201709/t20170920_ 2917968. html。

能检测，即“一次上线、一次检验、一次收费”，统一检验检测标准。第二，改进货车检验检测便民服务。包括推行货车异地检验检测、货车异地年审、货车预约检测机制等。[①] 第三，加强机动车检验检测机构管理，严格落实检验检测机构主体责任。[②]

除了年检和年审，在2016年之前，货车还要被强制进行二级维护检测。根据交通运输部1990年颁布的《汽车运输业车辆技术管理规定》以及2001年颁布的《道路运输车辆维护管理规定》，营运车辆必须一年进行两次二级维护检测。二级维护检测由专业维护工负责执行，其作业中心内容除一级维护作业外，以检查、调整为主，并拆检轮胎，进行轮胎换位。

2016年1月，交通运输部发布了《道路运输车辆技术管理规定》（中华人民共和国交通运输部2016年第1号令）（下称《规定》），同时废止了《汽车运输业车辆技术管理规定》和《道路运输车辆维护管理规定》。《规定》取消了有关车辆维护周期的硬性规定，经营者可根据车辆运行状况等自行确定是否维护。而道路运输管理机构不再办理车辆二级维护审核备案手续，在车辆年审时，也不再查验车辆二级维护凭证。[③]

2017年发布的《促进道路货运行业健康稳定发展行动计划（2017－2020年）》进一步明确“减少重复检测、重复收费，减轻检验检测费用负担。严格落实取消营业性货运车辆二级维护强制上线检测，由经营者以确保车辆安全性能为前提，自主确定二级维护周期，

① 在2017年12月27日的电视会议上，交通运输部新闻发言人吴春耕介绍，2018年底前，将在15个省份实行普通货运车辆在本级行政辖区范围内异地办理检验检测，无需办理委托手续，并逐步推行跨省异地检验检测。

② 中华人民共和国交通运输部官网，http：//zizhan. mot. gov. cn/zfxxgk/bnssj/dlyss/201712/t20171227_ 2961773. html。

③ 中华人民共和国交通运输部官网，http：//zizhan. mot. gov. cn/zfxxgk/bnssj/dlyss/201601/t20160129_ 1983847. html。

自行组织车辆维护”。[①]

2. “大件运输”异地许可

“大件运输”指的是载运不可解体物品的超限运输，由于大件运输“超高、超重、超长、超宽”等特殊性，按照国家规定上路时必须依法办理有关许可手续，采取有效措施后，才能按照规定的时间、路线、速度行驶。不同省市的规定有所不同，一般省市都要求现场检测车辆和货物之后，才予以办证。因此，卡车司机通常是一边走一边办理跨省大件运输证，到了省界处之后再办理下一个省的通行许可证。有的省市办证速度很快，只要资料完整并合乎规定，不到半天就可以办理完成；有的省市办证速度非常慢，等待一周的情况并不鲜见。如果要进行跨几个省市的长距离大件运输，仅办证就需要耗费很多时间。“实际在路上跑两天，办证需要半个月甚至一个月”也就成为大件运输的常态。运输周期长，路上消耗的各项费用也就更多。[②]

2016 年 5 月 25 日，交通运输部下发《关于开展跨省大件运输并联许可试点工作的通知》，决定选择在河南、湖北、重庆、四川、贵州、陕西等七省市，开展大件运输网上许可试点工作。[③] 同年 12 月，七省市跨省大件运输许可平台正式启用，七省市内跨省大件运输许可由起运地完成网上一站式办理。

2017 年 9 月 20 日，交通运输部联合 14 部门发布《促进道路货运行业健康稳定发展行动计划（2017－2020 年）》，要求规范大件运输许可管理，推进跨省大件运输并联许可全国联网，由起运地省统一受理，沿途省份限时并联审批，一地办证，全线通行。随着政策的落

① 中华人民共和国交通运输部官网，http://zizhan.mot.gov.cn/zfxxgk/bnssj/dlyss/201709/t20170920_2917968.html。

② 《一趟运费近百万，关于大件运输的那些事》，卡车之家官网，http://www.360che.com/news/170623/80945.html，2017 年 6 月 26 日。

③ 中华人民共和国交通运输部官网，http://zizhan.mot.gov.cn/zfxxgk/bnssj/glj/201605/t20160524_2032393.html。

地实施，一些成功在网上办理的大件运输许可证开始陆续使用。据报道，2017年9月25日，全国首张Ⅲ类（最高级别）跨省大件运输许可证成功办理，从提交申报材料到可以上路行驶只用了9个小时，节省了大量时间，也降低了运输成本。[①]

3. 车辆营运证和从业资格证

除了驾驶证之外，货车司机还需要取得道路运输从业人员资格证。2016年修订的《道路运输从业人员管理规定》第六条规定“国家对经营性道路客货运输驾驶员、道路危险货物运输从业人员实行从业资格考试制度……从业资格是对道路运输从业人员所从事的特定岗位职业素质的基本评价。”[②] 事实上，从业资格证的申请和考试要求与驾驶证类似，因而存在重复许可、多次认定问题。从业资格证和驾驶证都需要年审，卡车司机需要到两个部门分别年审，且年审时间不同，费时费力。

车辆营运证也被称为道路运输证。《中华人民共和国道路运输条例》（2016）第二十四条规定：“收到申请的道路运输管理机构，应当自受理申请之日起20日内审查完毕，做出许可或者不予许可的决定。予以许可的，向申请人颁发道路运输经营许可证，并向申请人投入运输的车辆配发车辆营运证；不予许可的，应当书面通知申请人并说明理由。”第三十三条规定：“道路运输车辆应当随车携带车辆营运证，不得转让、出租。”[③]

2017年9月初，河北省道路运输管理局公布了《河北省道路运输条例》（下称《条例》），自2017年11月1日起施行。《条例》的第

① 《9小时就搞定！跨省大件运输网上直接办》，卡车之家官网，http：//www.360che.com/law/170928/84165.html，2017年10月3日。

② 中华人民共和国中央人民政府官网，http：//www.gov.cn/flfg/2006－12/22/content_476254.htm。

③ 中华人民共和国中央人民政府官网，http：//www.gov.cn/gongbao/content/2016/content_5139501.htm。

五节中关于货运经营的部分明确表示："县级以上道路运输管理机构应当引导、整合道路货物运输资源，鼓励道路货物运输经营者拓宽经营渠道、创新经营方式。使用总质量为四千五百千克以下的载货汽车从事普通货运经营的，可以不再申请办理道路运输经营许可手续。"①

2017 年 9 月 20 日，《促进道路货运行业健康稳定发展行动计划(2017－2020 年)》发布，提出未来交通运输部将"推动取消部分许可审批事项"，对于总质量 4.5 吨及以下普通货运车辆的持有者，未来将不用再办理运管部门核发的车辆道路运输证和驾驶员从业资格证，只要有公安交管部门核发的行驶证和驾驶证即可。②

（四）车型标准化

当前我国货运车型过于庞杂、车型标准化程度过低，已成为影响传统货运转型升级的重要因素。欧美发达国家货运车型只有 30 余种，而我国货运车型多达 2 万余种，车型标准化率不足 50%。③ 以甩挂运输为例，甩挂运输所需的牵引车、半挂车车型庞杂，仅牵引车的车型就有 800 多个。其中，排名前 10 的车型只占市场份额的 18%；牵引车与挂车的连接和匹配缺乏标准规范，这些问题导致牵引车与半挂车在甩挂运输过程中"挂不上、拖不了"，严重制约甩挂运输的大范围推广，特别是制约了跨企业、跨行业的甩挂运输。车型标准化的缺乏，不仅导致大量货运车辆与其他运输工具不能高效换装转运，而且还严重影响行业安全生产和国际物流发展。④

---

① 河北省道路运输管理局官网，http：//www. hbdlys. com/show. asp？id＝3042。

② 中华人民共和国交通运输部官网，http：//zizhan. mot. gov. cn/zfxxgk/bnssj/dlyss/201709/t20170920_ 2917968. html。

③ 《货车标准化：短期之痛长期之幸》，中国交通新闻网，http：//www. zgjtb. com/youzheng/2016－08/31/content_ 93915. htm，2016 年 8 月 31 日。

④ 《今年开始折腾，运输车型标准化将成重点》，卡车之家官网，http：//www. 360che. com/news/160214/51735. html，2016 年 2 月 14 日。

2015 年初，交通运输部开始将车型标准化作为重点工作之一，之后围绕车型标准化，政府出台了新的车辆生产标准，并对不合规车辆展开整顿。

2016 年 7 月 26 日，《汽车、挂车及汽车列车外廓尺寸、轴荷及质量限值》，即 GB1589－2016 正式实施，以取代 2004 版的 GB1589《道路车辆外廓尺寸、轴荷及质量限值》。GB1589 是我国汽车行业的基础标准之一，是车辆制造企业进行设计制造的主要依据，主要内容是对道路上的汽车、挂车及汽车列车的外廓尺寸、轴荷以及质量规定限值。与 GB1589－2004 相比，GB1589－2016 在货车宽度尺寸、挂车尺寸、铰接列车长度、总重限值等都有所变化，这也成为新一轮治超的依据以及车辆清理工作的依据。

2016 年 8 月，交通运输部、国家发展和改革委员会、工信部、公安部、国家质检总局联合发布《车辆运输车治理工作方案》，要求 2017 年年内完成 60% 的不合规车辆运输车的更新淘汰，2018 年 6 月全面完成治理目标。其中，2017 年 6 月 30 日前完成总数的 20%，9 月 30 日前完成 40%，12 月 31 日前完成 60%，2018 年 3 月 31 日前完成 80%。自 2018 年 7 月 1 日起，全面禁止不合规车辆运输车通行，符合《汽车、挂车及汽车列车外廓尺寸、轴荷及质量限值》（GB1589－2016）要求的标准化车辆运输车比重达到 100%，中置轴车辆运输列车等先进车型得到广泛应用。①

对一些卡车司机来说，车型标准化意味着在用车辆的报废，这无疑会带来较大的经济损失。但是，非标车辆的整顿将推动运价的提升。长期来看，实施标准化有利于从生产的源头治超，保障驾驶安全，也有利于甩挂运输以及货车与其他运输工具的合作转运。

---

① 中华人民共和国交通运输部官网，http：//zizhan. mot. gov. cn/zfxxgk/bnssj/dlyss/201608/t20160818_ 2077796. html。

（五）汽车贷款

2017 年 11 月，中国人民银行和中国银行业监督管理委员会联合发布《关于调整汽车贷款有关政策的通知》，宣布自 2018 年 1 月 1 日起，自用传统动力汽车贷款最高发放比例为 80%，商用传统动力汽车贷款最高发放比例为 70%；自用新能源汽车贷款最高发放比例为 85%，商用新能源汽车贷款最高发放比例为 75%，二手车贷款最高发放比例为 70%。新法同时明确了汽车贷款的利率及贷款年限。新车的贷款年限不得超过 5 年；二手车贷款年限不得超过 3 年，经销商汽车贷款期限不得超过 1 年。[①]

原《汽车贷款管理办法》规定，贷款人发放自用车贷款的金额不得超过借款人所购汽车价格的 80%；发放商用车贷款的金额不得超过借款人所购汽车价格的 70%；发放二手车贷款的金额不得超过借款人所购汽车价格的 50%。与 2004 年的《汽车贷款管理办法》相比，新规没有调整传统动力汽车贷款比例，新增了新能源汽车贷款方面的条例；同时提高了二手车贷比例，从 50% 提高到了 70%。

汽车贷款比例的修订表现了政府推动新能源汽车消费、活跃二手车市场的政策取向。贷款比例的提升，意味着举债购车更加容易。这有可能进一步增加市场的货车供给量，导致举债购车的卡车司机群体规模进一步扩大。同时，货车构成也可能在政策的刺激下发生变化，新能源汽车、二手车的比例逐步上升。对卡车司机来说，二手车市场交易的活跃有利于快速回本，快速盈利，但是所持货车也可能处在快速淘汰之列。

（六）税收

1. 车辆购置税

2000 年 10 月，国务院颁布了《中华人民共和国车辆购置税暂行

---

① 中国人民银行官网，http：//www. pbc. gov. cn/goutongjiaoliu/113456/113469/3412716/index. html。

条例》，规定自2001年1月1日起，对购置应税车辆的单位和个人征收车辆购置税，车辆购置税实行从价计征，税率为10%。此后，在2009年、2015年和2017年国家对低于1.6升小排量汽车的车辆购置税进行了几次调整。2017年8月7日，财政部、国家税务总局公布了《车辆购置税法（征求意见稿）》（下称《意见稿》），向社会公开征求意见。此次修改采取税制平移的方式将《中华人民共和国车辆购置税暂行条例》上升为法律。《意见稿》明确，税率仍为10%，不再设定最低计税价格，征税对象改为汽车、摩托车、挂车和有轨电车4类。[①]

一些省市如广东省推行了车辆购置税减免政策。2017年10月，广东省人民政府正式印发《广东省人民政府关于调整车辆车船税具体适用税额的通知》，通知自2018年1月1日起执行，有效期五年。货车的适用税额由之前的整备质量每吨96元降为每吨16元，下降幅度达到了83.3%。[②]此次税费调整，对众多的广东卡车司机而言，每年每台车能省下几百甚至一千多元的费用，降低了运营成本。

2. 增值税

2011年，国务院常务会议做出增值税制度改革试点的决定，逐步将征收营业税改为征收增值税。然而，这一原本为了解决企业重复征税问题的税收改革，却并非使所有企业受益，大部分物流企业的税负反而增加。根据营业税改增值税的方案，在之前增值税17%标准税率和13%低税率的基础上，新增11%和6%两档低税率。其中，与物流企业有关的交通运输服务业按照11%的税率，物流辅助服务业按照6%的税率征收增值税。此前物流企业主要缴纳的是营业税，其中运输、装卸、搬运的营业税税率为3%，仓储、配送、代理等的营业税税率为5%。与此前3%和5%的营业税率相比，增值税率高出不少，但

① 国家税务总局官网，http：//hd. chinatax. gov. cn/hudong/noticedetail. do？noticeid = 1425265。

② 广东省人民政府官网，http：//zwgk. gd. gov. cn/006939748/201710/t20171018_ 726725. html。

企业可以通过抵扣购买原材料产生的成本进项税款来减少税负。

“交通平安证券”的一份研究报告曾测算，如果按照 11% 的税率来征收增值税，运输类企业需要抵扣的成本必须占营业收入的 73% 以上，仓储类企业要抵扣的成本必须占营业收入的 55% 以上，否则对企业来说实际上是增加税负而不是减少税负。要实现这样的抵扣目标难度很大，例如一些只在一地进行业务运营的企业，除了抵扣燃油或者设备的购置等成本和费用外，其他能够抵扣的成本并不多，而对于目前在加盟和转包环节产生的运输费用，很多不够正规的小企业或者个体户根本没有发票，只能开白条，一旦改为缴纳增值税，这类费用也无法用于抵扣。①

2016 年，财政部、国家税务总局联合下发通知，明确了收费公路通行费增值税抵扣的相关问题。在前期收费公路通行费增值税抵扣方案于 7 月 31 日到期后，从 2016 年 8 月 1 日开始下阶段仍然沿用前期的抵扣方式。2017 年，交通运输部等 14 部门印发的《促进道路货运行业健康稳定发展行动计划（2017 - 2020 年）》提出“完善交通运输业个体纳税人异地代开增值税专用发票管理制度”，落实收费公路通行费增值税发票开具工作实施方案，建立全国统一的收费公路通行费增值税发票服务平台系统，完成部、省两级收费公路联网收费系统改造，依托平台开具高速公路通行费增值税电子发票。②

3. 燃油税

2008 年 12 月 18 日，国务院印发了《关于实施成品油价格和税费改革的通知》，决定自 2009 年 1 月 1 日起实施成品油税费改革，取消原在成品油价外征收的公路养路费、航道养护费、公路运输管理

① 《营改增试点效果不佳，物流税负不降反升》，网易财经，http：//money. 163. com/12/0317/10/7SPRLJ0K00252G50. html，2012 年 3 月 17 日。

② 中国国家税务总局官网，http：//www. chinatax. gov. cn/n810341/n810755/c2856681/content. html。

费、公路客货运附加费、水路运输管理费、水运客货运附加费六项收费，逐步有序取消政府还贷二级公路收费；同时，将价内征收的汽油消费税单位税额每升提高0.8元，即由每升0.2元提高到1元；柴油消费税单位税额每升提高0.7元，即由每升0.1元提高到0.8元；其他成品油消费税单位税额相应提高。①

养路费改征燃油消费税，对卡车司机和整个道路货运行业均利大于弊。有文章指出，燃油税的开征，能有效克服以下几方面的问题，从而规范运输市场，保障行业秩序。第一，解决为挣固定费用，部分车辆低运价冲击市场的问题。由于运输市场比较萧条，很多货车一个月难跑一趟，但是依然需要缴纳养路费（重型货车每月的养路费为2500~7000元）。改成燃油税之后，货车车主在没货或者运价不理想的情况下停运，损失较小。第二，解决车辆外挂户问题。不同地区每吨养路费金额不同，因为国家的政策倾斜或者地区间经济差异，一些地区养路费每吨金额比其他发达省份便宜很多，这使得各省同规格货车使用成本不一，形成不公平竞争，并造成养路费用高的省份车辆外挂户的问题。第二，有效整治“大吨小标”问题。因为养路费按照吨位收取，大吨小标的车辆因此受益，但是改征燃油消费税后，载重越多，油烧得越多，交的税就越多。第四，有助于治理“套牌车”上路问题。开“套牌车”的目的在于逃缴养路费等固定费用，养路费改征燃油税后，套牌在这方面的作用也就随之失去。②

总而言之，卡车司机所面临的行业制度/政策极为复杂。由上述相关政策的梳理可见，随着国家一系列改革新政的施行，已开始破除

① 中华人民共和国中央人民政府官网，http：//www.gov.cn/zwgk/2008－12/19/content_1182128.htm。

② 《利大于弊，燃油税改革对公路运输的影响》，卡车之家官网，http：//www.360che.com/law/090519/5936.html，2009年5月19日。

公路货运行业的一些弊端——尤其是行政管理弊端，卡车司机有望赢得更好的行业运营环境。但是有一些政策，例如车型标准化、汽车贷款比例调整、营业税改增值税等，对卡车司机和整个行业的影响都是多方面的，值得进一步关注。

三 环保政策

从2012年开始，我国大气污染状况日益严重，京津冀及周边地区情况尤甚。环境保护部为此不断推出各种大气污染治理措施，例如限行、限排、停产、提高燃油质量、加强排污检测等。据称，“以重化工为主的产业结构、以煤炭为主的能源结构和以公路运输为主的货运交通结构”是压在区域空气质量改善头上的“三座大山”。据有关统计数据，京津冀地区2016年货运总量中，公路运输占84.4%；区域内公路货运以重型柴油车为主，保有量约83万辆，占区域内汽车保有量的4%左右，氮氧化物排放占区域氮氧化物排放总量的1/5。[①]为此，在一系列的环保政策中，对货车的监控和整治就成为重中之重，这给卡车司机的工作和生计带来的影响尤为突出。

（一）交通运输结构的改变：从公路到铁路

2017年3月，环境保护部会同京津冀及周边地区大气污染防治协作小组以及有关单位制定了《京津冀及周边地区2017年大气污染防治工作方案》（下称《方案》）。《方案》提出，为了降低柴油车辆长途运输煤炭造成的大气污染，应充分利用张唐等铁路运力，大幅提升区域内铁路货运比例，加快推进港铁联运煤炭。7月底前，天津港

① 《环保部：引导京津冀货运从公路走向铁路》，卡车之家官网，http：//www.360che.com/law/171128/86709.html，2017年11月28日。

不再接收柴油货车运输的集港煤炭。9 月底前，天津、河北及环渤海所有集疏港煤炭主要由铁路运输，禁止环渤海港口接收柴油货车运输的集疏港煤炭。①

各地对此《方案》给予了积极响应。天津港航管理局 2017 年 4 月即发布文件，称从 5 月 1 日起公路运输煤炭将告别天津港；2017 年 7 月，河北省交通运输厅发布消息，称河北省港口 9 月底将不再接收柴油车运输的集疏港煤炭②；山东省交通运输厅等三部门联合印发《关于加强重型柴油车污染管控的通知》，规定自 10 月 1 日起，环渤海各港口企业不再签订柴油货车运输集疏港煤炭合同，运输煤炭的柴油货车一律不得进出港区；自 10 月 1 日起仍然使用柴油货车运输集疏港煤炭的，港航管理部门将责令港口企业暂停煤炭装卸作业，并在 2 个月内完成整改。整改期间，海事部门将不允许煤炭运输船舶靠港作业，道路运输管理部门将注销承运车辆道路运输证。③

交通运输结构从公路向铁路转变，柴油车运煤乃至汽运煤受限，意味着大批运煤卡车会因为失去货源而惨遭淘汰，或者进入竞争更为激烈的全国游击配货大军。由于运煤车大多采用 11 ~ 13 米长度的对开门专用货厢，只适用于散装货物的运输，用于长途配货会受到非常多的限制，要想全国配货还得花大价钱置换新挂车，这无疑是一笔巨大的投入。④

（二）大量企业关停，导致货源减少

高污染产业去产能是治理大气污染的主要措施之一。2017 年 5

① 中华人民共和国环境保护部官网，http：//dqhj. mep. gov. cn/zcfg/201709/t20170915_421697. shtml。

② 河北省交通运输厅官网，http：//www. hbsjtt. gov. cn/。

③ 山东省人民政府官网，http：//www. shandong. gov. cn/art/2017/9/30/art_ 2661_ 217456. html。

④ 《运煤饭碗不保，9 月底河北港禁柴油车运煤》，卡车之家官网，http：//www. 360che. com/law/170713/81437. html，2017 年 7 月 15 日。

月 12 日国家发展和改革委员会发布了 2017 年钢铁煤炭去产能实施方案，2017 年全国将退出煤炭产能 1.5 亿吨以上。而 1.5 亿吨的煤炭，折合成 6×4 牵引车的运力，大概需要拉 500 万趟。[①]

除此之外，大量企业关停也对货运造成重创。据环境保护部的消息，截至 2017 年 6 月底，京津冀及周边地区 28 个城市已经核查出“散、乱、污”企业 17.6 万家，对无法升级改造达标排放的企业，2017 年 9 月底前将一律关闭。[②] 全国各地纷纷爆出企业关停消息。例如 2017 年，山东省潍坊市累计关停化工生产企业 267 家，山东省齐河县关停取缔“小、散、乱、污”企业 253 家。[③] 在本次调查中，卡车司机也都纷纷表示因为大量企业关停，货源越来越少。（SJZ－ZDC 座谈会记录）

（三）排放标准快速升级，导致成本提升、限行严苛、淘汰加速

1. 从国Ⅰ到国Ⅵ：机动车排放标准的升级

为了减少大气污染，我国从 20 世纪 80 年代开始对机动车排放实施监督管理。自那时以来，国家对机动车排放标准的要求不断升级。2000 年开始实施国家第一阶段（简称国Ⅰ）汽车排放标准，之后又陆续颁布实施国Ⅱ、国Ⅲ、国Ⅳ标准，这些都是针对新生产的轻型汽车的排放控制标准，它详细规定了新生产的轻型汽车气态污染物（一氧化碳、碳氢化合物和氮氧化物）和颗粒物的排放限值，以及配

---

① 《今年煤炭去产能 1.5 亿吨，拉煤司机活难干》，卡车之家官网，http://www.360che.com/law/170523/79943.html，2017 年 5 月 8 日。

② 《环保部：京津冀区域“散乱污”企业超 17.6 万家》，人民网，http://env.people.com.cn/n1/2017/0714/c1010－29406258.html，2017 年 7 月 14 日。

③ 《抓环保动真格潍坊累计关停化工生产企业 267 家》，搜狐网，http://www.sohu.com/a/205058975_816539，2017 年 11 月 17 日；《德州齐河关停取缔小散乱污企业 253 家》，《齐鲁晚报》，http://news.qlwb.com.cn/2017/1026/1100410.shtml，2017 年 10 月 26 日。

套的检测方法、燃料要求和申报程序等。2008 年开始实施新生产汽油车国 4 标准。对于新生产的重型汽车（如载重卡车、大型客车等），2013 年 7 月 1 日开始实施国Ⅳ标准。图 4－1 为北京和全国从国Ⅰ到国Ⅴ标准的实施时间。

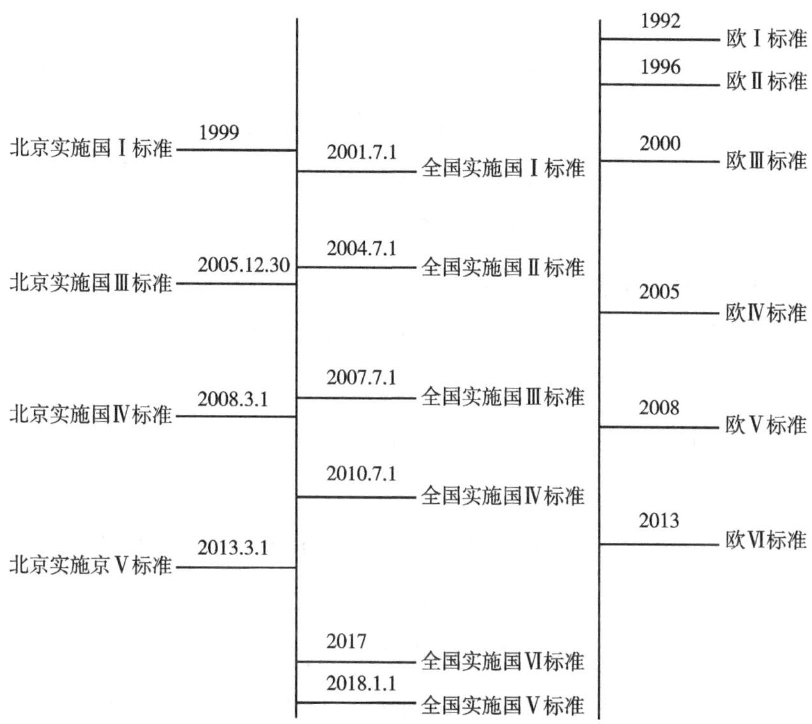

图 4－1　北京和全国从国Ⅰ到国Ⅴ标准的实施时间

资料来源：《国Ⅴ排放标准实施时间》，载 chemao. com

2016 年初，环境保护部和工信部发布了关于实施第五阶段机动车排放标准的公告。公告明确指出，东部 11 省市（北京市、天津市、河北省、辽宁省、上海市、江苏省、浙江省、福建省、山东省、广东省和海南省）自 2016 年 4 月 1 日起，所有进口、销售和注册登记的轻型汽油车、轻型柴油客车、重型柴油车（仅公交、环卫、邮政用途），须符合国Ⅴ标准要求；全国自 2017 年 7 月 1 日起，所有制造、进口、销售和注册登记的重型柴油车，须符合国Ⅴ标准要求；全国自2018年1月1日起，所有制造、进口、销售和注册登记的轻型柴油车，须符合国Ⅴ标准要求。[①] 相比于国Ⅳ标准，国Ⅴ标准对氮氧化物、碳氢化合物、一氧化碳和悬浮粒子等机动车排放物的限制更为严苛。

2017年12月，环境保护部组织修订了《机动车污染防治技术政策》（下称《政策》），并于12月11日正式发布实施。虽然此《政策》为指导性文件，并不强制实施，但却是机动车污染治理的风向标。《政策》鼓励有条件的地方提前实施轻型车和重型车第六阶段排放标准[②]；新生产柴油车应安装符合产品技术标准要求的排气后处理装置，例如柴油车颗粒过滤器（DPF）、选择性催化还原装置（SCR）等，鼓励使用固体氨选择性催化还原装置（SSCR）。[③]

虽然各地的具体政策有所差异，但是大多响应国家要求，推动国Ⅴ标准的执行，部分省市甚至走在了国家规定之前。以下为一些省市的规定。

2017年年初，深圳市印发了《深圳市大气环境质量提升计划（2017－2020年）》。计划中的一项是“2017年6月底前，报省政府批准全面执行柴油车国Ⅴ排放标准，注册登记或转入的柴油车必须达到国Ⅴ排放标准并具备整车出厂时配置的DPF装置”，否则不给注册登记及转入。[④]

---

① 中华人民共和国工业和信息化部官网，http：//www. miit. gov. cn/newweb/n1146290/n4388791/c4603090/content. html。

② 2017年9月12日，《重型柴油车污染物排放限值及测量方法（中国第六阶段）》（简称“重型车国Ⅵ标准”）送审稿完成，意味着国Ⅵ标准基本尘埃落定。一年之内，完成了国5标准的实施到国Ⅵ标准的制定，排放标准的加速升级可见一斑。

③ 中华人民共和国环境保护部官网，http：//www. zhb. gov. cn/gkml/hbb/bgg/201712/t20171218_ 428132. html。

④ 深圳政府在线，http：//www. sz. gov. cn/zfwj/zfwj/szfwj/201704/t20170426_ 6168449. htm。这项举措公布后遭到了不少当地的经销商以及商用车厂家的反对，特别是对加装DPF（颗粒捕集器）这一项，因此加装DPF的实际执行时间推迟到2018年1月1日。

2017年6月26日，广州市环境保护局、广州市工业和信息化委员会、广州市公安局、广州市交通委员会联合发布了《柴油车执行第五阶段国家机动车大气污染物排放标准的通告》，正式确定了广州自7月1日起将重型柴油车正式切换到国五标准。该文件表示最大总质量大于3.5吨的柴油车，均视为重型柴油车，从2017年7月1日起执行国V排放标准；2018年1月1日起，在广州市注册登记或转入广州市的除客车以外的轻型柴油车执行国V排放标准。[①]

北京走在更前列。早在2015年5月25日，北京市环境保护局、北京市质量技术监督局、北京市公安局公安交通管理局三部门联合下发了关于实施重型柴油车第五阶段排放标准的公告。公告提出：从2015年6月1日起，申报北京环保目录的重型柴油车需符合国V标准；从2016年1月1日起，北京新增重型柴油车需安装DPF，车型包括公交车、环卫车、旅游车、邮政车、渣土车、班车、校车、机场巴士等；从2015年8月1日起，国V以下车型不准予上牌，已经开票和外省过完户的国Ⅳ车辆不受影响。[②]

2. 低于国V标准货车的处理方式：限行、加装环保装置、报废

2009年环境保护部发布通知，鼓励“黄标车”提前报废。2014年，环境保护部联合公安部、财政部等五部委发布了《2014年黄标车及老旧车淘汰工作实施方案》（下称《方案》），对黄标车进行了明确的定义：机动车污染物排放标准低于国Ⅰ排放标准的汽油车和国Ⅲ排放标准的柴油车。《方案》提出到2014年底淘汰黄标车和老旧车[③]600万辆；到2015年，淘汰2005年底前注册营运的黄标车，基本淘

① 中国广州政府官网，http：//www.gz.gov.cn/gzgov/gsgg/201706/b88afc54da8a43be945662786efa56e3.shtml。

② 北京市环境保护局官网，http：//www.bjepb.gov.cn/bjhrb/xxgk/fgwj/gfxwj/shbjgfxwj/605405/index.html。

③ 老旧车是指“原则上未达到现行国家第四阶段排放标准的车辆”。

汰京津冀、珠三角、长三角等区域内的500万辆黄标车；到2017年，基本淘汰全国范围的黄标车。[①] 2015年12月9日，环境保护部向媒体通报了2015年1～11月各地黄标车淘汰进展情况。2015年11月，全国共淘汰2005年底前注册营运的黄标车17.55万辆；截至11月底，全国累计淘汰2005年底前注册营运的黄标车117.07万辆，占淘汰任务的100.53%，黄标车淘汰工作进入收官阶段。[②] 2016年底，由于黄标车淘汰和限行政策的加严，黄标车已经无法上路运营。

相对于黄标车，国Ⅲ和国Ⅳ标准的车辆则面临着限行、加装DPF、被注销车辆营运证、新车不予以过户和上牌，乃至被淘汰的厄运。例如，上海早在2015年就开始对2011年前投放的、车龄在5年以上的国Ⅲ柴油货车，在中环等区域实施全天24小时限行；北京自2017年9月21日起，六环路全天禁行除拥有通行证以外的所有国Ⅲ排放卡车，而国Ⅳ、国Ⅴ排放的卡车，也只能在0时至早上6时之间的短短6个小时内通行六环路，其他时间段和国Ⅲ卡车一样禁止行驶；郑州从2017年10月1日起，禁止国Ⅲ车进入四环；天津规定自2018年2月1日起，未加装DPF的国Ⅲ中型、重型柴油货车禁止进入外环线及以内区域道路通行。[③]

2017年9月26日，山东省人民政府办公厅发布《关于山东省落实〈京津冀及周边地区2017－2018年秋冬季大气污染综合治理攻坚行动方案〉实施细则的通知》。细则第18条对于国Ⅲ货车的管控做了新的要求，表示将积极推进在7个传输通道城市中，国Ⅲ重型柴油营运货车加装DPF和具备实时诊断功能的车载远程通信终端（危险货物运输车

① 中华人民共和国环境保护部官网，http：//www.mep.gov.cn/gkml/hbb/bwj/201409/t20140918_289246.html。

② 中华人民共和国环境保护部官网，http：//www.mep.gov.cn/xxgk/hjyw/201512/t20151210_318769.html。

③《部分城市开始限行，国三车究竟还能顶几年》，中国汽车网，http：//www.chinacar.com.cn/newsview177219.html，2017年12月25日。

辆除外），并将此作为检验重型柴油营运货车排放标准的重要内容；鼓励率先淘汰临近报废、残值较低、车况较差的车辆，引导国Ⅲ重型柴油营运货车更新为清洁能源或国Ⅴ以上标准车辆；自2018年1月1日起，达不到排放标准的国Ⅲ重型柴油营运货车注销车辆营运证。[①]

2017年，一些城市开始积极推行引导国Ⅲ老旧柴油车报废政策。对于报废车辆的车主，政府给予一定额度的补贴。一般来说，报废的车型越大，年限越近，补贴价格越高。2017年9月20日，北京出台《北京市促进高排放老旧柴油货运车淘汰方案》，提前淘汰2013年7月1日（不含）以前在北京市注册登记的柴油货运车（包括轻型载货柴油车、中型载货柴油车和重型载货、重型牵引柴油车，不含黄标车），相关人员可获政府最高10万元的补贴；深圳在2017年11月14日发布《深圳老旧车提前淘汰奖励补贴办法》（2017～2018年），国Ⅲ柴油货车提前淘汰最高可获3万元补贴；2017年5月17日，杭州市环保局公开征求关于引导国Ⅲ柴油车淘汰报废的意见，补贴最高达38000元。[②]

（四）对卡车司机的影响

根据课题组的调查数据，当前公路货运的主力军是国Ⅲ、国Ⅳ标准的车辆。在课题组的1779个有效样本中，国Ⅱ标准的货车占5.2%，国Ⅲ标准的占39%，国Ⅳ标准的占34.8%，国Ⅲ标准和国Ⅳ标准的两项合计占比73.8%（见图2－27）。可见，国Ⅴ标准的实施对于当前的货运行业是不小的冲击。

排放标准的快速升级对卡车司机的影响很大。第一，推高了车价，提高了运输成本。对于一些地方要求加装的DPF，根据排量的不同，价格从2万到4万元不等。如果要置换新车，同样的车型，因为

---

① 山东省人民政府公报，http：//www.shandong.gov.cn/art/2017/11/9/art_2661_227257.html。

② 《部分城市开始限行，国Ⅲ车究竟还能顶几年》，中国汽车网，http：//www.chinacar.com.cn/newsview177219.html，2017年12月25日。

排放标准升级，价格要高出许多。调查中，一位卡车司机指出当前4.2米的车涨到13.5万元左右，之前则只要6万元。（ZB－WS访谈录）第二，车辆淘汰导致收入危机。大部分卡车司机贷款买车，在头两年为了偿还贷款，一般都难有余钱。标准的提高使得一些司机面临着贷款刚还完，甚至还没有还完，车就要被淘汰的厄运："车钱没赚回来，车就不行了。"（SJZ－SDC座谈会记录）这是本次调查中不少卡车司机的感慨和担忧。第三，心理压力增大。因为政策不断变化，不确定性很强，卡车司机承受着很大的心理压力。一位车主说到自己对于不知哪天就被淘汰的心情。

> 这就好比得了肿瘤，不敢去检查。有时候想看又不敢看，真要轮到自己了，不知道怎么办。就怕哪天通知你黄标，三环不让走，绕城高速不让走，车就相当于废了。注册都是15年，有的车5年都不到就报废了。那时候就等死。车没了，就跟房子没了一样。玩命的都有。（SJZ－GLZ访谈录）

环保政策对卡车司机的影响多维而深远。企业关停并转导致货源减少；煤炭运输从公路走向铁路，使得因为煤炭去产能而受创的运煤车雪上加霜；排放标准的不断升级提高了成本，也使得各类货车更频繁地面临限行/禁行，接受更严苛的排放检测，并时刻面临着被报废、淘汰的厄运。如何在治理大气污染、营造更好环境的同时，保障卡车司机的利益，是相关政策制定部门必须仔细考虑的问题。具体说来，应当仔细妥帖地设计相关政策，将货运业所承担的环保成本分散到已购车的自雇卡车司机个人、各级货运企业以及国家三者身上，由三者按照合理比例共同承担，而不是主要由已购车的个体车主和自雇卡车司机个人承担。

第五章　问题与对策

卡车司机是一个特殊的职业群体。通过对卡车司机人口社会学特征的分析与劳动过程基本特点的阐述，可以看出这个职业群体的基本状况。在第五章，课题组总结与梳理了这个群体面临的若干重要问题，并在政策上有针对性地提出九条具有操作性的建议。

一　逐步有序地推进非标车型淘汰

如前所述，我国货运车型标准化率不足50%。课题组在调查中发现，某些地区的货车超限、超载现象尤为严重，装运砂石、煤炭的“百吨王”大卡车很常见，有的载重超过150吨，相当于4~5辆普通货车的载重量。这些车辆有的是货运企业非法拼装、改装的产品，有的甚至是由正规企业生产的。

2016年，各地公安机关交通管理部门在办理机动车注册登记环节时发现，部分新出厂货车存在不符合国家安全技术标准、与工业和信息化部的《道路机动车辆生产企业及产品公告》（下称《公告》）不一致等违规生产问题，涉及339个生产厂家的2008个车型。货车违规生产问题主要集中在以下几个方面。

一是关键性安全装置缺失。货车防抱制动装置（ABS）、侧后防护装置、车身反光标识及尾部标志板等安全装置对减少道路交通事故具有重要作用，但部分车辆未按规定安装设置。据统计，94个货车车型未按规定安装防抱制动装置，104个车型未按规定安装侧后防护装置，71个车型未安装车身反光标识，56个车型未安装车辆尾部标志板。

二是超长超宽、轮胎规格不一致等问题较为严重。超载、超限行驶将导致车辆制动性能下降或制动失灵，从而造成严重的交通安全隐患。车辆超长、超宽是引发超载、超限运输的重要因素，一些厂家违规改变货车车厢尺寸、更改轮胎规格、增加钢板弹簧数量，为超载、超限运输提供条件。据统计，156 个货车车型的外廓尺寸、货厢尺寸，145 个车型的轮胎规格与《公告》或《整车出厂合格证》标明的技术参数不一致。

三是监管技术要求不落实。70 个重型货车、危险货物运输车车型未按规定安装行驶记录仪；348 个货车车型未按规定在驾驶室两侧喷涂栏板高度、总质量及危险货物罐体容积、货物种类。另外，车辆识别代号是确认机动车唯一性的重要编码，按照国家标准规定不得凿改，共发现有 233 个车型车辆识别代号有凿改、挖补等情形，涉嫌用已淘汰车型套用新车《公告》骗领机动车牌证。①

2016 年 8 月 18 日，交通运输部等部门发布《关于进一步做好货车非法改装和超限超载治理工作的意见》以及《车辆运输车治理工作方案》，提出要加强标准化车型推广使用的政策引导，重点加大车辆运输车、液体危险货物运输罐车等标准化车型的推进力度。

非标车型在一定程度上增加了运力，降低了运营成本，但却极大地扰乱了市场秩序。使用非标车型的违法经营者以超低价格与合法经营者开展不正当竞争，最终将使货运市场出现“劣币驱逐良币”的状况。所以，从长期来看，清理非标车辆对于货运市场的有序发展具有极大的利好效应。但是，从短期而言，新规的实施意味着大量非标车辆将退出市场，而这些车辆的所有者大部分都是中小企业和自雇卡

① 《部分货车车型违规生产问题突出货车运输安全隐患严重》，交通网，http：//jgzx. 122. cn/c/2017 -01 -18/756393. shtml，2017 年 1 月 18 日。

车司机，这一群体的抗风险能力相对较弱，如果采取“一刀切”的方式，可能会引发一些社会问题。

因此，课题组建议对非标车型的治理应区别对待：其一，对于那些私自非法改装的车辆，应该严格按照法规要求限时退出，相关损失由车主自行承担；其二，对于那些由正规厂家生产的“合法”非标车辆以及原来“合法”、新规发布后变成“不合法”的车辆，应由政府和厂家酌情予以补贴。

二　稳步推进车辆环保升级

本次调查的样本数据表明，近80%的卡车司机驾驶车辆的排放标准低于国Ⅴ，其中近45%的排放标准低于国Ⅳ（参见图2-27）。虽然按照国家现行的汽车报废年限规定，重型、中型和轻型载货车的使用年限为10年（可延长5年），但随着各地国Ⅲ卡车限行政策的逐步推开，国Ⅲ卡车的运营地域范围日渐缩小，相当比例的卡车将面临淘汰，这给广大卡车司机特别是自雇卡车司机造成了严重的困扰。

首先，限行地域逐渐扩大和异地过户限制，导致国Ⅲ车辆转手困难。国Ⅲ卡车如果车辆手续齐全，在车辆户籍所在地范围内尚能过户上牌，而异地二手车迁入一般要求排放标准在国Ⅳ以上，某些地区甚至对国Ⅳ车辆的异地过户也进行了限制。其次，绝大部分地区对国Ⅲ车辆淘汰没有补贴，少数地区虽然提供了补贴，但补贴标准差距很大。例如北京最高补贴额度达到10万元，但有些省份只补贴1万元。低额补贴与车主实际损失相比相去甚远。最后，大部分国Ⅲ车正值“壮年”，自雇卡车司机常常刚还清贷款，车辆就要被淘汰了。一般来说，如果在购车2年后车辆就被淘汰，购车成本加上人工成本和时间成本，损失总额将会达到10万~20万元。在本次调查中，很多卡车司机表示：自己刚还完货车贷款，还没有挣到钱。如果车辆报废的

话，又要背新债买车，负担很大。（SJZ－SDC 座谈会记录）

同时，大部分自雇卡车司机都是挂靠在公司的，车辆登记的所有人为挂靠公司。一些挂靠公司为了从中获利，以政策不具体为由，拒绝报废国Ⅲ车辆。车主若想报废自己的车辆，就要出钱把户迁出来，迁户费用少则一两万元，多则三四万元。有的挂靠公司则直接要车主出钱以旧换新，而新车仍需挂靠到原公司，挂靠公司直接从中赚取报废补贴差价。

此外，由于种种原因，燃油标准的实施落后于排放标准的实施，市场供给的燃油品质不高，含硫量比欧美高 25 倍。因此即使购买了环保达标车辆，实际排放也未必能够达标。

近几年来，北京、深圳、天津相继出台了国Ⅴ柴油车要加装 DPF 才能上牌的条例，某些省份更是提出了国Ⅲ柴油车不加装 DPF 不予以审验的规定。

一个 DPF 的价格至少在万元以上，更重要的是加装 DPF 也并不能达到预期的减排效果。一方面，在不提高燃油质量的情况下靠加装 DPF 减少排放，无异于靠戴口罩治理雾霾。另一方面，据天津大学内燃机燃烧学国家重点实验室副主任姚春德介绍，DPF 是一种两端互不相通的闭流式过滤器，内壁通道上遍布细微的孔洞，当被拦截的颗粒物越积越多，孔洞被堵塞得就会越快，进而导致两种结果：一是发动机排气不畅，油耗增加；二是过滤效果变差，甚至完全失效。要想解决 DPF 的堵塞问题，有两个可行方案：第一是拆卸下来进行反吹清洗；第二是加装自动再生装置，即通过燃烧将 DPF 内部的颗粒物处理掉。若加装再生系统，整套装备就会变得非常复杂，而且再生系统并不只是简单的安装，更是和发动机以及 DPF 的工况紧密关联。如果不能保证清洗和配备再生系统，强制为国Ⅲ车加装 DPF 根本于事无补。姚春德教授的上述说法在本次调查中也得到了卡车司机的证实：一些卡车司机指出，国Ⅲ车排放的颗粒物较多，导致加装的 DPF 再生间隔非常短，不但费时费力，还会加快 DPF 的老化失效。而且 DPF 对柴油含硫量以及机油灰分的高低十分敏感，如果使用了不合规的柴油和机油，DPF 将很快失去再生功能而损坏。（参见 SJZ－SDC 座谈会记录）

毫无疑问，加强环保监管，提升环保标准，保证良好的生态环境，是大势所趋，势在必行，卡车司机理应顺势而为。但是政府部门在制定相关政策时，也应考虑到新政策不与现存法律法规产生抵牾。如前所述，法规明文规定车辆的报废年限为 10～15 年，不到年限就强制报废或者用限行等措施变相强制报废，显然这种做法与现行法律法规相冲突。同时，在制定政策时还应考虑到卡车司机的实际困难。因此课题组有如下建议。

第一，在综合考虑环保需求和行业现状的基础上，尽量保证环保升级政策的平稳有序，避免激化社会矛盾。

第二，在财力允许的情况下，根据实际情况，对进行报废的国Ⅲ车辆给予合理的补偿。

第三，政府联合卡车生产厂商，为卡车司机提供以旧换新补贴，引导和鼓励国Ⅲ车辆有序淘汰升级。

第四，出台相关政策，为挂靠公司的卡车司机车辆报废提供切实可行的解决方案。

第五，相关部门和企业积极研发更加有效的环保装置。

三　整治公路“三乱”，规范路检执法，清理不合理收费

根据国务院纠风办、公安部、交通部的有关规定，公路“三乱”是指在公路上乱设站卡、乱罚款、乱收费的行为。主要表现有：未经省人民政府批准擅自设立收费站、检查站，擅自改变合法站卡的位置或增高分站卡；非法上路查车；随意查车，逢车必查，双向拦车检查

罚款；没有法定依据罚款，超标准罚款，罚态度款，重复罚款；滥收过境费，擅自提高过路过桥费，罚款、收费不给或少给票据，使用不合法票据；同其他部门代查、代收、代罚；向过往车辆推销产品，强行拦车洗车；自定标准收取高额拖车费和保管费，没有拖车收拖车费；扣车后有意长时间不办理处罚手续以收取保管费等。这些行为都违反了《行政处罚法》。

课题组在调查中发现，有权力对卡车司机执法的部门很多，包括：交警、路政、运管、高速公路管理、城管、环保、工商、卫生、动物检疫等约 10 个部门。卡车司机被罚款的理由更是五花八门："有的货车在车身上焊根铁棍，路政说这算更改车型，一罚就是 3000 元"，"车身不干净甚至是驾驶室不明亮，城管说影响市容市貌，一罚就是好几千"。此外，不同地方和部门对卡车司机的违法违章处罚标准不统一，让卡车司机无所适从。同样是"超"：交警称之为"超载"，最低罚款 200 元；路政称之为"超限"，最高罚款 3 万元；城管称之为"超重"，最高罚款 2 万元；运管称之为"超越许可"，最高罚款 1 万元。这些部门的罚款互不相认，只能叠加。[①]

以超载、超限为例，政府从 2004 年开始出台相关治超法规，并大规模推动超载、超限的治理。治理了 10 多年，超限、超载问题却屡禁不止。2016 年 9 月 21 日开始的"治超新政"，在交通运输部、公安部发文统一标准、联合执法的情况下，仍有不少地方阳奉阴违，自拉自唱。调查中很多卡车司机反映各地仍有不少超载超限的"百吨王"上路，以罚代管、养鱼执法[②]的情况时有发生，甚至出现了"超载月票"这类匪夷所思的现象。

---

① 《货车司机赚钱越来越难钱　全扣在这些地方了!》，卡车之家官网，https：//bbs.360che.com/index.php/thread-1039430-1-1.html，2016 年 3 月 4 日。

② "养鱼执法"是指违法者有违法苗头或刚刚开始违法时，执法者不及时制止，而是让违法者实施违法，或者放大违法，然后再执法。

值得深思的是，课题组了解到的“超载月票”基本上是道路交通执法部门的内部腐败分子与社会人员内外勾结作案，“超载月票”没有正式收据，收入由相关人员私下瓜分。而河南省伊川县的“超载月票”却是公开的政府行为，交通执法局为购买“超载月票”的司机提供《河南省行政事业性收费基金专用票据》，收费基金项目为损坏公路赔偿费。该局党支部书记解释：“不存在创收分成一说，罚款已全部上缴财政，一分钱也没留下。”①

根据《新京报》的报道②，2011 年我国的公路罚款总额高达 4000 亿元，这还不包括那些以各种名义直接流入执法人员个人口袋的“罚款”。无论表面形式如何，许多罚款实质上是由执法部门和地方政府按比例分成，因此地方政府明知执法者滥用职权多罚款却视而不见，甚至充当“保护伞”。有的地方政府不但不拨给执法部门办案经费，而且还下达创收任务。特别是近年来实体经济较不景气，地方政府财政困难，有的地方政府甚至已经把罚款作为地方财政的“支柱产业”，将执法人员的绩效与罚款额直接挂钩，这自然调动了相关执法人员多罚款的积极性。最终导致的结果是：在某些地方，开票的罚款先上缴财政再行返还，不开票的罚款直接进入执法者的私人腰包。

由此可见，虽然政府针对公路“三乱”采取了加强群众监督、公开执法标准、公开选聘执法人员、改变执法机构性质、保障执法部门经费来源、收支两条线等一系列措施，但仍然未能改变政府财政对罚款的渴望与依赖。

党的十八大以来，党中央的反腐败工作不断深入和加强，财政部门对执法部门在形式上的罚款返还和罚款任务基本取消，但是地方财政和基层执法部门与罚款之间的利益纽带却并未完全切断，而是变得

---

① 《河南伊川县交通执法局办“超载月票”一次交费全县畅通》，凤凰网，http://hn.ifeng.com/a/20170726/5854820_0.shtml，2017 年 7 月 26 日。

② 《公路乱罚款被曝与财政分成》，《新京报》2011 年 5 月 12 日，第 B07 版。

更加隐蔽。对卡车司机的访谈也反映出这种变化。有的卡车司机说："以往车被拦下了，往往直接给交警、路政的人塞点钱就过去了。现在管得严，人家不敢收咱的钱。"（CD－GSSJ 访谈录）

不过，在有些地方，执法人员虽然明面上不再收钱，但是却产生了很多"变通办法"。例如，拦车之后，执法人员查扣了相关证件，告诉卡车司机把车开到指定地点等候处理后就离开了。按照惯例，这一等可能就得好几天，卡车司机哪里耽误得起。此时常常会有社会闲散人员过来，主动和卡车司机打招呼，说是只要给钱，他们能想办法帮忙拿回证件。而且往往是给了钱，不大一会儿他就真能把证件拿回来。不过，这些人的要价比之前直接塞给交警、路政的钱只多不少。（CD－GSSJ 访谈录）

总而言之，近年来，政府对治理公路"三乱"出台了不少政策，但在很多地方基本上是"治标不治本"，根本原因就是"善财难舍"。此外，本次调查还发现，一方面，很多地方的投诉电话、信箱形同虚设，卡车司机投诉的问题长期得不到反馈；另一方面，投诉处理程序又十分冗长，而卡车司机的工作流动不定，很难承受如此高昂的等待成本，所以常常本着"舍钱免灾"的心态，交钱走人。更有甚者，有些地方的道路交通管理部门针对举报人员设立黑名单，对投诉举报人员进行打击报复，甚至有人扬言要让投诉举报人员在其管辖境内"一步一坎"。有鉴于此，课题组认为，要想从根本上治理公路"三乱"，应该采取如下措施。

第一，扩大行政公开的范围。行政公开是实现社会监督的基本保障。各级政府要向社会公布有权进行公路执法的主体，并及时对相关法规进行整理更新，并将其作为执法依据以适当的方式向社会公布。

第二，公开地方财政。地方政府应该公开其财政预算和决算，以方便公众了解每年的罚款收入、用途及去向。只有这样才能斩断罚款背后的利益链条，真正化解将罚款与执法部门绩效挂钩、财政与执法部门罚款分成的潜规则。

第三，保证投诉渠道畅通，提高投诉处理工作的效率，保护投诉人的合法权益。

第四，规范涉及公路“三乱”治理的行政立法活动，保证利益相关方的参与。在法规的制定过程中要严格遵守程序规定，从立项、起草、审核、备案、公布、解释、废止等各个环节进行全面的规范，保证利益相关方的参与权，特别是要听取广大卡车司机的意见，保障听证制度的贯彻实施。

第五，清理、修订相关法律法规。如前所述，目前与道路交通管理相关的部门甚多，出于对部门和地方利益的考虑，各部门和地方都有利用法规巧立名目、增加罚款项目的可能性。而这种倾向的直接后果就是目前涉及道路交通运输管理的法律法规之间相互矛盾、抵触，缺乏统一的执法标准和尺度，为公路“三乱”行为提供“背书”①，为之大开方便之门。因此，道路交通运输的主管部门应当定期清理和修改相关法规，防止权力的部门化和利益化，维护执法标准的统一。

四　简化办证、审验程序，争取实现全国范围的异地办理

卡车司机从事货运需要办理从业资格证、车辆运营证、经营许可证等证件，这些证件由不同的政府部门负责考核发放。现实情况是：第一，监管内容多有重复和交叉，例如驾驶证和道路运输从业资格证，从理论上讲能够获得卡车的驾驶执照就应当具备了驾驶卡车上路行驶的资质，完全没有设置道路运输从业资格证

① “背书”指的是支票在转让的过程中，转让支票出去的人要在支票背后签名（或盖章），称为“背书”。背书的人会对这张支票担负某种程度、类似担保的偿还责任，之后就引申为担保、保证的意思。

的必要。再例如车辆行驶证和车辆运营证，卡车经公安部门车辆年检（安全技术检验）合格，就应该具备了上路运营的条件，但目前的规定是每年还要进行车辆运营证的年检即所谓的综合性能检测。课题组仔细研究了相关检测的标准并请教了相关部门的工作人员，结果发现两项检测内容基本一致。第二，诸如车辆审验和车辆运营证、经营许可证等证件到目前为止还需要回注册地办理，一个证件的办理往往要耗费一两周的时间，这给工作流动性极强的卡车司机造成了很大的困扰。

因此，课题组建议：其一，将内容重复的证件合并，例如将驾驶证与道路运输从业资格证、车辆行驶证与车辆运营证合并。其二，政府有关部门应该加快信息化建设，促进各业务部门和各地区之间数据的互联互通，争取实现相关证照在全国范围内的异地审验。

五　加强社会治安综合治理，严厉打击偷油、偷货、“碰瓷”行为

调查中发现，尽管大部分卡车司机反映道路货运安全形势逐年好转，但是道路货运安全问题仍然是困扰卡车司机的主要问题之一，特别是偷油、偷货、“碰瓷”等行为屡禁不止，严重干扰了公路货运业的生产秩序，甚至影响卡车司机的人身安全。

卡车油箱的容量一般在400升左右，个别车型甚至高达1000升左右，整箱柴油的价值达到2000～3000元。被卡车司机称为“油耗子”的偷油贼使用高功率抽油泵，几分钟内就能偷走一整箱油，如此高额的“赚头”驱使许多“油耗子”铤而走险[①]，疯狂偷油。此

① 《偷油贼高速路盗大货车柴油　一分钟抽干货车油箱》，中国新闻网，http：//www.chinanews.com/df/2016/09－14/8003889.shtml，2016年9月14日。

外，针对大货车的偷货现象也频繁发生，媒体对此多有报道。[①] 本次调查中也发现部分卡车司机有过货物被偷的经历。

对于“碰瓷”，城市居民往往首先想到的是私家车会遭遇此种情况。但现实的状况是越来越多的“碰瓷党”盯上了大货车，这主要是因为如下原因。

第一，卡车司机耽误不起时间。在运价低迷的情况下，卡车司机只能靠超时工作增加收入。同时，有些货物（例如生鲜产品）和运输方式（例如快递）的时效性很强，因此如果在路上遇到了“碰瓷党”，很多卡车司机为了节省时间，宁愿舍财免灾、息事宁人。

第二，人在他乡，安全第一。由于卡车司机的工作特点是常年在异地漂泊，因而“碰瓷党”通常专挑异地车进行敲诈。外地卡车司机人地两生，面对敲诈往往选择被迫就范。

第三，随身携带大量现金。虽然目前互联网发达，大部分城市都支持网络支付，但由于卡车司机在全国各地流动，ATM 异地取款费用较高，很多偏僻地区网络使用条件又较差，因此卡车司机在外食宿、加油、缴费时经常需要使用现金支付，这就使得卡车司机往往随身携带大量现金。特别是在结算运输货款之后，他们随身携带的现金额往往更大，这无疑使得卡车司机成为“碰瓷党”眼中的“肥肉”。

第四，“违章”在先，不敢报警。由于公路“三乱”屡禁不止，卡车司机动辄得咎，部分卡车司机甚至产生了原罪感，从内心害怕执法人员。而且由于运价低迷，一部分卡车司机为了多挣钱，常有超限、超载运营的情况。在这种前提下，卡车司机经常即使明知被讹也不愿选择报警，因为一旦交警到场，无论是否被讹，“违章”处罚都

---

① 《团伙自制云梯夜晚爬货车偷货物酷似演大片》，腾讯网，http：//henan.qq.com/a/20160617/029945.html，2016 年 6 月 17 日。

在所难免。如此算来，还是“私了”合适。

针对上述偷油、偷货、“碰瓷”的情形，有关部门和专家给出的建议是安装技术防范设施（如摄像头、报警器）。但现实情况是即使安装了这些设备也于事无补，因为大部分偷油、偷货、“碰瓷者”都是团伙作案，没被发现的时候是“偷”，被发现之后往往就变成了“明抢”。卡车司机人在异乡，势单力孤，经常是敢怒而不敢言；即使报警，也很难得到及时处理。一般来说，只有导致人身伤害的重大恶性案件才会引起警方的关注。无奈之下，有的卡车司机甚至带狗上车，以便防贼。

在课题组的访谈中，有位卡车司机讲述了他的遭遇。

> 那天早上3点多偷油的来了，我爱人没睡觉，看车。她发现有人偷油，把我叫醒了，我抄起铁管下车把那人吓跑了。我以为没事了，上车继续睡。哪知道那小子不是逃跑了，而是找人去了。一会儿来了十来个人，手里都拿着锹镐、棍子之类的家伙，把我从车上揪下来，手臂给打折了。我报了110，差不多1个小时他们才到，做了笔录就走了，说是让等消息。这都快半个月了，也没消息，答复就是个等。其实那些人都说本地话，而且我停的地方，周边摄像头多得很，查的话应该不是那么麻烦。（CD-LYSJ访谈录）

另外一位卡车司机反映：

> 到了休息站，保安就会过来问，是长停还是短停。如果长停，最好交20元，就可以踏实睡觉，他保证油、货安全；不交的话，安全自理。最开始我不愿意交，但被偷了几次后就想通了，只当是睡宾馆了，交20元钱能踏实睡一宿，第二天精神也

好。省这20元，觉睡不好，影响第二天开车不说，即使发现偷油的，我也不敢动手，弄不好还要受伤，所以还是交钱合算。（CD－NCSJ访谈录）

从这些叙述中可见卡车司机对执法者颇为不满，在他们看来，有些执法者不仅不作为，甚至跟偷油、偷货的犯罪分子内外勾连。课题组通过对执法部门的访谈发现，执法者也有难言之隐：其一，当前犯罪分子经常跨省流动作案，追查成本较高；其二，执法部门办案经费紧张，人手不够，查办此类案件基本属于“净支出”，属于“费力不讨好”的活，所以在资源有限的前提下，只能推延。追根究底，还是有些执法人员私念作怪，利益当头。

针对上述情况，课题组有如下建议。

第一，从卡车司机一方来看，除了提醒广大卡车司机安装摄像头、报警器之类的安防设施之外，在当前行路治安情势尚未得到彻底改善的条件下，特别提倡卡车司机应抱团取暖，守望互助，发挥自己群体的互帮作用来保护自身利益不受侵犯。

第二，从政府一方来看，应该调整管理机制，从精神和物质两个层面鼓励相关执法部门加大对盗抢、欺诈行为的打击力度；大张旗鼓地对相关案件的破案有功人员给予表彰奖励；同时为执法部门办理相关案件提供相应的专项经费。

第三，“没有买卖就没有伤害。”据了解，被偷的大部分柴油，经过黑市辗转，最终还是为卡车司机所消费。卡车司机在“黑加油点”加油的结果是间接助长了偷油行为，最终害人害己，得不偿失。因此，相关市场管理部门应当对盗抢货物、油料销售的地下市场进行严厉打击。同时应当倡导卡车司机洁身自好，拒绝贪图便宜去“黑加油点”加油。

六　提升高速公路休息区、物流港的服务质量，在国道沿线增设标准服务站

在此次调查过程中，卡车司机对高速休息区、物流港和国道沿线的服务均颇有微词，他们反映的问题主要集中于以下几个方面。

第一，安全问题堪忧。卡车司机普遍反映，疲劳驾驶的一个重要原因，是在应该休息的时间得不到休息。由于在物流港、休息站和路边客栈经常丢货、丢油，所以卡车司机在睡觉的时候仍需提心吊胆地看护油箱、货箱，夜不能寐。这一点从卡车司机在网上转发的“事故多发服务区”名单[①]就可见一斑。

第二，服务质量亟待提高。目前我国投入运营的高速公路服务区（停车区）已达2000多个。但是由于各地的经济条件、服务区的管理体制、管理部门的重视程度等各不相同，高速公路服务区的发展并不平衡。部分服务区因为环境卫生差、饭菜不可口、商品及服务（住宿、车辆维修等）价格高、加油难、如厕难等问题，屡遭非议。[②] 个别地方甚至出现了“以包代管”[③] 的服务区，承包商往往只注重经济效益而罔顾基本公共服务水平。

第三，国道服务区分布不均，高速公路服务区客流量差异大。目前一些省市开始在国道设立服务区，但是通常这些服务区的设置都是市场行为，所以往往在人车流量大的地方服务区扎堆，车少人少的偏

① 《全国各地哪些服务区容易遭偷？转出去，让货车司机都看到!》，百度贴吧－卡车之家吧，https：//tieba. baidu. com/p/4812273625？red_ tag＝0847925100，2016年10月7日。

② 《全国高速服务区优劣公布：交通部点名批评这23家》，快科技，http：//news. mydrivers. com/1/454/454462. html，2015年11月2日。

③ “以包代管”是指将工程或行政监督检查职能等的责任和权利以合同形式分包给别的单位、企业等。这样有可能把许多要求一定技术、管理能力的工作转包给没有达到技术、管理要求的单位或企业等而造成事故多发，分包的单位或企业往往更看重效益而忽略了安全和质量的投入而出现事故。

远地区则十分罕见。同样，某些高速公路虽然按规范设置了服务区，但由于客流量少，服务区长期处于关闭或半关闭状态。

基于上述情况，课题组建议，道路服务区作为道路交通基础设施的一部分，应该采取政府购买与市场运作相结合的方式，统筹安排与规划。在人车流量少的地方，应该以政府购买服务的方式由政府出资、企业或社会组织运营，提供基本的加油、食宿、维修等服务；在人车流量大、盈利较好的地方，可以完全交由企业运营，自负盈亏。除此之外，政府应当加强对服务站、休息区的服务质量与价格监管，在保证服务质量的前提下，让运营者获得合理的收益，使得卡车司机、其他司乘人员和乘客享受物有所值的服务。

七 严防疲劳驾驶，关注卡车司机健康

调查中发现，卡车司机疲劳驾驶的情况比较严重。从职业特征来看，造成疲劳驾驶的主要原因是：第一，工作的不确定性过强，忙闲不均加之路况复杂，配货、维修、发生事故、交通堵塞等都会耽误大量时间，如不延长驾驶时间很难按时准点到达目的地，由此造成卡车司机的疲劳驾驶。第二，雇人成本不断提高。很多自雇卡车司机为了节省成本，不愿另雇司机，自己既当老板又当司机，长时间单独驾驶，极为疲劳；还有一些自雇卡车司机虽然也雇用了司机，但是不愿多雇，因此所雇司机的劳动强度也较大。访谈中某位他雇司机提到：

> 过去车上都是两到三名司机，轮换着开，现在就一个司机，从头开到尾。老板尽量少雇司机省钱，我们找个活干不容易。你想想，那么多司机同时出车，别人都早早返回了，如果我回去晚了，老板就不雇我了。（CD－GSSJ 访谈录）

近年来，为了缓解疲劳、刺激精神，吸毒驾驶的卡车司机数量出现增长苗头，并呈现出小圈子化的趋势。据新华社 2016 年 9 月 27 日报道：2016 年 8 月 25 日，河北省武强县公安局民警查获 6 名毒驾人员；8 月、9 月两个月共查获 13 名毒驾司机，其中 12 名都是卡车司机。据被查获的大货车毒驾司机王某供述，他在车上吸食毒品，主要为了开车时提神。“在一些国道省道停车休息、加油加水的地方，就有人向我们兜售毒品，山西经常跑长途的司机都知道，这些毒品都经过加工处理，毒性轻，少量吸食只会让自己更精神，不瞌睡，一气能跑个三四千公里。”卡车司机吸食毒品后，会暂时精神振作，但也会造成判断力低下，如果把握不好吸食量，可能造成高度亢奋甚至产生幻觉，一旦失去控制驾车冲撞，后果不堪设想。①

除了导致对精神药品或功能性饮料的依赖之外，长期疲劳驾驶还会对颈椎、腰椎等关节部位，以及眼睛、胃部等器官造成损伤。事实上，卡车司机的职业病多与疲劳驾驶有关。

鉴于疲劳驾驶对于交通安全和卡车司机自身的健康有如此重大的影响，课题组建议采取以下措施，以期改善。

第一，就卡车司机个人而言，一方面，要加强对他们开展交通安全教育，使之充分意识到疲劳驾驶对个人和社会的巨大潜在危害；另一方面，各级管理部门要通过技术手段加强对卡车司机的监控和处罚力度，强迫其到点停车休息。例如北斗系统提供的打卡功能，当前此功能的主要用途在于执法部门拦车检查后，根据系统记录事后处罚疲劳驾驶司机。随着技术的发展，可以逐渐发展至事前提醒，甚至采用技术手段强行让车辆停止行驶。

第二，就整个道路货物运输行业而言，课题组认为应该参考

① 《河北：一县一天查获 6 起大货毒驾　毒驾为公共安全带来巨大隐患》，交通网，http://jgzx.122.cn/c/2016-09-27/748659.shtml，2016 年 9 月 27 日。

"滴滴模式"[①]，借助信息技术手段，逐步消除货运市场供需双方的信息不对称，使用大数据手段合理规划和调配资源，鼓励卡车互联网平台的发展，减少卡车司机的无效工作时间，保证和增加休息时间，提高他们的收入水平和幸福感。据统计，目前我国卡车的空载率高达40%[②]，这意味着卡车司机的相当部分时间是在从事无效劳动。如果公路货运领域出现类似于"滴滴"这样能够及时沟通供求双方信息的平台，将能大幅度降低卡车司机的劳动强度，减少劳动时间，保证其有更多的休息时间，从而避免疲劳驾驶，保障卡车司机的健康。

第三，针对卡车司机由疲劳驾驶而引发的职业病，在休息区服务站提供诸如按摩等缓解疲劳的服务；同时加大宣传，督促卡车司机定期体检，并使之了解相关的防治知识。

八　谨慎实施无车承运人制度

（一）关于"无车承运人"

"无车承运人"是由美国"货车经纪人"（track broker）这一词语演变而来，同时又是无船承运人在陆地的延伸。"无车承运人"指的是不拥有车辆而从事货物运输的个人或单位。"无车承运人"具有双重身份，对于真正的托运人来说，其是承运人，但是对于实际承运人而言，其又是托运人。"无车承运人"一般不从事具体的运输业

① "滴滴模式"指的是"滴滴出行"App的运营模式。"滴滴出行"是涵盖出租车、专车、快车、顺风车、代驾、大巴等多项业务的一站式出行平台，它改变了传统打车方式，利用移动互联网特点，将线上与线下相融合，最大限度优化乘客打车体验，节约司机与乘客沟通成本，降低空驶率，最大化地节省了司乘双方的资源与时间。参见百度百科。

② 《政协委员徐冠巨：中国货车空载率达40%　应发挥互联网作用促升级》，浙江在线，http://zjnews.zjol.com.cn/system/2015/03/02/020531360.shtml，2015年3月2日。

务，只从事运输组织、货物分拨、运输方式和物流运输线路的选择等工作，其收入来源主要是由规模化的“批发”运输而产生的运费差价。从业人员通过对资源的有效整合以及多样化业务的创新运作，以达到多方利益共赢的目的。

仅就概念而言，道路货物运输行业有资格成为“无车承运人”的主体大概有以下几类：货代，物流三方企业，物流园区，互联网概念的各类配货及交易平台，物流供应链服务商，部分卡车、物流设备提供商，部分软件平台及物流 GPS 服务商。

（二）国内“无车承运人”现状

2016 年 8 月，交通运输部印发《关于推进供给侧结构性改革，促进物流业“降本增效”的若干意见》（下称《意见》）。《意见》明确指出，2020 年基本建成经济便捷、高效优质的交通运输物流服务体系，并通过数据量化，培育一批规模化、网络化平台型物流企业，开展 50 个左右“道路货运无车承运人”试点。

2016 年 9 月，交通运输部办公厅发布关于推进改革试点，加快无车承运物流创新发展的意见，从 10 月起在全国开展道路货运“无车承运人”试点工作。

2017 年 3 月 6 日，交通运输部发布《交通运输部办公厅关于做好无车承运试点运行监测工作的通知》（下称《通知》）。《通知》显示，29 个省（区、市）共筛选确定了 283 个无车承运试点企业。

课题组在访谈中发现，在卡车司机眼中，中小型的“无车承运人”其实与传统的货代区别不大，真正对他们产生影响的是那些类似于“滴滴模式”的依靠互联网技术并且拥有自己 App 的“无车承运人”。

从 2014 年开始，大量资本涌入了车货匹配 App 行业，在经过两年多的狂热之后，到了 2016 年底，市场逐渐“退烧”，货运领域形成“运满满”、“货车帮”、“陆鲸”等几家大公司硕果仅存的局面。2018 年初，市场混战尘埃落定，大公司市场份额划界接近完成，有些货运领域的“巨无霸”App 已经开始转入收费服务。

然而在资本市场的喧嚣之外，卡车司机最关心的还是货源与运费的问题。对卡车司机而言，“无车承运人”也是货代，所以评判“无车承运人”好坏的标准就是能不能找到更多的货、挣到更多的钱。根据访谈，卡车司机表示，与传统货代相比，这些“货运版滴滴”最大的优势就是找信息更方便，在开车休息的间隙，用手机就能搞定货源。此外，一些资本雄厚的大型“货运版滴滴”还提供代收货款、办理货物保险、代开增值税发票等服务，无疑这些服务为卡车司机提供了很大便利，但与此同时也带来了一些困扰。

首先，货运市场不同于出租车市场。在出租车市场，乘客与出租车司机直接交易，“滴滴”能直接提高沟通效率，降低交易成本。但在货运市场，卡车司机与货主之间还隔着各级货代。“货运版滴滴”目前很难越过货代而直接找到货主，因而在“货运版滴滴”上发布信息的常常是货代，而不是货主。因此，一方面，货代“扒皮”即盘剥运费的现象依然存在；另一方面，由于 App 提供了更为便利的信息沟通方式，货源转包情况更为严重。很多卡车司机反映，在 App 上发布信息的多数都不是真正的货主，常常是隔了几层的货代，卡车司机需要多头联络，费时费力，利润甚薄。

其次，由于网上运费结算、代收货款等服务需要占用大量流动资金，对企业资本和资质的要求都比较高，因此很多平台仅提供了便利的交流，却没有提供交易信用保障，结算运费时仍是通过线下交易。卡车司机原来通过“关系”找到货源，如果出现拖欠货款的情况，还可以通过“关系”来解决；而现在通过“无车承运人”平台找到陌生货主，如果平台无力提供交易信用保障服务，一旦出现纠纷，因没有“关系”作为保障，卡车司机就很可能遭受较大的损失。

最后，这些平台的原意是促进信息透明，提高交易效率，降低交易成本。但是在“车多货少”的情况下，本来是双向选择的平台，反而更加增强了货主的市场优势地位。卡车司机在平台上公开报价，接受货主单向的挑选。为了抢到货，卡车司机不得不采取频频降价、恶性竞争的手段，加上大量不在乎价格的“返程顺风车”的存在，最终形成了“价低者得”的局面。

需要提出的是，出租车市场“滴滴”一家独大之后，出现了出租车司机和专车司机收入下降、乘客用车费用上升的情况，这也使得卡车司机对诸如“运满满”、“货车帮”（这两家已于 2017 年 11 月合并，并于 2018 年 1 月开始对货代、卡车司机双方收费）这类大型的“无车承运人”心存疑虑：一方面，希望他们做大，从而能够更方便地获取货源并享受代收货款和代开发票的便利；另一方面，又担心他们一旦形成垄断，成为下一个“滴滴”，自己的收入不增反降。

鉴于以上状况，课题组有如下建议。

第一，政府应该出台相应的政策，例如建立基于北斗系统的信息共享平台、提供财政补助等，鼓励“无车承运人”做大、做强，朝规模化经营方向发展，通过信息化和集约化经营改变道路运输行业“小、散、乱、弱”的局面。

第二，通过行政手段，防止出现一家独大的垄断情况，维持市场的有序竞争和良性秩序。

第三，避免由于新经济形式的介入引发巨大震荡，适度保护作为市场弱者的卡车司机的利益。

九　去除对卡车司机的“污名化”

“污名”（Stigma）一词的起源可追溯至古希腊。近代以来，由于社会学家的努力，这一词语被广泛地运用于社会科学之中。[①] 借助这一透镜可以看到，在现实生活中，卡车司机群体已经被严重"污名化"。涉及大货车的各类负面报道频繁见诸各类媒体，"事故、伤人、致人死亡、违章、超载、超限、污染、破坏道路、逃费"等已经成为媒体中描写卡车司机的高频词汇。在舆论的引导下，大货车已经等同于"大祸车"，卡车司机在普通市民心目中似乎形成了与"没素质、没文化、马路杀手"等字眼联系在一起的刻板印象。

造成卡车司机"污名化"的主要原因如下。

第一，政府对于"大祸车"的高调治理。近年来政府对于大货车的超限、超载和环保问题十分关注，相关的行动、成绩报道常常见诸各类媒体。与"大祸车"相关的标语海报亦随处可见。

> 货车超载，祸从货起；
> 治理货运车辆超限超载，保障人民群众生命安全；
> 治理货运车辆超限超载，保护路桥关爱生命；
> 货运车辆超限超载是交通安全的天敌；
> 关爱您和他人生命，拒绝货运车辆超限超载；
> 路桥承重有限度，货车装载应知足……

这些标语将货车界定为威胁社会公众生命安全和损坏道桥的罪魁祸首，与之相关的卡车司机自然也就成为各种事故的主要肇事者。

第二，媒体舆论对"大祸车"宣传的推波助澜。如前所述，迄

① 社会学家戈夫曼对"污名"现象做出了深刻分析：他在经验研究的基础上，提出了"受损的身份"（spoiled identity）的核心概念，用于描述遭受污名化体验的人们被社会他人贬低的社会地位。污名化（stigmatization）的目标对象是由于其所拥有的"受损的身份"，而在社会他人眼中逐渐丧失社会信誉和社会价值，并因此遭受到排斥性社会回应的过程。

今为止媒体对大货车报道大多以负面新闻为主。

> “远离大货车”不是一句口号，它是保命符！
> 大货车为何成为“大祸车”？
> 一辆车硬塞两车货，疯狂“大祸车”被交警查获；
> 大货车＝大祸车？
> 为什么大货车总是“大祸车”？怵目惊心！
> 大货车＝“大祸车”，敬而远之的这些车；
> 大货车屡变“大祸车”，我们该如何躲过它；
> 不要招惹“大祸车”，听完货车司机的话震惊了；
> 大货车惹不起！新手怎么应对“大祸车”；
> “大祸车”占海南高速路行驶，极易引起交通事故；
> 大货车变“大祸车”，违法行为数不胜数；
> 从源头抓起莫让大货车成“大祸车”……

课题组在资料收集的过程中，发现诸如此类的各种“大祸车”危害的言论充斥着各类媒体。媒体将个别“大祸车”问题的报道，扩展到对整个“大货车”和卡车司机群体的认识。这种话语传播的速度和影响的力度相当惊人，让人们一提到“大货车”和卡车司机，就将其与“大祸车”和“马路杀手”的刻板形象联系起来。

第三，大货车由于常年在路途中运营，车容车况相对较差，加之大货车本身的质量和油品质量问题，污染问题相对突出，部分卡车司机学历不高、讲话谈吐不当等，也都进一步加剧了大众对卡车司机的恶劣印象。

其结果是，“污名化”严重扭曲了社会大众对卡车司机的看法，进而造成了对卡车司机行业正面形象的根本性破坏。日常的那些正义、公平、安全的准则都遭到非理性的颠覆。例如，面对大货车事故的报道，人们往往首先看到的是事故的反常性和后果的严重性，接下来联想到的是卡车司机的违章、操作不当、疲劳驾驶等，很少有人关注事故背后的真正原因。

同时，污名化还为公路“三乱”行为提供了合法性和舆论“背书”。正是由于“大祸车”的形象深入人心，所以任何治理大货车的行为都会获得社会舆论的支持，因此那些公路“三乱”行为常常打着治理“大祸车”的旗号而获得合法性，相关执法人员的行为也愈加肆无忌惮。

为了从根本上扭转这些对卡车司机的不公正、不合理的舆论意见，根本要义就在于要努力去除针对卡车司机群体的污名化。关于卡车司机的“去污名化”，课题组的主要建议如下。

第一，政府加强对道路运输行业的调控和改革：规范市场，提高行业的信息化水平，增加卡车司机收入；加大就业扶持力度，引导部分不达标车辆的卡车司机合理转行就业，淘汰过剩的运力。

第二，创造环境，提供资源，鼓励卡车司机加强学习，努力提高自身素质。

第三，媒体舆论应公正客观，不能断章取义，也不能为了吸引眼球夸大其词，尤其不应该一边倒地只报道卡车司机群体的负面信息，而应同时报道这个群体那些不为人知却令人敬佩的正面行为。例如卡车司机群体如何忍耐劳动过程的艰辛、如何疏解远距离维持亲密关系的心酸、卡车司机群体内部感人的互帮互助、卡车司机与执法人员之间充满人情味的互动等。

综上所述，“中国卡车司机调查”课题组基于调查问卷和个案访谈所得到的数据和材料，较全面地勾勒出我国卡车司机群体基本的人口社会学特征，详细描述并分析了卡车司机群体劳动过程的基本特点，总结了影响和制约卡车司机群体工作的制度背景，并且面对卡车司机群体所面临的若干主要问题，进一步提出了九个比较具体的对策建议。课题组真诚地希望这些建言献策能够引起有关部门的重视，促成有利于化解卡车司机群体面临困境的政策出台；课题组也真诚地希望通过这份研究报告的讲述，能够使社会公众更加了解和关爱卡车司机群体，理解并尊重他们的劳动。

图书在版编目（CIP）数据

中国卡车司机调查报告．No. 1，卡车司机的群体特征与劳动过程／传化公益慈善研究院“中国卡车司机调研课题组”著．--北京：社会科学文献出版社，2018. 3
（2025. 11 重印）
ISBN 978-7-5201-2303-7

Ⅰ．①中…　Ⅱ．①传…　Ⅲ．①载重汽车-汽车驾驶员-研究报告-中国-2017　Ⅳ．①U471. 3

中国版本图书馆 CIP 数据核字（2018）第 033759 号

中国卡车司机调查报告 No. 1
——卡车司机的群体特征与劳动过程

著　　者／传化公益慈善研究院“中国卡车司机调研课题组”

出 版 人／冀祥德
项目统筹／佟英磊
责任编辑／胡　亮
责任印制／岳　阳

出　　版／社会科学文献出版社·群学分社（010）59367002
　　　　　地址：北京市北三环中路甲 29 号院华龙大厦　邮编：100029
　　　　　网址：www. ssap. com. cn
发　　行／社会科学文献出版社（010）59367028
印　　装／唐山玺诚印务有限公司

规　　格／开　本：787mm×1092mm　1/16
　　　　　印　张：14. 75　字　数：195 千字
版　　次／2018 年 3 月第 1 版　2025 年 11 月第 11 次印刷
书　　号／ISBN 978-7-5201-2303-7
定　　价／69. 00 元

读者服务电话：4008918866